Islam in der Schule

Helmut Anselm

Islam in der Schule

Kompakte Informationen

Claudius

Bibliografische Information Der Deutschen Bibliothek
Die Deutsche Bibliothek verzeichnet diese Publikation in der
Deutschen Nationalbibliografie; detaillierte bibliografische Daten
sind im Internet über <http://dnb.ddb.de> abrufbar.

© Claudius Verlag München 2007
Birkerstraße 22, 80636 München
www.claudius.de

Umschlaggestaltung: Büro für Konzept und Gestaltung Meyer, Tübingen
Satz: Stahringer Satz GmbH, Grünberg
Druck: Ebner & Spiegel, Ulm

ISBN 978-3-532-71180-4

Inhalt

Vorwort 9

A. Schlaglichter der Gegenwart 11

B. Integration jugendlicher Muslime mit
   Migrationshintergrund 21

I. Perspektiven von Integration und Identität 21
   1. Identität und Integration aus der Perspektive
      der einheimischen Bevölkerung 26
   2. Identität und Integration aus der Sicht
      muslimischer Zugewanderter 35
   3. Identität und Integration aus der Sicht Jugendlicher . 41
      a. Auswirkungen des soziokulturellen bzw.
         -ökonomischen Hintergrundes 41
      b. Entwicklungspsychologische Gesichtspunkte . . . 46

II. Identitätsentwicklung und Integration
    als interaktive Prozesse 48

III. Integrationsmaßnahmen 52
     1. Außerschulische Aktivitäten 52
     2. Aufgaben des Bildungsbereiches 54

IV. Arbeitsfelder des vorschulischen und schulischen
    Bereiches 56
    1. Ausgewählte Konkretionen 56
    2. Hilfen zur kulturellen Integration 58

C. Christentum und Islam: Begegnung und Widerstreit zweier Offenbarungsreligionen 63

I. Beziehungen und Differenzen 63
   1. Wahrheitsvorstellungen 68
   2. Menschenbild 71
   3. Gottesbekenntnis 75
   4. Religionsverständnis 79

II. Aktuelle islamische Reformbestrebungen 83

III. Glaube, Identität und Integration 87

D. Islam und Schule 95

I. Das Kopftuch als Bekenntnissymbol 95

II. Die rechtliche Stellung von Christentum und Islam
    in Staat und Schule 98

III. Islam und Schulleben 104
   1. Islam als umfassende Lebensform 104
   2. Islam und die religiöse Dimension im öffentlichen
      Schulwesen 106
   3. Islam und schulische Allgemeinbildung 110
   4. Islam in Fächergefüge und Unterrichtsgestaltung ... 114
   5. Islamischer Religionsunterricht in Deutschland 119
      a. Übersicht 119
      b. Konkretionen in den Ländern 121
      c. Die Situation in Berlin 124
      d. Strukturelle Aspekte des islamischen Religions-
         unterrichts 130
         (1) Gesetzliche und schulrechtliche Fragen 130
         (2) Schulpädagogische Fragen 133
         (3) Ziel- und Inhalts-Fragen 134
      e. Konfessioneller Anspruch und schulorganisatorische
         Konsequenzen 140

6. Anregungen und Wünsche von christlichem Religionsunterricht bzw. Ethikunterricht 142
7. Folgerungen für den christlich-konfessionellen
Religionsunterricht 143

E. Ausblick 153

F. Anmerkungen 157

G. Personenregister 201

Hinweis: Vornamen werden beim ersten Mal bzw. im Personenregister ausgeschrieben, sonst stets abgekürzt, ausgenommen in Zitaten. Diese stehen nach Möglichkeit in ihrer originalen Schreibweise. Veröffentlichungen und Stellungnahmen werden mit Haupttitel und bibliographischen bzw. Quellen-Angaben jeweils bei der ersten Nennung angeführt (siehe Personenregister), später lediglich mit Kurztitel.
Die Koranzitate der Untersuchung – soweit nicht in Zitaten – stammen aus: Der Koran. Aus dem Arabischen übersetzt von Max Henning. Einleitung und Anmerkungen von Annemarie Schimmel. Universal-Bibliothek Nr. 4206 Reclam Stuttgart (1960) verbesserte Ausgabe 1991.
Angeführte Bücher der Bibel: Gen: Genesis (1. Buch Mose); 1. Kön: 1. Buch der Könige; Mt: Matthäusevangelium; Lk: Lukasevangelium; Joh: Johannesevangelium; Act: Apostelgeschichte des Lukas; Rö: Römerbrief; 1. Kor: 1. Korintherbrief; Gal: Galaterbrief; Eph: Epheserbrief; Phil: Philipperbrief; Kol: Kolosserbrief; 1. Joh: 1. Johannesbrief; Hebr: Hebräerbrief.
Angeführte nichtbiblische frühchristliche Schriften: Barnabasbrief, Didache (»Lehre«).

Vorwort

Die teils bedrohlich, teils faszinierend empfundene Welt des Islams hat unsere Schulen erreicht. Sie wird nach Jahren der Diskussion über Schulstrukturen, Unterrichtsreformen und Qualitätssicherungen nicht nur zu einem Großthema von Pädagogik und Didaktik werden. Sie wird auch alle in der schulischen Praxis Stehenden vor völlig neue Aufgaben und Herausforderungen stellen.

Dabei ist die Entwicklung in vollem Fluss. Ein Beispiel bietet die juristische und gesellschaftspolitische Diskussion, die nach Abschluss dieses Manuskriptes eine Frankfurter Richterin im März des Jahres auslöste. Sie vertrat die Ansicht, unter Bezug auf Koran-Sure 4:34 sei ein Züchtigungsrecht muslimischer Männer gegenüber ihren Frauen zuzulassen. Ein anderes Beispiel ist der an Mohammeds Geburtstagsfeier im April von vier islamischen Verbänden gegründete Koordinierungsrat der Muslime in Deutschland, mit dem Ziel einer rechtlichen Gleichstellung mit den christlichen Religionsgemeinschaften und mit möglichen Konsequenzen für den islamischen Religionsunterricht.

Ihres Bemühens um Aktualität wegen ist diese Untersuchung nahe an der Presse gearbeitet. In ihr werden fast täglich neue Ereignisse vermeldet. Dennoch sind in den letzten Jahren die wesentlichen Konturen des Themenkreises »Islam in der Schule« deutlich geworden. Sie erlauben, eine erste Bilanz zu ziehen. Ihr Leitsatz lautet: Islam heißt – jedenfalls für seine Hauptrichtungen – religiöse Durchdringung der gesamten Lebenswelt, heißt Öffentlichkeit.

Können Tiefe und Tragweite dieses Leitsatzes von Nichtmuslimen erfasst werden? Von einer Gesellschaft, die Religion nicht nur als Privatsache versteht, sondern dem Bereich des Intimen zuweist? Letzte Überzeugungen macht man mit sich selbst aus, öffentliches Bekennen von Religion und Glauben empfindet man eher als peinlich.

Das Wesen des Islams verlangt, diese Verengung aufzubrechen und das Thema »Islam in der Schule« in den öffentlichen Raum zu stellen. Damit eröffnet sich ein Horizont, der von Problemen der Identität und Integration über zentrale Fragen des Wahrheitsanspruches, der kulturellen Traditionen und staatsrechtlicher Aspekte bis hin zur Begegnung mit der Welt des Islams im konkreten Unterricht vor Ort reicht.

Im Abschreiten dieses weiten Horizonts eröffnen sich abendländisch-christlich geprägten Lehrkräften nicht nur Einblicke in Glauben und Kultur des Islams mit ihren Auswirkungen und Ansprüchen im Blick auf schulische Bildung. Die sich hierbei abzeichnenden Perspektiven ermöglichen zugleich ein tieferes Verständnis des eigenen Glaubens und Kulturkreises, sowie deren Bedeutung für die kommende Generation.

Das vorliegende Buch ist in erster Linie für nichtmuslimische Leser geschrieben, speziell für Lehrkräfte, und zwar für Lehrkräfte aller Schularten und aller Fächer. Es wäre darüber hinaus jedoch sehr wünschenswert, würde es auch von Muslimen in die Hand genommen. Sie werden dann bemerken, dass die wechselseitigen Bereicherungen gewürdigt, zugleich aber auch die Differenzen zwischen christlich-abendländischer und islamischer Welt aufgezeigt werden. Auf diese Weise wird versucht, der Forderung Abdoljavad Falaturis nachzukommen, der zu Beginn einer ersten Kontaktaufnahme betonte, er sei hierzu nur bereit, wenn zwischen Islam und Christentum nicht harmonisiert würde. Er wollte damit wohl zum Ausdruck bringen, dass es ein Gebot der Klarheit und der Achtung gegenüber dem Andersgläubigen ist, ihn in der Eigenart seines Denkens und Lebens ernst zu nehmen und sich damit offen auseinanderzusetzen. Dieses Gebot erwächst auch aus der Verantwortung für die der Schule anvertrauten Jugendlichen. Sie müssen zu einer Toleranz befähigt werden, die darin besteht, unter unseren rechtlichen und kulturellen Rahmenbedingungen das Eigene engagiert zu vertreten und zugleich dem Anderen Respekt entgegenzubringen.

Dieses zweifache Bemühen führt gläubige Christen und Muslime zusammen. Es verbindet sie in der Suche nach Wahrheit und nach Hoffnung für das persönliche Leben wie für die Zukunft der Menschheit.

Der umfangreiche Anmerkungsteil soll nicht als belastend empfunden werden. In ihm sind die Zitate ausgewiesen, die im Sinne der Leserfreundlichkeit in den meisten Fällen in den Fließtext eingearbeitet sind. Darüber hinaus enthält er Hinweise zur Vertiefung der angesprochenen Fragestellungen.

Ich danke dem Claudius Verlag, dass er die Drucklegung dieses Buches ermöglicht hat.

Gräfelfing, im April 2007   *Helmut Anselm*

A. Schlaglichter der Gegenwart

Im Dezember 2005 wird in Berlin-Moabit eine schwangere 15jährige Schülerin von ihrem gleichaltrigen, libanesischstämmigen Mitschüler und Exfreund und dessen türkischen Freund brutal zusammengeschlagen. Wie durch ein Wunder überleben Mutter und Kind. Vor der Schule drohen arabischstämmige Jugendliche, sie sei »dran«, wenn der Exfreund ins Gefängnis müsse. – Lehrer, Psychologen und Sozialarbeiter, die einen zunehmend einsamen Kampf gegen die Folgen einer misslingenden Integration führen, drängen darauf, dass endlich offen über die kulturellen Hintergründe der Gewalt geredet wird, der Mutter und Kind zum Opfer fielen, und die sie nicht auf dem Rückzug sehen, sondern – im Zuge der kulturellen Selbstabschottung der Migranten – sogar noch auf dem Vormarsch. Man spricht in diesem Zusammenhang von einem grundsätzlichen Gewaltproblem in vielen strikt hierarchischen, patriarchalischen Familien aus islamischen Herkunftsländern.[1]

Der Vorfall in Berlin-Moabit ist schrecklich. Er darf jedoch nicht generalisiert und als repräsentativ für das ganze Land genommen werden. Doch wirft der Fall ein Schlaglicht auf dem Zustand des Einwanderungslandes Deutschland. Er zeigt, welche Gefahren drohen, wenn Bildungsprobleme, elterliche Inkompetenz, juveniler Gewaltkult und ein verfehltes männliches Rollenverständnis ineinander greifen.[2] Er wird damit zu einem Appell an alle im Bildungsbereich Tätigen, auch an jene, die in derzeit nur indirekt betroffenen Regionen arbeiten. Sie alle sind dazu aufgerufen, angesichts dieser Situation die ihnen anvertrauten Jugendlichen helfend zu begleiten, die einheimischen wie die mit Migrationshintergrund.

Aber sind die Erzieher- und Lehrerschaft dafür genügend gerüstet? Es ist dringend an der Zeit, dass sie sich eingehender als bisher mit den Hintergründen und Konfliktlinien des Bevölkerungswandels auseinandersetzen. Besonders wichtig ist, dass sie sich mit grundsätzlichen Aspekten der Migrationsproblematik befassen und hierzu Kompetenzen für die schulische Arbeit entwickeln. Eine Schlüsselstellung kommt dem Islam und der muslimischen Lebensart zu. Sie werden zunehmend auch auf die Schule Einfluss nehmen.

»Islam in der Schule« – dieser Sachverhalt fordert von den Erziehern und Lehrkräften die Aneignung von Kenntnissen und Hintergrundinformationen, die über das übliche Allgemeinwissen hinausgehen. Dabei handelt es nicht nur um religiöse und theologische Probleme. Der Bogen muss weiter gespannt, und ihr gesellschaftlicher Kontext mit einbezogen werden: ihre ethnischen, soziokulturellen und sozialpsychologischen Rahmenbedingungen.

Zu den prägenden Kräften im 21. Jahrhundert gehören gesellschaftliche und religiöse Umbrüche, die durch Pluralisierung und Individualisierung, Alterung und Kinderarmut, Globalisierung und Migration ausgelöst werden. In diesem Kontext spricht man häufig davon, dass sich unsere Gesellschaften offenkundig langsam in multiethnische, in multikulturelle und multireligiöse Gesellschaften verwandeln[3]. Doch seit dem Ritualmord am niederländischen Regisseur Theo van Gogh am 2. November 2004 ist der »Multi-Kulti«-Gedanke Gegenstand heftiger Kontroversen. Die einen sprechen davon, dass von ihm alle Gewinn haben, die anderen, dass seine Realisierung dramatisch gescheitert sei[4]. Und die Kontroversen verschärfen sich. Sieht die Berliner Deutschtürkin Seyran Ateş in Multi-Kulti-Forderungen die organisierte Verantwortungslosigkeit, bezeichnen sechzig deutsche Migrationsforscher solche kritischen Äußerungen in einem offenen Brief als reißerische Pamphlete[5].

Generell sollte man mit »Multi-Kulti« zurückhaltend sein. Slavoj Žižeks Hinweis ist ernst zu nehmen, Multikulturalismus sei letztlich Rassismus, da der multikulturalistische Respekt vor der Besonderheit des anderen eigentlich die Behauptung der eigenen Überlegenheit zum Ausdruck bringe – bei gleichzeitiger gefährlicher Neutralisierung aller Differenzen[6]. Hinzu kommt, dass aufs Ganze gesehen die deutsche Gesellschaft in ihrer Lebensführung und -orientierung bislang erstaunlich homogen ist. Nach der Integration der 68er-Bewegung bildete sie eine weitgehend harmonisierende Wirklichkeitsdeutung aus. Ihr zufolge passt nach Art des *anything goes* Paul Feyerabends[7] alles irgendwie zusammen. Zugespitzt könnte man dieses pluralistische Denkmodell als kollektiven Individualismus bezeichnen. In ihm mögen sich die Individuen als different wahrnehmen, aber sie agieren in Massen.[8]

Doch wird dieser harmonisierende Pluralismus seit fünfzig Jahren durch einen Vorgang von epochaler Bedeutung in Frage gestellt: durch die »Einwanderung« des Islams nach Europa. Er lässt sich dem Anschein nach nicht nahtlos in das hier gängige gesellschaftliche Selbstverständnis integrieren. Er ist vielmehr eine Religion, die dem Lebensgefühl des Westens und damit auch dessen Multikulturalismus und Pluralismus weithin ablehnend gegenübersteht[9].

Nach kleinen Anfängen in früheren Jahrhunderten kam es in unserem Land etwa ab 1960 zu einer starken Zunahme muslimischer Einwanderer[10]. Sie macht den Islam zu keiner vorübergehenden Erscheinung. Er wird auf Dauer Bleiberecht haben. War er zunächst ein öffentlich nicht präsenter »Gastarbeiterislam«, so begann er von 1973 an, sich in einen Islam mit öffentlicher Präsenz, in einen Islam in Deutschland zu verwandeln.[11] Und seine »Einwanderung« ist kein gesellschaftliches Randphänomen. Das zeigen die Größenverhältnisse: Seit der Volkszählung von 1987 hat sich in Deutschland die Zahl der Mitbürger muslimischen Glaubens von ca. 1,65 Mio. auf ca. 3,5 Mio. verdoppelt, die Zahl der Muslime mit deutschem Pass verzehnfacht[12]. Hinzu kommt, dass der Islam seinem Wesen nach keine Privatsache ist, sondern ein in exemplarischer Weise öffentlicher Glaube. Er will alle Lebensbereiche durchdringen, vom privaten Raum über Gesellschaft, Politik, Wirtschaft, Rechtswesen bis hin zur Kunst und Kultur. Er wird damit auf lange Zeit unsere Lebenswelt entscheidend mitgestalten.

Allerdings: Nur etwa 30 Prozent der Muslime in Deutschland gehören Moscheegemeinden an[13]. Viele Muslime sind lediglich »Kulturmuslime« und lehnen als solche eine Islamisierung des öffentlichen Raumes ab. Auch weltweit verhalten sich Muslime trotz Gegenaktionen von Islamisten vielfach säkular[14]. Sie leben nach dem Kalender der Weltzeit und den künftigen individualistischen Werten, die einstimmen auf Komfort, Hedonismus, Wohlstand, Konsumismus. Und die bei vielen Muslimen gegenwärtige Wiederentfaltung des Religiösen ist weit davon entfernt, eine Gegenreaktion auf diese Dynamiken darzustellen. Sie ist vielmehr dabei, sich nach westlichen Mustern neu zu ordnen, bis hin zu Feminisierung und Deinstitutionalisierung[15]. Gleichzeitig aber steigt in Deutschland die Zahl von *born again muslims*[16].

Sie sind Zeugen eines nicht zuletzt im Licht der Beitrittsverhandlungen der Türkei zur EU erstarkenden, von der Neuentdeckung seines

Glaubens in der Fremde und von Aufstiegswillen getragenen muslimischen Selbstbewusstseins. So ist nicht nur in Österreich eine fortschreitende Islamisierung[17] zu beobachten, sondern auch in Deutschland. Darauf weist u. a. der Berliner Innensenator Ehrhart Körting hin[18]. Er stellt fest, dass es auch in unserem Land in den letzten 20 Jahren ein *roll back* gegeben hat, von einer halbwegs aufgeschlossenen Gläubigkeit zu einer Festigung der Fronten[19]. Nach einer Untersuchung des Zentrums für Türkeistudien in Essen sind die türkischen Muslime in Deutschland deutlich religiöser und konservativer geworden. Im Jahr 2000 bezeichneten sich 73 Prozent von ihnen als streng oder eher religiös, im Jahr 2005 dagegen 83 Prozent[20]. Die Zahl der streng Religiösen stieg in fünf Jahren von acht Prozent auf heute 28 Prozent. Dieses *roll back* ist nach Großmufti Mustafa Ceric (Sarajevo) in ganz Europa zu beobachten[21] und korrespondiert bei türkischstämmigen Zugewanderten mit einer zusehenden Reislamisierung der alten Heimat[22].

Auf den ersten Blick scheinen diese Entwicklungen im deutschen Alltag wenig Probleme zu bereiten. Westlich geprägte Einheimische und muslimische Zugewanderte kommen in den meisten Fällen gut miteinander aus, darauf weist auch die steigende Zahl binationaler und bireligiöser Familien[23]. Die »Altbürger« sind zumeist um ein gutnachbarliches Verhältnis bemüht. Die übergroße Zahl der Muslime besteht aus friedliebenden Bürgern, die sich in die Gesellschaft integrieren möchten. Sie stehen betroffen und machtlos islamistischer Gewalt gegenüber. Dennoch: Zwischen abendländisch-christlicher und muslimischer Kultur gibt es unterschwellige oder manifeste Disparitäten, und sie werden auf beiden Seiten aus jahrhundertelangen Erfahrungen gespeist. Sie haben sich zu einem kulturellen, politischen und religiösen Gedächtnis verdichtet, das bewusst oder unbewusst das gegenseitige Verhalten maßgeblich beeinflusst. Daraus ergeben sich nicht geringe Verständigungsprobleme[24].

Auf die damit verbundenen gesellschaftlich-religiösen Konfliktpotentiale reagiert die angestammte Bevölkerung weithin hilflos. Sie erlebt, dass sich Lebens- und Glaubensformen in der heimischen Sphäre ausbreiten, die ihr früher nur aus touristischem Erleben bekannt waren. Ihr Erleben ist geprägt durch eine Gesellschaft, der oft die religiöse Sprach- und Argumentationsfähigkeit abhanden gekommen ist und somit auch die Sensibilität für religiöse Fragestellungen und Gefühle. Ein Beispiel ist der vor allem seit 2004 geführte Streit um das Kopftuch (Hidschab). In ihm wird die von den Befürwortern des Kopftuchs vorgebrachte Begründung aus dem Koran von nichtmuslimischen Einheimischen häufig nicht in ihrer Unbedingtheit erfasst. Oftmals antworten sie auf die religiöse Gewissensentscheidung mit soziokulturellen Argumenten, etwa dem Hinweis auf die Benachteiligung der Frau – eine Argumentation, bei der sich gläubige Muslimas zu recht missverstanden fühlen können. Das belegt eine Untersuchung der Konrad-Adenauer-Stiftung, die am 19. September 2006 veröffentlicht wurde.

Der Ernst und die Kraft des Islams sowie die strenge Orientierung an seinen Geboten trifft nicht selten auf ein von Selbstzweifeln und Niedergangsvorstellungen geprägtes Christentum. Nach einer Allensbach-Umfrage November/Dezember 2004 ist die große Mehrheit der deutschen Bevölkerung der Überzeugung, dass weder christlicher Glaube noch christliche Werte das Land prägen. Nur noch knapp die Hälfte der deutschen Bevölkerung beschreibt sich heute als religiös, und für die Mehrheit hat die Religion in Deutschland heute keine existenzielle Bedeutung[25]. Diese Selbsteinschätzung spiegelt sich im Vergleich der Assoziationen der deutschen Bevölkerung zu Christentum und Islam. »Starker Zusammenhalt unter den Gläubigen« wird zu 34 Prozent den Christen, aber zu 72 Prozent den Moslems attestiert, »tiefe Frömmigkeit« zu 25 Prozent gegen 55 Prozent, »Selbstbewusstsein« zu 26 Prozent zu 45 Prozent[26]. Das bestätigt eine vom Bundesministerium des Innern in Auftrag gegebene Studie. Sie zeigt am Beispiel Nürnbergs, dass der Islam das Alltagsleben seiner Anhänger stärker prägt, als dies bei Befragten anderer religiöser Zugehörigkeit der Fall ist.[27]

Vor diesem Hintergrund führt die Begegnung mit der Lebensart der hiesigen Gesellschaft bei vielen Muslimen zu Irritationen. Es entsteht der Eindruck einer generellen westlichen Dekadenz, die sich speziell in der herrschenden sexuellen Freizügigkeit äußert. Aber auch die distanziert-kritische Kommunikationsweise des Westens stört und verletzt orientalisch geprägte Menschen[28]. Der Kulturwissenschaftler Fuad Kandil nennt weitere Problembereiche. Er weist auf die in Differenzen des Bildungsstandes, der sozialen Schichtung und der ethnischen Traditionen gründende starke gesellschaftliche Asymmetrie zwischen

Muslimen und Nicht-Muslimen, auf kontrastierende Zuschreibungen von Modernität, die Einbindung in aktuelle Nord-Süd-Konflikte, weitergetragene historische Konflikte, religiöse Absolutheitsansprüche, grundlegend verschiedene Zugänge zur Welt und grundlegende Unterschiede in der Art, die eigene Religion zu leben bzw. zu reflektieren.[29] All diese Faktoren verbinden sich auf Seiten mancher Jugendlicher mit Migrationshintergrund zu einem Konglomerat von traditionellem Ehrgefühl und verletztem Stolz[30], von Demütigung durch »Ungläubige« und »moralisch tiefstehende« Europäer, von verweigertem Respekt und von dadurch »erzwungener« Rache[31].

Dieses Konglomerat spiegelt zumindest teilweise Gefühle wider, die die ganze islamische Welt durchziehen. »Es sind Dritte-Welt-Gefühle: das Bewusstsein eines kaum aufzuholenden Rückstands; wirtschaftliches, soziales, kulturelles Elend; die Einsicht, zu den Verlierern der Globalisierung zu gehören – und damit verbunden der Hass auf die Lebensformen der Reichen, auf die westliche politisch-kulturelle Überlegenheit, auf die letzte verbliebene Großmacht: die USA.«[32] Die Niedergangsängste, gepaart mit kompensatorischem Überlegenheitsgefühl schafften sich exemplarisch und fast explosionsartig Anfang des Jahres 2006 Luft. Nachdem im September 2005 in Dänemark zwölf Karikaturen des Propheten Mohammed veröffentlicht wurden[33], kam es in der islamischen Welt zum Protest, der innerhalb weniger Tage über alle Ufer trat und irrationale Formen annahm. Handelssanktionen, Boykott gegen EU-Waren, Straßenschlachten mit Toten und Verletzten, Hassausbrüche gegen die Europäer, gegen den Westen schlechthin, brennende Flaggen, brennende Botschaften – das hat es bisher zwischen der muslimischen und der europäischen Welt noch nicht gegeben. Es ist ein Lehrstück: Der Zeitgenosse sieht mit Erschrecken, wie leicht die Welt in Brand zu setzen ist[34].

Auch unser Land? Der Vorsitzende des Zentralrats der Muslime in Deutschland, Dr. Ayyub Axel Köhler, sprach zwar angesichts der Karikaturen von Demütigung[35]. Doch rief er (für den Zentralrat) zusammen mit 15 anderen muslimischen Verbänden am 8. Februar 2006 zu Mäßigung und Gewaltlosigkeit auf. Trotz dieses Appells wurde in den Medien Samuel Huntingtons These vom Kampf der Kulturen[36] aufgegriffen. In der Bevölkerung sank seit 2004 bis Mai 2006 die Ablehnungsquote seiner Thesen von 36 auf 25 Prozent, während der Anteil der Zustimmenden von 46 auf 56 Prozent anstieg[37]. In ihrem Sinne wäre nur der Frontverlauf offen: *inter*kulturell oder *inner*kulturell, zwischen »Abendland« und islamischer Welt, innerhalb der islamischen Welt zwischen Sunniten und Schiiten, Orthodoxen und Reformern? In der nichtmuslimischen Öffentlichkeit Europas geriet der Karikaturenstreit rasch wieder in Vergessenheit. Im muslimischen Bereich ist er unverändert präsent, und das ihm innewohnende Konfliktpotential erhielt durch die Regensburger Vorlesung von Papst Benedikt XVI. am 12. September 2006 neue Nahrung. Mit ihrer Erwähnung geschichtlicher muslimischer Glaubensverbreitung durch Gewalt[38] erregte sie unter Muslimen weltweit Empörung, die in manchen Ländern in offene Aggression gegen Christen einmündete.

Alle diese Vorgänge führen unter Nichtmuslimen zu Verunsicherung. Sie spiegelt sich in einer Flut von Veröffentlichungen wider. Zwar zeigen Untersuchungen, dass die Deutschen eine überdurchschnittlich große Aufgeschlossenheit gegenüber fremden Kulturen aufweisen. Doch sieht die Mehrheit die Signale der Ausbreitung des Islams in ihrem persönlichen Umfeld mit wachsendem Unbehagen. Die Allensbacher Islam-Umfrage vom Mai 2006 merkt dazu an: Man »kann sich des Eindrucks nicht erwehren, daß in Deutschland ebenjener Prozess der Entfremdung zwischen abendländischer und islamischer Welt wie auch zwischen traditioneller Bevölkerung und den im Lande lebenden Muslimen selbst stattfindet, der, wenn man es pessimistisch betrachtet, als Beginn einer Konfliktspirale angesehen werden kann.«[39] Schon Ende 2005 wurden Christentum und Islam von den Deutschen als so verschieden empfunden, daß sich die Mehrheit eine friedliche Koexistenz nicht vorstellen kann. Und die »Islamophobie« bzw. »Islamfeindlichkeit« nimmt kontinuierlich zu[40]. 2004 hielten 29 Prozent ein friedliches Nebeneinander für möglich, 55 Prozent glaubten, dass es immer wieder zu schweren Konflikten kommen wird[41]. Inzwischen verneinen 74 Prozent aller Befragten, dass der Islam in die westliche Welt passe[42]. Die Zahl der Deutschen, die vor ihm Angst empfinden, stieg von 2005 auf 2006 von 73 auf 83 Prozent. Tendenz steigend[43]. Ja, man hält Spannungen zwischen Religionsgemeinschaften für einen der gefährlichsten Konfliktherde überhaupt[44]. So resümiert E. Noelle bereits in der September 2004 durchgeführten Allensbacher Islam-Umfrage: »Mit zusammengebissenen Zähnen sieht die Bevölkerung der Bedrohung entgegen«[45]. – Im Blick auf die Zukunft deuten sich unterschiedliche Entwicklungen an.

Es gibt Anzeichen, dass sich die deutsche Bevölkerung in neuer Weise auf »die Orientierungslinien der europäischen Kultur« besinnt[46] und bereiter ist, zur eigenen christlich-abendländischen Kultur zu stehen, als vor fünf Jahren.[47] Daneben könnte die eingesessene Bevölkerung durch die »Einwanderung des Islams« die Bedeutung von Glaube und Religion neu decken. Wenn wegen religiöser Vorschriften des Islams die Warenangebote verändert werden, Speisepläne in öffentlichen Einrichtungen, Öffnungszeiten von Schwimmbädern und Spielpläne von Theatern, dann sind selbst entfremdete Christen völlig konsterniert und irritiert und fragen: Wo stehen wir eigentlich?[48] Beobachter wie Friedrich Wilhelm Graf stellen fest, dass sich der Westen im Gegenzug wieder christlicher definiert[49], und eine Umfrage des Demoskopischen Institutes Allensbach vom April 2006 zeigt: »Auf der Suche nach Orientierung wenden sich viele fragend Religion und Kirche zu.«[50] Dabei sind das Interesse an religiösen Fragen wie die Bindung an die Kirche in allen Altersgruppen gestiegen, und zwar – gegen alle Erwartungen – gerade in den jüngeren. Speziell die Bindungen an die Kirchen verstärkten sich überdurchschnittlich vor allem in der Altersgruppe zwischen 30 und 44 Jahren.

Die Ausbreitung des Islams könnte aber auch eine Tendenz verstärken, die seit den 90er Jahren zu beobachten ist: Auf Grund wirtschaftlicher Probleme, sozialer Verwerfungen und allgemeiner Desorientierung und Ratlosigkeit kommt es zu zunehmender Fremdenangst und -feindlichkeit. Es wächst das Bedürfnis nach Sicherheit, Harmonie und Geborgenheit, und es sinkt die Bereitschaft, Fremd- und Anderssein zu akzeptieren[51]. Vor allem Personen, die sich besonders orientierungslos fühlen, füllen das rechtspopulistische Potenzial auf, das zwischen 2002 und 2005 von 20 auf 26 Prozent zugenommen hat.[52] Daraus kann ein Konfliktfeld entstehen, in dem der Islam zum Schlüsselreiz für die Hinwendung zu politischem Extremismus wird. Es könnte sogar der Ruf nach einem starken »Führer« als Verteidiger nationaler Interessen laut werden. Um dieser Gefahr zu begegnen und um der großen Zahl der friedliebenden Muslime Gerechtigkeit widerfahren zu lassen, hieß Bundesinnenminister Wolfgang Schäuble im September 2006 die Moslems im Namen der deutschen Gesellschaft ausdrücklich willkommen.

Er sagte ihnen die volle Teilhabe an Gesellschaft und Staat zu, – bis hin zu einer möglichen Quotenregelung für ihre Einstellung in den öffentlichen Dienst[53]. Mit der von W. Schäuble angesprochenen Thematik hängt zusammen, dass das Verhältnis von Christen und Moslems verschränkt ist mit dem »klassischen« Problem von Mehrheiten und Minderheiten, speziell mit dem der Belastbarkeit beider Gruppen. Wird diese überschritten, kommt es auf beiden Seiten nicht selten zu Gewaltausbrüchen gegen die jeweils Anderen: die »Fremden« hier, die »Hiesigen« dort. Dabei geht es im Tiefsten um Ängste: um Unterdrückungsängste hier und Überfremdungsängste dort. Die daraus erwachsenden »Orientierungsunsicherheiten« (W. Heitmeyer)[54] treffen besonders intensiv die jungen Menschen, einheimische wie solche mit Migrationshintergrund. Sie, die im Begriff sind, sich die Wirklichkeit zu erschließen und darin ihren persönlichen Ort zu finden, suchen Wege, die ihnen ebenso individuelle Lebensgestaltung wie soziale Zugehörigkeit eröffnen. Und sie suchen »Religion« im Sinne von Laktanz (Divinae institutiones. IV. 28): als Rückbindung oder, modern ausgedrückt, als Rückversicherung angesichts kommender ökonomischer, sozialer, politischer, kultureller und religiöser Umbrüche[55].

Was immer diese Umbrüche mit sich bringen werden – sie betreffen die Zukunft der gesamten Jugend unseres Landes – *in erster Linie* aber die der muslimischen Jugendlichen mit Migrationshintergrund. Sie müssen den Anforderungen und Widersprüchlichkeiten standhalten, die sich aus der Spannung zwischen ihrer Integration in die neue Lebenswelt und der von ihrer Herkunftskultur geprägten Identität ergeben.

Ein Brennpunkt der aufbrechenden Probleme ist die Schule als Bildungsstätte der kommenden Generation.

B. Integration jugendlicher Muslime mit Migrationshintergrund

I. Perspektiven von Integration und Identität

In Deutschland sind gegenwärtig rund 750 000 Jugendliche schulpflichtig. In Bayern leben zur Zeit etwa 70 000 muslimische Jugendliche, deren Familien überwiegend aus der Türkei, dem Balkan, aus Nordafrika und Asien stammen.[1] Die Thematik »Islam in der Schule« ist daher eng mit Fragen von Migration und Integration verbunden. Daraus ergeben sich Herausforderungen von besonderer Art. Sie gehören zu den größten, die in den kommenden Jahrzehnten an die Bevölkerung in Deutschland und an ihre politischen Organe, Religionsgemeinschaften und speziell an ihre Bildungseinrichtungen gestellt werden. Dementsprechend wurde das Jahr 2006 zum Jahr des integrationspolitischen Diskurses erklärt[2]. Im Juni 2006 veröffentlichten Bundesregierung und Länder gemeinsam den ersten Bildungsbericht und setzten in ihm den Schwerpunkt auf die »Integration von Kindern und Jugendlichen mit Migrationshintergrund«. Im Juli 2006 wurde der erste Integrationsgipfel im Bundeskanzleramt abgehalten. Das hierfür vorgelegte Positionspapier des Bundeskabinetts, die Begleiterscheinungen der Veranstaltung, der Streit um die Zusammensetzung der Teilnehmer, um die Themen und über den Ertrag des Gipfels, zeigen, welch großer Dissens und Klärungsbedarf im Blick auf die Integration in unserem Land bestehen[3]. Das beweist nicht zuletzt die Konstituierung der Deutschen Islamkonferenz im September 2006[4].

Lange Zeit wurden in der deutschen Öffentlichkeit nur Teilaspekte des Themas Integration diskutiert. Vor allem wurden die Auswirkungen der Bevölkerungsentwicklung unterschätzt. Man hat sich auf im internationalen Vergleich wahrhaft beispiellose Art und Weise in die Utopie eines harmonischen Gleichgewichtszustandes eingekuschelt und in Konstanz und Gleichförmigkeit die höchsten Werte gesehen[5]. So war man nicht in der Lage zu begreifen, welche enormen Wirkungen der demographische Wandel in Deutschland für Arbeit, soziale Sicherung, Bildung usw. hat und welche Disparitäten er in unserem Land verstärken wird[6].

Diese Einstellung scheint sich zu ändern, nachdem im Frühjahr 2006 bekannt wurde, dass die Geburtenzahl 2005 so stark gesunken ist wie seit 15 Jahren nicht mehr, und Deutschland damit die niedrigste Geburtenrate der Welt aufweist[7].

Stärker als in vielen anderen Ländern wurde bisher in Deutschland die durch den Geburtenrückgang bedingte Bevölkerungsschrumpfung durch Zuwanderung ersetzt. Schon vor 1989 und der folgenden Immigration aus dem Osten nahm Deutschland deutlich mehr Zuwanderer auf als vergleichbare Länder: Auf 100 000 Einwohner bezogen betrugen die jährlichen Zuwanderungen zum Beispiel in den achtziger Jahren des vorigen Jahrhunderts in den Vereinigten Staaten 245, in Australien 694 und in Deutschland (alte Länder) 1022.[8] Deutschland hat damit zwischen 1996 und 2006 mehr Zuwanderer als Geburten zu verzeichnen[9].

Das über 30 Jahre anhaltende Defizit an Geborenen wird sich nach der mittleren Variante der Vorausberechnungen des Statistischen Bundesamts bis 2050 von heute jährlich 72 000 auf 576 000 verachtfachen[10] und einen sich verstärkenden »Abnahmesog«[11] unter der erwerbstätigen Bevölkerung auslösen. Er kann um das Jahr 2015 nicht nur in Ostdeutschland zu einem Schock führen[12]. Es ergeben sich zugleich weitreichende Auswirkungen für die gesamte Gesellschaft unseres Landes, bis hin zur Frage der umlagefinanzierten Alters- und Pflegeversicherung. Der Ausgleich des Geburtenrückgangs würde eine Zuwanderung erfordern, die »alle Vorstellungen von friedlicher Arbeitsmigration sprengt«[13]. Ihre Höhe wird zwar durch den Abbau von Arbeitsplätzen in Deutschland[14] und durch einen Bevölkerungsrückgang in den unterentwickelten Regionen der Erde verringert – ein Prozess, der dort noch stärker ist als in Europa. Gleichzeitig aber sind sich die Deutschen »gegenseitig zu teuer geworden«, sodass sie mehr und mehr auf ausländische Dienstleistungen ausweichen[15]. Der Geburtenrückgang in den unterentwickelten Ländern hat dagegen eine zunehmende Verelendung zur Folge: »Länder wie Frankreich und Japan hatten wenigstens das Glück, reich zu werden, bevor sie alt wurden. Heute werden die Entwicklungsländer alt, bevor sie reich werden.«[16]

Demografische und wirtschaftliche Gründe werden zu weiterer Zuwanderung führen. Die Migranten werden vielfach aus außereuropäischen Kulturkreisen kommen und sich häufig illegal aufhalten – für das Leben hier zu gering vorbereitet und, vor allem, für die hiesigen Anforderungen zu wenig ausgebildet[17]. Und: Sie werden vor allem aus muslimischen Ländern stammen. Die Dynamik der damit verbundenen Islamisierung hat zunächst nichts mit Werten zu tun. Sie geschieht. Sie betrifft unsere Gesellschaft im nächsten Jahrzehnt, ganz gleich, wie friedfertig sich die hier lebenden Muslime zeigen.[18] So ist davon auszugehen, dass der Islam in einigen Regionen bald schon zu größten aktiven Glaubensgemeinschaft wird[19].

Allein aus der Osttürkei ist spätestens mit einer Aufnahme in die EU mit stärkerem Zuzug zu rechnen. Schon 2005 waren in Frankfurt/Main 50 Prozent der Schulanfänger, in Nordrhein-Westfalen 32 Prozent der 15jährigen Einwandererkinder[20]. Deutschland wird voraussichtlich in einigen Jahrzehnten zu einer »Fifty-fifty-Gesellschaft« werden, was die Zusammensetzung von Zugewanderten und Alteingesessenen betrifft[21]. Bei den unter 40jährigen wird die Bevölkerung mit Migrationshintergrund in vielen Großstädten in etwa zehn Jahren die Mehrheit bilden[22]. Dort wird man nicht nur mehrsprachige, sondern auch sehr unterschiedliche kulturelle und religiöse Verhältnisse vorfinden.»Die Deutschen, die wir im Begriff sind zu werden, sehen anders aus als die Deutschen, die wir kennen. Deutschland wird ein *melting pot*«, mit russischstämmigen Politikern, koreanischen Fernsehmoderatoren und dunkelhäutigen Industriemanagern. Jeder weiß, dass das so kommen wird. Zugleich ist damit zu rechnen, dass sich zumindest mancherorts die Integrationsproblematik umkehrt. Dort wird es um ein *Desintegrationsproblem der nicht zugewanderten jungen Minderheit* gehen[23].

Ein Teil der Bevölkerung erwartet sich von der Migrationsentwicklung eine Bereicherung. Für ihn wird dadurch der Mehrwert anderer Kulturen für Deutschland zur Geltung gebracht.[24] Eine zunehmende Zahl empfindet eine solche Entwicklung dagegen als Bedrohung[25]. Sie bestätigt damit die Beobachtung, dass die Integration von mehr als einem halben Prozent der Bevölkerung pro Jahr selbst integrationswillige Länder überfordert.[26] Der Grund liegt darin, dass der Integrationsprozess eng mit der Identitätsentwicklung verknüpft ist[27].

Ihre Verknüpfung ist von großer Bedeutung für das Verständnis der Situation von Muslimen mit Migrationshintergrund. Um ihren Befindlichkeiten gerecht zu werden, ist es erforderlich, sich über die Vorgänge bei Identitätsbildung und Integration zu verständigen. Sie sind in ständigem Fluss und bilden ein sehr komplexes Geschehen. Das zeigt sich nicht zuletzt darin, dass es sich in beiden Fällen um einen »Relationsbegriff« handelt: Identität wie Integration beschreiben also ein Beziehungsverhältnis[28] und betreffen dabei sowohl Einzelpersonen als auch Menschengruppen. –

Im Rahmen des Beziehungsverhältnisses setzt sich Identität stets aus drei Komponenten zusammen. Sie hat einen *Zeitaspekt*, sofern sie von bestimmten Abläufen geprägt wird: von einer Epoche, von Stationen des Lebenszyklus und von konkreten Ereignissen. Identität hat daneben einen *Sachaspekt*, sofern sie von den jeweiligen Verhältnissen abhängig ist: von der sozialen Situation, vom Geschlecht, vom Beruf usw. Und: Identität besitzt stets einen *Personaspekt*, sofern sie sich aus der Interaktion mit Menschen und Menschengemeinschaften heraus entwickelt. Das hat zur Folge, dass Erscheinungsbild und Verhalten von Menschen mit ihrem jeweiligen Gegenüber korrespondieren. Jugendliche etwa verhalten sich in der Familie anders als in der Peergroup, in der Schulklasse anders als innerhalb von Glaubensgemeinschaften.

Schon bei Aristoteles findet sich deshalb die Unterscheidung zwischen Teilidentität(en) und einer Gesamtidentität[29], welche die Teilidentitäten unter einer leitenden Perspektive verbindet[30]. In allen Fällen jedoch hat Identität eine Doppelstruktur: Einerseits verkörpert sie Kontinuität. Man bleibt z.B. Frau, Christin, Glied der deutschen Bevölkerung, und kann von sich sagen: »Ich bin, die ich bin«. Andererseits ist Identität davon geprägt, dass ihr ständig Neues zuwächst, also integriert wird, und Altes aufgegeben wird oder aufgegeben werden muss: etwa eine neue Lebenserfahrung bzw. der bisherige Wohnort.

Durch die Doppelstruktur ist das Ich und das Wir stets dasselbe und doch etwas anderes. In dieser Dialektik von Kontinuität und Wandel, von Einzigartigkeit und Zugehörigkeit tritt Identität in zwei Formen auf, als Identität mit sich und als Identität mit anderem[31]. Beidemal steht sie in Wechselseitigkeit mit einer Gruppen-Identität: Jede Gesellschaft, jede Kultur stellt gewisse Bedingungen bereit und formuliert bestimmte Erwartungen, die die Ausbildung einer individuellen Identität entscheidend mitprägen. Dazu gehört vor allem auch eine »Ideologie«, eine Weltansicht, die das Orientierungs- und Normgefüge für den einzelnen bildet[32].

Identitätsbildung beruht somit auf Integrationsprozessen, und diese sind stets Übergänge von ursprünglichen in neue Identitäten, ohne – im Sinn von Assimilation – in diesen aufzugehen. Dabei bringt die gelingende Integration zugleich eine – gewollte oder ungewollte – Desintegration aus den früheren Beziehungsverhältnissen mit sich[33]. Sie kann alle oder lediglich einzelne Teilidentitäten betreffen und dabei von Fall zu Fall unterschiedlich verlaufen. Sie kann aber auch in Re-Integration umschlagen, also in eine Rückwendung zum Vorherigen, Hergebrachten. Necla Keleks Untersuchungen bieten dafür anschauliche Beispiele[34].

Im Rahmen der Zuwanderung nach Deutschland vollziehen sich nach Geert Mik die Integrationsprozesse auf fünf Ebenen: auf der instrumentalen (u.a. mit den Zielen Kenntnis der Sprache, der Infrastruktur von Dienstleistungsangeboten, einer allgemeinen Orientierungsfähigkeit), der ökonomischen (als Zugang zu Bildung, Arbeitsmarkt, wirtschaftlicher Selbstständigkeit), der kulturellen (Anschlussfähigkeit an die gelebte Alltagskultur, Freizeitgestaltung), sowie der sozialen und politischen Ebene (Anpassung an die hiesige Wohnsituation, Kontakte zu Mitbewohnern bzw. Einbürgerung, Teilnahme am politischen Leben)[35].

Eine entscheidende Voraussetzung muss hinzukommen, nämlich eine positive Antwort auf die Frage: Ist der Einwanderer bereit, sich in das Wertesystem des aufnehmenden Staates und dessen Gesellschaft einzuordnen und es so zu hüten, als wäre er von Geburt an dessen Teil?[36] Konkret: Wie steht er zum Generationenvertrag der deutschen Bevölkerung? Wie zur Aneignung wichtiger Elemente von Gegenwartskultur und kulturellem Gedächtnis in Deutschland, zu seiner lichten und dunklen Geschichte? Damit verbindet sich noch ein Sonderproblem: Wie stehen die zugewanderten Muslime zur Schoah? Treten sie in die dadurch gegebene besondere Verantwortung ein?[37] Der inzwischen zurückgezogene hessische Entwurf eines Leitfadens über »Wissen und Werte in Deutschland und Europa« versuchte dem Rechnung zu tragen. Seine Frage 16 lautet: Wenn jemand den Holocaust als Mythos oder Märchen bezeichnet: Was sagen Sie dazu?[38]

Wie bei der Identitätsentwicklung wirken auch bei allen Integrationsprozessen Zeit-, Sach- und Personaspekte zusammen. Dabei werden bisher identitätsstiftende Elemente teils angepasst, etwa Umgangsformen, teils abgelegt, etwa traditionelle Kleidung oder Sitten, teils als gestaltende und bereichernde Beiträge in die neuen Identität(en) eingebracht, etwa typische Speisen oder Bräuche. Teilweise werden aber auch identitätsstiftende Elemente der einheimischen Bevölkerung neu angenommen. Für die damit gegebene Gemengelage von alter und neuer Identität bot das Verhalten vieler türkischer Zugewanderter in den Wochen der Fußballweltmeisterschaft 2006 ein Beispiel. (Wobei darüber spekuliert werden kann, wie sie sich bei der Teilnahme der türkischen Nationalmannschaft verhalten hätten.)

Bei muslimischen Jugendlichen mit Migrationshintergrund wirkt sich der Zusammenhang von Identität und Integration in besonderer Weise aus. Sie müssen nicht nur wie *alle* jungen Menschen ihre Identität im Kontext und im Gegenüber der Erwachsenenwelt entwickeln bzw. stabilisieren. Sie stehen *zugleich* vor der Notwendigkeit, zwischen zwei Kulturkreisen zu navigieren. Hierbei hat der Personaspekt besondere Bedeutung. Maßgebend sind vor allem die Eltern und Gleichaltrigen. Diese doppelten Anforderungen machen die jungen Muslime verletzbar und z.T. auch anfällig für radikale Gedanken oder Gruppierungen. –

Aus alledem ergibt sich: Im Zusammenspiel von Identität und Integration ist der Zuwanderungsprozess kein Einbahngeschehen. Er stellt das Selbstverständnis und -bewusstsein *beider* Seiten in Frage.[39]

1. Identität und Integration aus der Perspektive der einheimischen Bevölkerung

Im März 2006 wurden einer breiten Öffentlichkeit die Probleme an Berliner Schulen mit jungen Muslimen aus dem Migrationsmilieu bekannt. Spätestens seit jener Zeit fordern Politiker: »Wer sich dauerhaft nicht integriert, muß Deutschland wieder verlassen.«[40] Diese Forderung macht das zentrale Thema der gegenwärtigen Identitäts- bzw. Integrationsdiskussion deutlich: Es geht um das Verhältnis der Migranten zur speziellen Teilidentität Deutscher zu sein, genauer um das Problem: Welche Einstellungen und Verhaltensweisen müssen gegeben sein, um als in die deutsche Gesellschaft integriert zu gelten? Stellte man in den letzten Jahren diese Frage, dann stieß man teils auf Ratlosigkeit, teils auf gegensätzliche und meist emotional verfochtene Ansichten. Auf der einen Seite forderte man Integration, hatte jedoch keine Maßstäbe dafür, geschweige denn die Kraft, das Gelingen der Integration an solchen zu messen.[41] Auf der anderen Seite vertrat man die These:»Offene Gesellschaften müssen ohne substanzielle Mitte, ohne eindeutig definierbaren moralischen, kulturellen oder religiösen Identitätskern auskommen.«[42] Integration beschränke sich auf die Teilhabe an Chancengleichheit[43] und sei dann geglückt, wenn man im Stande ist, unabhängig von den Lebensweisen der übrigen Bevölkerung eine eigene Identität zu leben[44].

Hinter den gegensätzlichen Positionen steht die Frage nach einer Berechtigung nationaler Identität im Europa des 21. Jahrhunderts. Hier erleben die östlichen Staaten eine Renaissance der Nationalismen, und auch im Westen ist eine Renationalisierung zu beobachten[45]. So, wenn es etwa in Frankreich zu einer Rückbesinnung auf die Nation[46] kommt. Dem trägt der Vertragsentwurf einer europäischen Verfassung von 2005 Rechnung. In seiner Präambel heißt es, dass die Völker Europas stolz auf ihre nationale Identität und Geschichte sind.

Auch Deutschland? Das Ausland spricht seit jeher»den Deutschen« nationale Eigenschaften zu[47], und hat nach einer Umfrage des Harris-Institutes vom Mai 2005 von unserem Volk eine gute Meinung[48]. Dagegen gab und gibt es für viele hierzulande politisch Engagierte kein deutsches Volk, sondern nur eine Bevölkerung in Deutschland[49]. Deren identitätsstiftende Momente sehen sie überwiegend im persönlichen Lebensumfeld gegeben: im Familien- und Verwandtenkreis, in Freundschaften, Bekanntschaften, interessengleichen Gruppierungen, in einer »gleichgestimmten Menge« (Gerhard Wurzbacher) – nicht zuletzt in Religionsgemeinschaften. Wenn dennoch eine nationale Identität akzeptiert wird, dann von zwei Perspektiven her:

Vor allem *ex negativo*[50]: Typisch deutsch sei das singuläre Verbrechen des Nationalsozialismus an Juden und anderen Völkern[51], als Vergangenheit, die nicht vergehen will (Salomon Korn). Derart definierten sich viele Deutsche fast sechzig Jahre über die Schrecken der

27

NS-Verbrechen und verachteten nationale Gefühle[52]: Auschwitz mache nicht nur für linke Intellektuelle die Rückkehr in die Nation für immer unmöglich[53]. Die Nation sei nach Hitler insgesamt nicht mehr zu retten[54], und die Entnationalisierung Deutschlands ein Lebenstraum[55].

Positiv diene – und genüge – zur deutschen Identität das Sternberger-Habermas-Modell des Verfassungspatriotismus: die Bejahung der freiheitlich-demokratischen Grundordnung des Grundgesetzes[56]. Emanuel Richter versucht das Modell auf die Thematik von deutscher Identität und Kultur zu übertragen. Feste Vorgaben gebe es dafür nur wenige: Es gelten in erster Linie Rechtsnormen wie die Verfassung, öffentliches und privates Recht, erst nachrangig kommt die regulierende Kraft von Traditionen aus der Nationalgeschichte oder der Sprache hinzu.[57] Somit dürfe man diese auch nicht von Immigranten verlangen. Von ihnen erwartet werden könne lediglich ein klarer Verfassungspatriotismus, der uns alle – ob einheimisch oder zugewandert – eint[58] und gänzlich auf völkisch-nationale Bezüge verzichten kann[59].

Neben diesen Urteilen über deutsche Identität sind seit Beginn des 21. Jahrhunderts neue und zum Teil einander widerstrebende Entwicklungen zu beobachten:

Eine erste zeigte sich im Jahr 2000 auf der Stockholmer Holocaustkonferenz. Bis dahin hatte Auschwitz den Status eines negativen »Gründungsmythos« nur für die Bundesrepublik und war ausschließlich Bestandteil der deutschen Identität. Nun kam man überein, dass es nicht nur eine Chiffre für die Nazi-Verbrechen bilde. Vielmehr sei es mit seiner Verpflichtung auf das Erinnern auch ein Identitätsangebot für alle Europäer[60].

Eine zweite Entwicklung ergab sich dadurch, dass der Verfassungspatriotismus die kulturelle und emotionale Lücke nicht wirklich füllen konnte, die sich als Folge der Lossagung von der deutschen Geschichte und von der Zugehörigkeit zur deutschen Nation auftat[61]. Ein Indiz hierfür ist die noch andauernde Suche nach kulturellen Gemeinsamkeiten[62]. Eine kleine Gruppe denkt hierbei an eine deutsch-türkische Kultureinheit[63]. Eine wesentlich größere geht von einem überwölbenden Begriff von Europa aus, das sich insgesamt als multireligiös, multiethnisch und multikulturell begreift[64]; eine andere fordert schließlich ein kulturelles Weltbürgertum durch Identifizierung mit einer globalen Wertegemeinschaft[65]. – Große Teile der Bevölkerung schlagen allerdings eine andere Richtung ein. Sie suchen und finden ihre Identität durch Anlehnung an die anglo-amerikanische Kultur und Zivilisation: in Bildung und Ausbildung, Lifestil, Sprache, Musik, Mode, Sport, Essen usw.[66] Eine dritte Entwicklung fand ihren Nährboden darin, dass seit einigen Jahren das Unbehagen an unserer Kultur, an unserer Gesellschaftsform, am »System« wächst. Signale hierfür waren die Gründung der Wahlalternative Arbeit & soziale Gerechtigkeit bzw. der Linkspartei, sowie die Kapitalismusdebatte von 2005, die eine tiefer liegende Zeitgeistströmung aufgenommen hat: das Wiedererstarken einer Haltung radikaler außerparlamentarischer Opposition[67]. Ihre Vertreter sehen in den unangepassten Migranten häufig eine Projektionsfläche eigener Dissidenz. Die Zuwanderer werden als Doubles in Stellung gebracht: als Gegner einer Gesellschaft, mit der man oft genug noch eine Rechnung offen hat[68].

Alle diese Entwicklungen lösten sich verstärkende gesellschaftliche Spannungen aus. Stimmen, die dennoch an einer deutschen Kulturnation[69] festhalten wollten, setzten deshalb vielfach hinzu, dass sie tiefgreifend gespalten ist: Deutschland, uneinig Vaterland[70]. Bereits 1945 richtete der Schweizer Theologe Karl Barth an die Deutschen die Aufforderung, genauer die Bitte, gerade angesichts des vorangegangenen entsetzlichen Geschehens zu sich selbst wieder Ja, »ein ganz neues Ja« zu sagen[71]. Doch noch immer schien Thomas Manns Wort von der deutschen Selbst-Antipathie im Raum zu stehen. So diagnostizierten Jürgen Gerhards wie J. Leinemann ein Land mit einer beschädigten nationalen Identität[72]. St. Ozment sprach sogar davon, dass die Deutschen unglücklich über sich selbst und über ihr Land[73] seien.

Diese Einstellung bedrohte die bislang weithin vorhandene Homogenität unserer Gesellschaft und machte ein verstärktes Bemühen um Zusammenhalt zum Gebot der Stunde[74]. Es verlangte von der einheimischen Bevölkerung eine erweiterte Betrachtungsweise: nicht nur den Blick auf die Vergangenheit, sondern auch in die Zukunft. Der aber, so zeigte sich immer deutlicher, setzt einen Prozess der Selbstvergewisserung voraus, mehr noch – der Selbstaussöhnung[75].

»Noch 1989/1990 fühlte man sich bei der auch nur zweimaligen Verwendung des Begriffs ›deutsch‹ oder ›Deutschland‹ … unwohl«[76]. Doch zu Beginn des 21 Jahrhunderts bahnte sich eine Suche nach

(Neu-)Gewinnung nationaler Identität an[77]. Mit ihr sollten die durch das Dritte Reich ausgelösten Traumata überwunden werden[78]. Auf der Suche nach einer neuen deutschen Form von Normalität schien eine Debatte über Deutschland und »deutsch sein« nachgeholt zu werden, die nach 1989 nicht geführt wurde.[79] In ihrem Verlauf kam es im Jahr 2004 zu einer Patriotismusdiskussion[80], die sich kurz darauf ausweitete zu einer Auseinandersetzung über freiheitliche demokratische Leitkultur[81] als Vorbedingung einer offenen Gesellschaft[82]. Es erschienen eine Reihe von Publikationen, die ein positives Gefühl gegenüber unserem Land zum Ausdruck brachten[83]. Von September 2005 bis Januar 2006 sollte eine großangelegte, von 25 Medienunternehmen initiierte Social-Marketing-Kampagne »Du bist Deutschland« zu einem neuen deutschen Nationalgefühl beitragen.

Die angestoßene Diskussion verschärfte sich durch dschihadistische Aktionen[84], durch die EU-Beitrittsverhandlungen mit der Türkei und, nicht zuletzt, durch 2006 in Berlin aufgebrochene ethnisch-religiöse Spannungen. Anders jedoch als in Frankreich[85] war der u. a. von Bassam Tibi eingebrachte Begriff der Leitkultur hierzulande bereits um 2000 unter Verdikt geraten[86] und stieß erneut auf teilweise heftige Ablehnung. Claudia Roth sprach sogar vom Begriffsunglück »Leitkultur«[87] – und setzte dem Leitkultur-Konzept das einer multikulturellen Gesellschaft entgegen[88]. Also multikulturelle statt deutscher Identität?

Die Debatte über eine freiheitliche demokratische Leitkultur in Deutschland trat im Frühsommer 2006 unerwartet in den Hintergrund. Während jahrelang von Politikern und einem Teil der Medien die These vertreten wurde, eine postnationale Identität sei Voraussetzung für ein multikulturelles Miteinander[89], zeichnete sich anlässlich der Fußballweltmeisterschaft ein entgegengesetzter Sachverhalt ab. Viele Deutsche wurden gleichsam von ihren eigenen Gefühlen überrascht und bekannten sich auf einer Woge öffentlicher Begeisterung in einer bis dahin neuen Weise zu den nationalen Symbolen. Dieser Stimmungsumschwung mochte *auch* Ausdruck eines Partyphänomens sein[90]. Es war jedoch mehr. Die Hinwendung zu Fahne und Hymne leitete eine Tendenz ein, den durch Scham über den Naziterror bestimmten, negativen Gründungsmythos der Bundesrepublik durch angenehmen, fröhlichen Patriotismus zu ersetzen[91] – oder ihn jenem Gründungsmythos wenigstens zur Seite zu stellen. Zugleich trug sie dazu bei, dass die deutsche Gesellschaft und die zugewanderten Bevölkerungsgruppen näher zusammenfanden. Mit deutschen Wimpeln an türkischen Gemüseläden und Dönerbuden bekannten sich viele Einwanderer in einer Offenheit zu dem Land, das sie bislang auf keinen Fall ihr Heimatland nennen wollten und durften. Sie machten dadurch der deutschen Gesellschaft deutlich, welche Integrationskraft sie tatsächlich besitzt.[92] Sport und gleichgestimmtes Fan-Gefühl können für Deutschstämmige wie für Zugewanderte zur gemeinsamen Heimat werden. Sportbegeisterung allein ist aber kein tragfähiger Untergrund für eine stabile Beziehung von Integration und Identität. Zu Recht warnten während der Fußballweltmeisterschaft 2006 die GEW, Heiner Geißler und Walter Jens vor nationalem Überschwang, W. Heitmeyer später vor Ausgrenzung und Abwertung als Kehrseite des Patriotismus[93]. Hinzu kommt: Die Deutschland-Begeisterung jener Wochen war weder reflexiv verankert, also kritisch kontrolliert, noch hinreichend inhaltlich gefüllt. Sie war vielmehr wegen ihres hohen Emotionalisierungsgrades anfällig für problematische Entwicklungen. Umso nötiger ist es, die Diskussion über Patriotismus, Leitkultur und nationale Identität wieder aufzunehmen.[94]

In diese Diskussion möchte sich nicht nur Charlotte Knobloch, Präsidentin des Zentralrats der Juden in Deutschland, gerne einschalten[95]. Es ist frappierend, wie oft auch gerade im Gespräch mit liberalen Muslimen das Wort von der deutschen Leitkultur fällt. Sie verbinden damit die Hoffnung, den Laisser-faire-Multikulturalismus zu überwinden, der für sie Mitverursacher des Fundamentalismus ist. Eine solche Leitkultur besteht für sie allerdings nicht aus einem fest zementierten Kanon, sondern muss zu jedem Zeitpunkt neu verhandelt werden. Das bedeutet:»mit uns, den Eingewanderten. Es ist auch unser Land. Gegen die Bildung von abgeschotteten Subkulturen muss die Idee einer Leitkultur für alle verteidigt werden.«[96]. Auch Politiker und Politikerinnen wie L. Akgün fordern solche Aushandlungsprozesse, in denen Einheimische und Zugewanderte gemeinsam an der Konstruktion neuer Deutungen in ihrem gesellschaftlichen Kontext arbeiten. Doch dürfe sie nicht zu einer deutschen Leitkultur führen, weil sie auf eine kulturelle Homogenisierung hinausliefe. Integration sei kein Nürnberger Trichter, in dem nur ein wenig Literatur, Kunst und Geschichte eingefüllt wird und an dessen Ende der Prototyp eines Deutschen stehe.[97]

Erstrebenswert für eine postmoderne Einwanderungsgesellschaft sei vielmehr »Interkulturalität« bzw. »interkulturelle Koexistenz« bei gleichzeitiger Distanzierungsfähigkeit von der eigenen kulturellen Prägung[98].

Es ist richtig: *Die* Kultur gibt es nicht, und sie ist nicht statisch. Sie verändert sich ständig. Auch ist richtig, dass die Veränderung das Ergebnis fortwährender öffentlicher Verständigungsprozesse ist[99], und zwar derart, dass die Übereinkunft ohne Vorbehalte und von vielen Beteiligten und Betroffenen zugleich getroffen wird[100]. Doch sind zwei Aspekte zu bedenken.

Das Eine: Kultur ist nicht voraussetzungslos und konstituiert sich nicht jeweils neu. Sie besteht als Inbegriff von Wissen, Glauben, Kunst, Moral, Gesetz, Sitte und allen übrigen Fähigkeiten und Gewohnheiten, welche der Mensch als Glied der Gesellschaft sich angeeignet hat, darin zugleich wesentlich als kulturelles Gedächtnis, also als präsente Überlieferung[101].

Das Andere: Fragen der Kultur sind stets auch Machtfragen – ein Sachverhalt, der in der Nachgeschichte des Dritten Reiches oftmals verdrängt wird. Man setzt auf Dialog, Kompromiss, ja Verschmelzung. Kultur ist aber als wertgeladene Lebensform nicht einseitig auf Verständnis und Harmonie angelegt, sondern immer auf Auseinandersetzung und Kampf mit anderen Kulturen. Dabei gibt es Gewinner und Verlierer, Erfolg und Scheitern[102].

Diesen Aspekt gilt es im Blick auf Integration und Identität im Auge zu behalten, und das gerade dann, wenn die Auseinandersetzung nicht mit gewaltsamen, gar militärischen Mitteln erfolgt, sondern argumentativ oder emotional oder in den spontanen Gesten, Befremdungen, Anfeindungen, Anfreundungen des Alltags. Es ist ein Kampf der Anziehungen und Abstoßungen, also der Werte. Hierbei haben die Vorstellungen der Eingesessenen Vorrang, genauer: die kollektiven Erfahrungen und das Lebensgefühl, das von einer deutlichen – deutschen – Mehrheit geteilt wird. Es würde nicht nur zu erheblichen gesellschaftlichen Konflikten führen, es wäre auch nicht durchsetzbar, hätten die Stimmen der Zugewanderten gleiches Gewicht. In diesem Fall würde gelten: »Der Westen mag das, was da auf ihn zukommt, zähneknirschend tolerieren; undenkbar, daß er es als erstrebenswert für sich selbst akzeptiert.«[103]

Dieser Tatsache trägt das von Peter Koslowski vorgeschlagene nationale »Clubmodell« Rechnung. Danach bestimmen die »alten« Clubmitglieder die Regeln – und auch die Formen des zivilisatorischen und kulturellen Miteinanders –, die die Aufnahmesuchenden zu akzeptieren haben[104]. Diesen leistet hierbei die Zugehörigkeit zu sozialen Netzen gleicher Herkunft eine wichtige Hilfe. Das Schreckwort »Parallelgesellschaft« verkennt die integrative Funktion solcher Netze: Neuankömmlingen dienen sie, ebenso wie religiöse Gemeinschaften, als Vermittler, Wegweiser, Pfadfinder in die aufnehmende Gesellschaft.[105] Problematisch werden sie erst, wenn sie sich verfestigen und ein kulturelles Miteinander verhindern[106].

Deutsche Kultur ist nichts Besonderes, aber etwas Bestimmtes, und für uns und andere zu erhalten (Richard Schröder)[107]. Doch worin besteht sie? Das fragen nicht zuletzt führende Muslime, etwa der Vorsitzende ihres Zentralrats. Er fordert ebenso wie Ch. Knobloch: »Für die Integration brauchen wir in Deutschland zunächst einmal eine deutsche Identität«[108]. Er reagiert hiermit darauf, dass Immigranten häufig ein verkrampftes und unauthentisches Deutschgefühl erleben, das zwangsläufig die Frage provoziert, wie sich die Eingewanderten mit Deutschland, seiner Kultur und seinem Lebensgefühl identifizieren sollen, wenn es die Deutschen selber nicht können.[109] Dieses Problem stellt sich gerade auch für muslimische Jugendliche mit Migrationshintergrund. Eine Forschergruppe um W. Schiffauer berichtet vom Befremden türkischstämmiger Schüler darüber, dass Deutschland im Unterricht durchweg als schwieriger, bedenklicher, fataler Fall dargestellt wird.[110] S. Ateş ergänzt: »Solange türkische Bengel jeden Deutschen auf der Straße mit den Worten ›Ätsch, ich darf stolz sein auf mein Land, du aber nicht‹ verhöhnen können, werden sie sich auch kaum auf die hiesigen Spielregeln einlassen.«[111]

Das bedeutet: »Nur ein Land von selbstbewussten, freiheitlichen Bürgern kann erwarten, dass sich auch die Neuankömmlinge als solche begreifen.«[112] Die Bevölkerung ohne Migrationshintergrund hat deshalb eine doppelte Aufgabe, und diese Aufgabe ist dringend anzugehen: Die Deutschen müssen zum Konsens über die sie verbindenden kulturellen Standards, Leitbilder und Werte finden. Sie müssen lernen, ihre eigenen Ideale selbstbewusster zu vertreten[113]. Beides ist eine unverzichtbare Voraussetzung für die Bewältigung des Immigrationsproblems und damit auch für die Integration der Muslime in die Mehrheitsgesellschaft[114].

Die Aufgabe ist seit der Einbürgerungsdiskussion Frühjahr 2006 allgemein erkannt[115]. Die Lösung scheint jedoch noch fern zu sein. Die in mehreren deutschen Ländern geplanten bzw. erstellten Einbürgerungstests zur deutschen Geschichte, Kultur, Politik und Werteordnung[116] waren ein erster Versuch. Sie wurden aber sogleich als Unterwerfungsrituale heftig kritisiert[117]. Die Innenministerkonferenz beschloss deshalb im Mai 2006, sie durch einheitliche obligatorische Kurse für Sprache und am Grundgesetz orientiertes staatsbürgerliches Grundwissen zu ersetzen[118]. Diese Kurse können nicht die Befürchtung ausräumen, dass derzeit in Deutschland im Blick auf die kulturellen Werte, Leitbilder und Verhaltensmuster außer einem totalen Pluralismus keine Maßstäbe existieren. »Und doch können wir der schwierigen Frage nach Bewertung und Hierarchisierung von Kultur nicht mehr ausweichen.«[119]

Als Verständigungsgrundlage könnten die von J. Kraus vorgelegten sechs Merkmale eines aufgeklärten Patriotismus dienen. Deutsche kulturelle Identität hat es demnach zu tun

1. mit Demokratie und mit Rechtsstaatlichkeit und mit der Bereitschaft, sie zu bejahen und zu verteidigen;
2. mit Bindung nach innen, mit Wir-Gefühl, mit Heimat als notwendigem Gegenstück gegen großflächige Zentralisierungen auf allen Gebieten; das heißt, so ist erläuternd zu ergänzen, mit einer positiven Beziehung zu regionaler und lokaler Vergangenheit, Lebensart, Landschaft, Mundart, Sitte, Brauchtum usw.;
3. mit innerem Frieden und Berechenbarkeit; wer sich selbst nicht ausstehen kann, der ist auch für andere unausstehlich, dies gilt nicht zuletzt für die Kontakte zu Migranten;
4. mit Offenheit und Toleranz, im Bewusstsein, dass deutsche und europäische Kultur untrennbar zusammengehören;
5. mit einer gewissen Leichtigkeit und Selbstverständlichkeit und mit einem unverkrampften Umgang mit Symbolen und Zeremonien; sowie, in besonderer Weise
6. mit Geschichtsbewusstsein.

Kulturelle Identität ist dabei vor allem geprägt vom abendländischen Humanismus. Er vermittelt Geborgenheit in Kultur, Tradition, Sprache und Nation[120]. Bei dieser Komponente dürfen die dunklen Seiten deutscher Geschichte nicht übergangen werden, vor allem nicht jene, die im Zusammenhang der Verbrechen während des Dritten Reiches stehen. Doch für niemanden, auch nicht für ein Volk, kann die Betrachtung allein der Katastrophen heilsam sein[121]. So sollten sie nicht zur Sperrschicht gegenüber den hellen Seiten werden: der Vielfalt und Qualität der Lebensart, der Kultur, der Künste, der Wissenschaften und der Technik vor 1933 und nach 1945.

Ein zentrales Moment deutscher Kultur bildet neben Antike und Judentum das Christentum[122]: als Träger abendländischer Tradition, als gelebter Glaube und als Wurzelboden für das gesamte Geistesleben, nicht zuletzt für die Aufklärung und Säkularisierung in Deutschland. Dabei wirkt es speziell durch seine konfessionelle Ausformung. Sie prägt bis heute nicht nur Gesellschaft und Staat in unserem Land. Sie beeinflusst darüber hinaus das europäische Denken[123]. Sie könnte auch zum Modell für die Herausbildung eines Islams werden, der sich in der deutschen Gesellschaft zurechtfindet.[124]

Für die Verständigung über Formen deutscher kultureller Identität und deren Vermittlung haben alle Bildungsinstitutionen besondere Bedeutung und Verantwortung, angefangen von den Forschungseinrichtungen bis hin zu den Lehrkräften jeder einzelnen Schule. Die Zugewanderten aber müssen lernen:»Integration ist nicht zum Nulltarif zu haben, sondern bedeutet eine kulturelle und soziale Zumutung«[125]. Doch sind sie und ihre Herkunftskultur im Verständigungsprozess mit zu hören bzw. mit zu bedenken[126]. Wie aber, wenn etwa zugewanderte Muslime keine Übung im kulturellen Debattieren mitbringen? Dann, so E. Richter, muss man sie ihnen eben beibringen[127]. – Was ist damit gemeint? Das bedarf der Erörterung.

2. Identität und Integration aus der Sicht muslimischer Zugewanderter

Häufig wurde in der Vergangenheit von»den«Muslimen in Deutschland gesprochen. Heute ist allgemein anerkannt, dass sie keine homogene Bevölkerungsgruppe bilden. Neben der Zugehörigkeit zu verschiedenen Ethnien und Bekenntnisrichtungen ist zu unterscheiden zwischen

- Angehörigen des deutschen Kulturkreises, die zum Islam übergetreten sind[128],
- integrierten muslimischen Zugewanderten[129],
- muslimischen Zugewanderten, die in Deutschland ihre (wirtschaftlichen) Lebensbedingungen verbessern wollen, jedoch kein Interesse an Integration haben[130],
- zugewanderten integrationsbereiten Muslimen, deren Integration bislang aber wegen negativer Fremdeinflüsse oder eigener Unzulänglichkeiten (z.B. Ablehnung durch Einheimische bzw. mangelnde Fähigkeit zum Spracherwerb) nicht möglich war[131],
- muslimischen Zugewanderten, die eine selbstgewählte Isolation gegen Integration setzen oder sie in missionarischer Absicht generell verweigern[132], sowie
- nachträglichen muslimischen Integrationsverweigerern (u.a. Teile der Dritten Generation): Muslime mit Migrationshintergrund, die zunächst integrationsbereit waren, sich aber – z.T. militant – auf ihre alte Identität zurückziehen[133]. Ursache ist oft ein persönlich erlebter *clash of civilizations* (S. Huntington). Er kann viele Gründe haben, z.B. die kulturell-zivilisatorische Unübersichtlichkeit der neuen Lebenswelt, Ungleichzeitigkeit des alten und neuen Kulturkreises, Überforderung, Zurücksetzung oder Druck von außen.

Sieht man von den deutschstämmigen Muslimen ab, sind die Übergänge fließend. Die Probleme im Umfeld von Identität und Integration betreffen überwiegend die vier letztgenannten Gruppen, und hierbei in besonderer Weise die Jugendlichen.

Ihnen selbst mitunter nicht bewusst, entdecken viele muslimische Zugewanderte auf neue Weise die muslimische Herkunftskultur. Sie leben meist in – nicht selten als Last empfundenen – Familienkollektiven[134], die oft über zwei oder mehrere Länder verteilt und nur mit großem Aufwand aufrecht zu erhalten, letztlich aber über Generationen hin im alten Heimatland verwurzelt sind. Das über Satellit empfangbare heimatliche Fernsehen stärkt den Rückbezug – für manche Fachleute eine Katastrophe für die Integration[135]. Zudem ermöglicht die große Zahl muslimischer Zuwanderer mit gleichem oder verwandtem soziokulturellem Hintergrund in sich verfestigte Ethnien, N. Kelek spricht von einer virtuellen türkisch muslimischen Kleinstadt, von »Kaza«[136]. Sie schenkt Geborgenheit und erfordert, wie Hamburg-Wilhelmsburg zeigt, keine Anpassung an das kulturelle Umfeld in Deutschland[137]. Jeder Zehnte aus der Türkei Zugewanderte – etwa 190 000 Personen – begegnet weder bei der Arbeit noch im Freundeskreis Deutschen, ergab eine repräsentative Umfrage des Essener Zentrums für Türkeistudien in Nordrhein-Westfalen. 39 Prozent fühlen sich mit der Türkei verbunden, nur 31 Prozent mit Deutschland.[138] Trotz der für Alt- und Neubürger geltenden gesellschaftlichen Rahmenvorgaben kommt es dadurch zu Ghettobildung und Entmischung der Gesellschaft[139]. Die Entmischung, genauer: die missglückte bzw. verweigerte Integration birgt ein großes Konfliktpotenzial, und dieses drängt zu Entladungen. Einen Vorgeschmack bietet die Berliner Situation. Dort gibt es in Innenstadtbezirken nicht nur den ritualisierten Krawall am 1. Mai, sondern zunehmend auch an anderen Tagen gewaltbestimmte »Zusammenrottungen mit Migrationshintergrund«, die das Selbstbild der Vielvölkermetropole in Frage stellen[140]. Das Konfliktpotenzial reicht jedoch tiefer. Es führt letztlich zu sozialer Auflösung, die nicht einmal ein Minimum an Bezugspunkten zu ihrem materialen Ort kennt, und zur Zersplitterung, in der es kein milieuübergreifendes Lernen gibt, sowie auch keine gegenseitige Hilfe[141]. Das zeigen die Ereignisse auf dem Balkan, aber auch Vorfälle in den Niederlanden[142], den USA[143], in Frankreich[144], Dänemark und Großbritannien[145]. Die in Regionalzügen Ende Juli 2006 in Dortmund und Koblenz gefundenen Kofferbomben sind ein Hinweis darauf, dass sich in Deutschland die in den genannten Ländern ablaufenden Entwicklungen zeitversetzt wiederholen könnten: Junge Muslime sind im Land geboren, aufgewachsen, ausgebildet, besitzen unsere Pässe, aber sie hassen Europa und Amerika[146].

Der in England vereitelte Anschlag – z.T. von Konvertiten – auf vermutlich zwölf Flugzeuge im August 2006[147] bestätigt: Von Oldham bis hin zu den Vorstädten von London sind muslimische Parallelwelten entstanden. Die Muslime dort leben zunehmend abgeschottet von der Mehrheitsgesellschaft, wobei die Ghettoisierung in den Köpfen junger Muslime besonders alarmierend ist. Religiöse Inbrunst und politische Überzeugungen, mit jugendlicher Radikalität vertreten, verbinden sich zu einer explosiven Mischung. Der dritten oder vierten Generation der Einwanderer fällt es schwer, sich zwischen neuer und alter Identität zurechtzufinden. Die Umma bietet eine positive Vision, während westliche Dominanz und die Demütigung des Islams, die sie überall zu entdecken glauben, manch jungen Muslim zur Gewalt treiben. Ursachen sind nur z.T. soziale Isolation und Armut. Die jungen Männer genossen eine gute Schulausbildung, wuchsen im englischen Suburbia auf, dem Territorium der breiten Mittelschicht, in die viele Generationen von Immigranten erfolgreich integriert wurden. Doch meint nur ein Drittel, acht Prozent weniger als noch vor fünf Jahren, sie sollten sich in die britische Gesellschaft integrieren. 26 Prozent halten die Integration bereits für zu weit vorangeschritten. Integration wird anscheinend nicht einmal mehr von der moderaten muslimischen Mehrheit aktiv gefördert. Stattdessen geht es vielen Muslimen um ihre eigene Identität, um den heiligen Auftrag des Islams, um Abgrenzung und die Überwindung der dekadenten Gesellschaft der Ungläubigen. Die muslimischen Parallelgesellschaften wachsen, im Lande wie in den Köpfen. Offen sagen junge englische Muslime, dass sie die islamische Republik errichten werden[148].

Das – scheinbar – säkularisierte Deutschland verkennt nicht selten die Bedeutung von Religion für das gesellschaftliche Leben[149]. Sie sieht in der Wiederkehr der Religion in die Politik ein uns im Grunde fremdes Problem. Die Ansicht ist »grundfalsch«[150]. Religion und Glaube sind das »Unterfutter« aller Gestaltungskräfte der Gesellschaft, wobei sie einen immer bedeutsamer werdenden Aspekt im Hinblick auf Integration darstellen[151]. Das gilt vor allem für die prägende und gemeinschaftsbildende Kraft des Islams. Eine schnell wachsende Zahl von Türken bezeichnet sich als sehr religiös (20 Prozent) – nicht zuletzt als Reaktion auf die Aversion von Deutschen gegen den Islam[152]. Er gibt ihnen Halt und darüber hinaus die Gewissheit, das Richtige zu tun. Mehr noch, er hebt von den »Unreinen« ab, von den Deutschen, die Schweinefleisch essen und Bier trinken[153]. Es wächst so eine eigene muslimische Identität in Europa[154], und die wirkt allem Bemühen um Integration in die hiesige Gesellschaft[155] entgegen. Das belegt die Studie des Berliner Innenministeriums aus dem Jahr 2003: Je ausgeprägter die Religiosität, desto niedriger die sprachlich-soziale Integration Und sie stellt die Frage: Neigen also stark religiöse Muslime zur Selbstabschottung, leben sie in jener Parallelgesellschaft, die Milli Görüs propagiert?[156] N. Keleks »Bericht aus dem Inneren des türkischen Lebens in Deutschland«[157] enthält Hinweise darauf, dass diese Haltung verbreiteter ist, als von der Außensicht her oft vermutet wird.

Kommt es zu einer stärkeren Entmischung der Lebenswelten, dann muss damit gerechnet werden, dass sich auch die Schulsprengel entmischen. Die PISA 2003-Analyse zeigt, dass Schulen einen Schüleranteil aus fremden Kulturkreisen von fünf Prozent gut verkraften, aber schon zwanzig Prozent zu einer sprunghaften Reduktion der mittleren Leistungen führen.[158] Ursache ist nicht nur die überwiegend geringere Sprachfähigkeit der Jugendlichen, sondern auch die meist soziokulturell bedingte Bildungsferne ihrer Elternhäuser. Die Leistungsreduktion kann zwischen Klassen der gleichen Schulart Niveauunterschiede herbeiführen, die eine Spaltung der Ausbildungssysteme bewirken können:

– Besser gestellte deutsche Eltern versuchen dann, für ihre Kinder Schulen mit hohem Anteil an Ausländern und auch Schülern mit muslimischen Migrationshintergrund zu vermeiden.

– Schulen in freier, speziell kirchlicher Trägerschaft können indirekt ein »Eliteschulwesen« eigener Art entstehen lassen: Rückt die Einschulung näher, entdecken deutsche Bessergestellte ihr Herz für die Kirche und schicken ihre Kinder auf Konfessionsschulen[159]. Diese werden so gemeinsam mit nichtkirchlichen Schulen in freier Trägerschaft zu Sammelbecken »abendländisch« sozialisierter, häuslich geförderter Kinder. Die allgemeinen Schulen haben dagegen die Jugendlichen mit Migrationshintergrund aufzunehmen, die oft sozial benachteiligt und verhaltensauffällig sind[160]. Dass man dann diese Schulen nicht mit jenen in freier Trägerschaft auf eine Stufe stellen kann, ist ein offenes Geheimnis.[161]

Bereits im November 2003 diskutierte die Kultusministerkonferenz die Folgen dieses schulischen Braindrains[162]. Sie wurden öffentlich an der Neuköllner Rütli-Schule Anfang 2006 sichtbar, einer Schule für Gescheiterte und Übriggebliebene, von denen 61 Prozent arabisch- oder türkischstämmig sind[163]. – Wie kann das Entstehen solcher Problemschulen verhindert werden? Durch eine Migranten-Quotenregelung oder gezielte Schülerverteilung? Hierzu lohnt ein Blick auf ausländische Lösungsversuche:

– Das »Busing«-System: Bei ihm sollen Schüler mit Migrationshintergrund – bei übergroßem Anteil – mit Bussen auf Schulen außerhalb ihres Wohngebietes verteilt werden. Das System wurde in den USA in den 50er Jahren erprobt, 1971 und 1999 jedoch durch Gerichtsurteile als diskriminierend und für die Kultur der Zugewanderten abwertend verboten[164].

– Das »Magnet«-System: Bestimmte Schulen in den USA haben jeweils ein staatlich subventioniertes Spezialprofil, z.B. Naturwissenschaften oder Kunst, und sind für alle Schüler eines Schulbezirkes offen. Es zeigt sich, dass diese Schulen auch für solche Schüler attraktiv sind, die üblicherweise auf Privatschulen gehen würden.
– Ähnliche Wege werden u.a. in Berlin eingeschlagen (z.B. in der Kreuzberger Hunsrück-Grundschule), in anderen deutschen Ländern und in Österreich angedacht.[165]
– Das »ZEP«-System: In Frankreich wurden soziale Brennpunktgebiete zu prioritären Erziehungszonen (ZEP) erklärt. In ihnen haben die Schulen Anspruch auf mehr Lehrer und mehr Finanzmittel, um gleiche Bildungschancen wie in bürgerlichen Wohnvierteln zu erreichen. – Die Ergebnisse blieben jedoch deutlich hinter dem nationalen Durchschnitt zurück.
– Das »Specalist College«-System in England: Seine Leitvorstellungen sind »Diversity und Excellence«. Deutsche Besucher fanden an diesen Schulen sehr zufriedene und geradezu glückliche Lehrkräfte vor. Der Grund: Für das Spezialgebiet, sei es Sprachen, Kunst / Musik / Drama, Technologie und Design oder Sport, gibt es eine besonders gute Ausstattung. Allerdings sind diese Schulen nicht unumstritten. Vor allem Schulleiter befürchten eine Teilung der Schullandschaft, wobei besser situierte Eltern die gut ausgestatteten Spezialschulen wählen würden, während für die sozial schwächeren Schüler und Schülerinnen die restlichen Schulen übrig blieben. Um dies zu verhindern, soll die Zahl dieser Schulen stark erhöht und an allen Schulen ein entsprechendes Spezialprogramm eingeführt werden.[166]

3. Identität und Integration aus der Sicht Jugendlicher

a. Auswirkungen des soziokulturellen bzw. -ökonomischen Hintergrundes

Oftmals hält man die Probleme von Identität und Integration muslimischer Schülerinnen und Schüler mit Migrationshintergrund für ein typisches Erwachsenen-Problem: Einheimische Jugendliche und solche mit Migrationshintergrund würden zueinander finden und harmonieren – wenn man sie nur ließe. Diese Ansicht bestätigt sich in vielen Fällen. Häufig versteht und vertraut man sich. Es gibt viele positive Beziehungen und auch persönliche Freundschaften, die zu einem bereichernden kulturellen Austausch führen[167]. Aber es gibt auch große Probleme, und zwar bei nichtmuslimischen Jugendlichen wie bei muslimischen. Dabei spielt jeweils der soziokulturelle und -ökonomische Hintergrund eine Rolle.

Bei den nichtmuslimischen Jugendlichen sind zwei Gruppen zu unterscheiden:

Jugendliche mittlerer und oberer sozialer Milieus – zumal mit höherer Schulkarriere – haben meist relativ wenig Kontakt zu den (vorwiegend anderen sozialen Schichten angehörenden) muslimischen Jugendlichen mit Migrationshintergrund. Sie fühlen sich deshalb in ihrem Status nicht herausgefordert oder gar bedroht. Sie stehen daher der Integrations-/Identitätsproblematik eher gleichgültig-tolerant gegenüber, sofern sie es nicht im Wohnbereich mit Immigranten zu tun haben, von denen sie im außerschulischen Alltag – mitunter verdeckt – bedrängt werden.

Jugendliche sozial schwacher Milieus haben in Schule und Wohngebiet zu muslimischen Gleichaltrigen mit Migrationshintergrund vielfältige Kontakte. Für deren Beschaffenheit spielen die Zahlenverhältnisse eine Rolle: Relativ spannungsarm sind Konstellationen, in denen beide Gruppierungen annähernd gleich stark sind, oder in denen die eine zu klein ist, um sich profilieren zu können. Konflikt- und gewaltträchtig scheinen dagegen Konstellationen zu sein, bei denen eine Gruppe ganz unter sich ist, oder aber dort, wo labile Dominanzverhältnisse herrschen[168]. In diesen Fällen ist es möglich, dass Extremismus und Gewalt von verbalen Beleidigungen bis hin zu körperlichen Verletzungen zum subkulturellen Weltbild und Identitätsanker werden[169]. Dabei dient Gewalt nicht selten zur eigenen Frustrationsableitung[170], sowohl angesichts der eigenen Schulkarriere als auch Blick auf die Zukunftschancen. Im Wettbewerb um die knappen Ausbildungsplätze kann es zu einer brisanten Situation kommen, die auf beiden Seiten Ressentiments schürt.[171]

Das Verhalten einheimischer Jugendlicher bildete im Rahmen der Extremismusdiskussion in den letzten Jahren einen Schwerpunkt der Jugendforschung. Dabei ergab die Internationale Civics-Studie[172], dass die deutschen 14jährigen (8-Klässler) die fremdenfeindlichste Population unter den 28 teilnehmenden Ländern waren[173]. Ihre Haltung ist in manchen Problemgebieten eine Reaktion auf erfahrene Demütigungen, Beraubungen und körperliche Angriffe durch Gleichaltrige mit Migrationshintergrund. Hinzu kommt bei den einheimischen Jugendlichen häufig mangelnde Anerkennung und mangelndes Selbstbewusstsein. Dies ist vor allem bei Jugendlichen mit beschädigten Biografien der Fall: bei Schulversagern und bei Außenseitern, wie sie in Hauptschulen der Ballungsräume anzutreffen sind. Zusätzlich sind Hilflosigkeit und häufig frühkindlich angelegte Bedrohungs- und Verlustängste in Betracht zu ziehen, die auf »die« Ausländer gespiegelt werden – und dies umso eher, je weniger Erfahrungen man mit ihnen hat.[174] Kennzeichen dieser Ängste ist, dass sie rationalen Argumenten kaum zugänglich und nicht quantifizierbar sind. Sie sind immer total und umso stärker, je geringer Selbstbewusstsein und -wertgefühl ausgeprägt sind.

Bei der Situation muslimischer Jugendlicher mit Migrationshintergrund ist zu unterscheiden zwischen muslimischen »Konfessionen« und islamisch geprägten Ethnien bzw. Nationen.

Im einen Fall handelt es sich um Sunniten, Schiiten sowie um Aleviten. Diese bilden in Deutschland eine bedeutende Gruppe[175], die auf Unabhängigkeit gegenüber den anderen islamischen Glaubensrichtungen Wert legt. Im anderen Fall geht es vor allem um Zugewanderte aus den Balkanländern und der Türkei.

Nicht wenige junge Muslime aus beiden Gruppen fühlen sich als Deutschbosnier oder Deutschtürken. Sie werden von der einheimischen Jugend wie von der Bevölkerung in der Regel akzeptiert. Ihre Zukunftsprognose ist günstig. Für eine große Zahl der aus dem Balkan oder der Türkei stammenden jungen Muslime ist die Lage anders. Sie fühlen sich als Wanderer zwischen zwei Welten, geographisch und kulturell: in einer Zwischenwelt, die nicht mehr die der Eltern ist und noch nicht ihre eigene. Sie sind eine Generation der Heimatlosen.[176] Sie fühlen sich etwa als *Alemanci* in Deutschland als Türken und in der Türkei als Deutsche[177]. Daraus entstehen Gefühle der Unsicherheit und Unbehaustheit. Sie lösen bei vielen Jugendlichen Reaktionen aus, die W. Heitmeyer negative Anerkennungsbilanz nennt. Wird aber jungen Muslimen die Anerkennung verweigert, sind sie bestrebt, sich diese selbst zu verschaffen. Und das geschieht nicht selten über Gewalt, weil sie immer eine Machtdemonstration ist, durch die soziale Unterlegenheit in kurzfristige Überlegenheit verwandelt werden kann.[178]

Hierbei wirkt sich bei der – allerdings abnehmenden – Zahl muslimischer Jugendlicher aus Ex-Jugoslawien aus, dass sie ihre Heimat meist unfreiwillig verloren haben. Sie sehen – und befinden – sich vielfach auf der Verliererseite in Gesellschaft und Schule, und versuchen dies verstärkt durch Cliquenbildung zu kompensieren. Das in ihnen vorhandene latente Gewaltpotential wird durch ein weit zurückreichendes kollektives Gedächtnis (z. B. an die Schlacht auf dem Amselfeld 1389), aber auch durch Erlebnisse der jüngsten Gräueltaten in Ex-Jugoslawien verstärkt bzw. aktiviert.

Die Herkunftskultur der türkischstämmigen Jugend (und, modifiziert, auch der arabischstämmigen Jugendlichen) ist stabil und im Aufstieg begriffen, zumal angesichts des möglichen Beitritts der Türkei zur Europäischen Union. Das führt dazu, dass sich ein Teil von ihnen nicht mit der gleichen Demut in die soziale Deklassierung fügt wie manche ihrer Eltern. Stattdessen entwickeln sie eine eigene Außenseitermentalität und setzen sich bewusst von der Mehrheitsgesellschaft ab.[179] Mit dieser Haltung verbinden sie oft ein ausgeprägtes Nationalbewusstsein. Es zeigt sich nicht nur gegenüber dem armenischen Genozid.»Türk sun = Du bist Türke«[180] kann selbst bei in Deutschland geborenen Jugendlichen zur stolzen Parole werden.[181] Entsprechend reagieren sie auf die Frage:»Habt ihr deutsche Freunde?« –»Nein«, war die häufigste Antwort,»die haben keinen Stolz, keine Ehre.«[182] Hinzu kommt, wie Untersuchungen N. Keleks zeigen, dass sehr viele muslimische Migranten in Kollektiven leben, deren Weltbild der Islam ist. »Was wir liebevoll Großfamilie nennen, lebt nach anderen Regeln, es gibt keine individuelle Freiheit, kein Ja oder Nein zum Kopftuch, zu importierter Braut oder Bräutigam. Wer dieses Kollektiv verlässt, begeht Verrat.«[183] Das gilt auch für die Jugendlichen.

Die Großfamilie hat zumeist ihren Rückhalt in der Türkei, und damit verbindet sich ein Schlüsselproblem der Integration türkischstämmiger jugendlicher Muslime: Seit Jahren verstärkt sich der Trend, dass türkische Männer zum Heiraten in die alte Heimat fahren. Nach einer Berliner Erhebung sucht jeder zweite Türke dort seine Frau. »Damit beginnt die Migrationsgeschichte nach jeder Generation wieder neu«[184]. Aber: Sie beginnt unter erschwerten Bedingungen. Nicht wenige junge Frauen kommen im Zuge einer arrangierten bzw. erzwungenen Ehe. Und sie kommen nicht nach *Deutschland*, sondern in eine *Familie*. Sie werden als Mütter ihre Kinder so erziehen, wie sie es in der Türkei gesehen haben, werden mit dem Kind türkisch sprechen, es so erziehen, wie sie erzogen wurden, nach islamischer Tradition. Sie werden in Deutschland leben, aber nie angekommen sein.[185] Dabei haben sie kein oder nur ein sehr kleines soziales Netz von Verwandten und Nachbarinnen, das ihnen bei ihren Problemen helfen kann. Sie werden oftmals auch von ihren heranwachsenden Kindern sehr bald nicht mehr ernst genommen, weil sie so schlecht Deutsch sprechen und in der Schule keinerlei Unterstützung geben können.[186]

Ein weiterer Unterschied zwischen jugoslawisch- und türkischstämmigen jungen Muslimen ergibt sich aus der Anzahl der Immigranten. Sie erlaubt stabile türkische Milieus, in denen man bis ins Alter mit der Sprache und den Regeln der Herkunftskultur leben kann[187]. N. Kelek: »Nur ganz zu Beginn, als meine Familie neu in Deutschland war, hatten wir noch Kontakte zu Deutschen, spielte das Kopftuch keine Rolle, war nur die Erziehung sehr traditionell. Aber das hat sich rasend schnell geändert. ... Man kann hier dreißig Jahre mitten in einer deutschen Großstadt leben, und ohne sein anatolisches Dorf im Geiste auch nur einen Tag verlassen zu müssen.«[188] Damit mag zusammenhängen, dass die Sprachkenntnisse der türkischstämmigen Jugendlichen nicht besser, sondern wieder schlechter werden. Vor wenigen Jahren noch hätten die Kinder die deutsche Sprache stets besser beherrscht als ihre Eltern, heißt es in einer nordrhein-westfälischen Gesamtschule. Heute ist es mitunter umgekehrt.[189] Die Ergebnisse der Studie PISA-E 2003 sind alarmierend. Sie zeigen: Etwa die Hälfte der hier geborenen

Türken erreichen nicht einmal Kompetenzstufe 1 einer fünfteiligen Deutsch-Leistungsskala. Als 15jährige können sie nicht lesen, geschweige denn einfache Texte aus dem täglichen Leben verstehen, sind so nicht in der Lage, am sozialen Leben teilzunehmen.[190] Der doppelte Spannungszustand zwischen altem und neuem Kulturkreis einerseits, zwischen kollektiv-familialem Hintergrund und individuell-westeuropäischem Lebensstil andererseits führt zunehmd zu einem religiösen *roll back*, eindrucksvoll belegt von Hülya Kandemirs islamischer Erweckungsgeschichte »Himmelstochter. Mein Weg vom Popstar zu Allah«[191]: Je länger die Befragten in Deutschland leben, desto aufgeschlossener sind sie für Re-Islamisierungsprozesse (B. Tibi) und umso eher fühlen sie sich religiös. Religiöse Handlungen werden von der Mehrzahl auch der jüngeren Muslime praktiziert, selbst wenn sie sich nicht als ausgesprochen religiös definieren. Auch die junge Generation hält an Riten als Teil der kulturellen Identität fest.[192] Die vom Berliner Innenministerium 2003 in Auftrag gegebene Studie belegt, wie stark sich junge Muslime in Deutschland zu ihrer Religiosität bekennen: Wichtig oder sehr wichtig ist die Religion für nur 17 Prozent der christlichen, für knapp 49 Prozent der jüdischen, aber für 73 Prozent der muslimischen Schüler.

Für viele dieser Jugendlichen gilt, was auch bei älteren religiösen Muslimen zu beobachten ist. Sie haben Hemmungen, sich in die Mehrheitsgesellschaft einzufügen und deren weltanschaulichen Pluralismus zu akzeptieren[193]. Das wirkt sich auf das Ausbildungsniveau aus. Die Beweggründe, über das eigene Milieu hinauszugelangen, werden immer geringer und die realen Bildungschancen auch.[194] Ein Teil der betroffenen Jugendlichen versucht seine Situation als »Bildungsverlierer«[195], richtiger: *Ausbildungsverlierer*, durch imperiales Gehabe (Oguz Üçüncü) und religiös-kulturelle Überlegenheitsgefühle zu kompensieren[196]. Er wird durch die Vorstellung bestärkt, dass der Islam eine Weltmacht darstelle, die dem dekadenten christlichen Okzident moralisch überlegen sei. Doch kollidiert diese Ansicht mit der täglich erlebten technisch-zivilisatorischen Dominanz des Westens. Dadurch entsteht ein Konfliktpotential, das sich u. a. im Selbstverständnis und Verhalten der Geschlechter äußert[197].
– Die Mädchen werden in ihrem Verhalten stark durch Riten und Sitten des islamischen Kulturkreises bestimmt. Dabei unterliegen sie

meist nicht nur hoher elterlicher Kontrolle (»angesichts der Unmoral in Deutschland«)[198]. Sie sind selbst anpassungsbereit und folgen dem muslimische Frauen- und Mädchenbild der Eltern, u.a. indem sie sich unterordnen und immer öfter mit Kopftuch zur Schule kommen[199]. Der Leiter einer Münchner Hauptschule berichtet jedoch, dass sich neue Entwicklungen anbahnen. An seiner Schule nehme die Aggressivität unter muslimischen Schülerinnen deutlich zu und auch die Bereitschaft, herkunftsbestimmte wie hiesige Regeln zu durchbrechen – wohl als Reaktion auf Konflikte zwischen traditionell-muslimischen Normen und westlichen Verhaltensweisen.

– Die jungen männlichen Muslime übernehmen oftmals die traditionellen Ansichten von Patriarchat und Überlegenheit ihres Geschlechts. Sie bringen dies u.a. einheimischen Mitschülerinnen und Lehrerinnen gegenüber zum Ausdruck. Die Untersuchung von K. Brettfeld und P. Wetzels gibt ergänzende Hinweise. Sie zeigt einerseits auf, dass der Islam gewaltreduzierend sein kann. Andererseits macht sie darauf aufmerksam, dass für muslimische Jugendliche in bestimmten Konstellationen Gewalt ein, normativ sogar gebotenes, sozial akzeptiertes Mittel der Konfliktregulation darstellt.[200] Die durch Ehre und Selbstwertbehauptung bedingte Distanz zur nichtislamischen Lebensart trägt dazu bei, dass viele männliche Muslime Koranschulen besuchen.

Der Islam als Identitätsanker kann mitunter sogar zum Nährboden für islamistische Jugendmilieus werden, wo Terror als legitime Verteidigung gedeutet wird, und die vor allem in Großstädten Zulauf haben[201]. F. Zaimoglu spricht von »Islamo-Faschismus« und erläutert: »Das sind junge, kluge Kader mit einem politischen Willen.« Dieser »politische Islam ist« hierzulande »als Jugendbewegung überhaupt noch nicht verstanden. Und diese Bewegung ist im Wachsen, glauben Sie mir. Diese jungen Leute lassen sich nicht irgendeine postmoderne Identität anhängen. Sie reagieren auf Leidenschaft, Enthusiasmus, Bekenntnis.«[202]

b. Entwicklungspsychologische Gesichtspunkte

Auf das Problemfeld Identität und Integration wirkt sich neben soziokulturellen, sozioökonomischen und religiösen Faktoren ein weiteres Moment aus: die psychische Konstellation. Hierbei zeigt der Vergleich zwischen den deutschstämmigen Jugendlichen und jungen Muslimen mit Migrationshintergrund ein doppeltes Bild.

– Gemeinsam ist ihnen in Pubertät und Adoleszenz der Prozess grundlegender Umorientierung, um ihren Platz in der Gesellschaft zu finden. Dabei entsteht ein Spannungszustand zwischen Identität und Identitätskonfusion (Erik H. Erikson). Das Identitätsbewusstsein lässt sich mit dem Satz beschreiben: Ich bin, woran ich mich halte. Die Suche nach Rückhalt führt in zwei Richtungen: zum Interesse an fremden Lebensformen hier und zum Rückzug auf eine Halt und Sicherheit vermittelnde (Peer-)Gruppe dort.

– Der Rückzug kann bei der einheimischen Jugend im Nahbereich – im Blick etwa auf muslimische Altersgenossen – bis zu rechtsradikaler Abschottung und fremdenfeindlicher Aggression führen, die vor allem in Cliquen zum Ausbruch kommen. Global gesehen, also im Fernbereich, neigt die einheimische Jugend jedoch in ihrer Mehrheit zu einer Öffnung gegenüber fremden Kulturen und Religionen. Sie wird darauf durch die »vorrangigen Werte« in der Kindererziehung vorbereitet: durch Prosozialität, kritische Offenheit und Autonomie sowie der Ablehnung von Konformität[203]. Sie folgt darin einer allgemeinen Neigung unserer Gesellschaft, sich dem Anderen, Neuen zuzuwenden. Aus der eigenen Tradition überkommene Sitten und Bräuche sind verzopft und *out*. Fremde, etwa amerikanische, asiatische und afrikanische Lebensformen, sind *cool* und werden gerne adaptiert.

Für die Beurteilung dieses Verhaltens ist wichtig, dass hinter ihm zumeist nicht die Hinwendung zum Fremden und die Anerkennung des Anderen *als Anderen* steht, also die Anerkennung seiner *tatsächlichen Eigenart*. Vielmehr wird die eigene Perspektive als gültig vorausgesetzt und auf das Fremde, den Anderen, projiziert. Hierbei übergeht bzw. unterschätzt man die Kontexte und Realitäten: Man verallgemeinert die eigene Position und ebnet bestehende Unterschiede ein[204] – eine weitreichende Fehleinschätzung, die manchmal erst in späteren Lebensphasen korrigiert wird, in denen man gelernt hat, Differenzen wahrzunehmen und mit ihnen umzugehen.

– Auch nicht wenige der jungen Muslime mit Migrationshintergrund öffnen sich dem Fremden, in diesem Fall: dem deutschen Kulturkreis. Andere haben zugleich ein unproblematisches Verhältnis zu

Land und Kultur ihrer Vorfahren wie gute Kontakte zu den deutschen Mitbürgern in ihrem Lebensumfeld[205]. Viele aber folgen der Tendenz von Minderheiten, sich durch Profilierung zu definieren und zu behaupten, wobei zum Teil die Herkunftssprache als »Waffe« eingesetzt wird[206]. Diese Tendenz kann sich durch Ablehnungserfahrungen seitens der Mehrheit[207] verstärken und zu Aggressivität gegenüber Integrationswilligen in den eigenen Reihen führen. Laut der Berliner Studie aus dem Jahr 2003 kommt es vor, dass innerhalb von Immigrantengruppen »Aussteiger« von radikalen Mitgliedern gleichsam als Renegaten tätlich angegriffen werden[208].

Im Blick auf beide Seiten, auf die einheimische Jugend wie auf die muslimischen Jugendlichen mit Migrationshintergrund, darf nicht nur auf die jeweils aktuelle Gegenwart gesehen werden. Integration und Identität sind ein grundsätzlich unabgeschlossener Prozess. Sie unterliegen Langzeiteffekten, die auch gegenläufige Entwicklungen enthalten können: Muslimische Jugendliche mit Migrationshintergrund, die sich in unsere Gesellschaft integriert haben, können sich davon in späteren Lebensphasen durch Rückwendung zu ihrer Herkunftskultur wieder distanzieren. Einheimische Jugendliche, die sich dem Fremden geöffnet haben, können es mit fortschreitendem Lebensalter ablehnen – und umgekehrt.

II. Identitätsentwicklung und Integration als interaktive Prozesse

Die bisherige Untersuchung zeigt: Integration und Identitätsentwicklung muslimischer Jugendlicher mit Migrationshintergrund stehen in einem komplexen Zusammenhang mit der allgemeinen Migrationsthematik. Ihre Probleme lassen sich deshalb nicht für sich genommen überwinden, ihre Lösung ist Aufgabe der gesamten Gesellschaft. Hierbei stellen sie sich von Fall zu Fall verschieden dar. Immer aber sind sie Teil eines interaktiven Geschehens, an dem mindestens vier Seiten beteiligt sind:

Der *einheimischen, aufnehmenden Gesellschaft* und ihren Gruppierungen ist aufgegeben, in Kontinuität mit der eigenen Vergangenheit und in Verantwortung für die gemeinsame Zukunft den Zusammenhalt der Gesellschaft zu sichern[209]. Hierbei ist wichtig, idealisierende und illusionäre Vorstellungen zu vermeiden. Fremde Sitten und Gebräuche sind keine Bereicherung an sich. Nicht jede kulturelle Differenz ist ein wünschenswerter Beitrag zur Buntheit unseres Landes, den wir anzuerkennen haben. Und: Die Zugewanderten integrieren sich erfahrungsmäß nicht selbstverständlich und harmonisch in die Mehrheitsgesellschaft. So kann es zur Sicherung unserer Lebensverhältnisse nötig werden, aktiv einzugreifen[210]. Dies verlangt neben Wachsamkeit auch Wehrhaftigkeit. Sie besteht im Eintreten für die individuellen Menschenrechte, sowie im Hüten und Verteidigen der Grund- und Freiheitsrechte des Grundgesetzes, notfalls bis hin zu strafrechtlichen Sanktionen[211]. Ebenso wichtig ist es aber, dass wir uns des Wertes unserer Lebensart und unseres kulturellen Erbes bewusster werden. Und: Dass wir – ohne uns sogleich dafür rechtfertigen zu müssen – von Fremden zu verlangen wagen, sich in unsere Lebensweisen einzufügen. Das äußert sich etwa darin, dass wir um die Bewahrung der Silhouetten unserer Dörfer und Städte bemüht sind[212].

Unsere Gesellschaft muss vitales Interesse daran haben, dass die zugewanderten Muslime in sie hineinwachsen, also keine gegenseitige Apartheid entsteht. Eine entscheidende Voraussetzung dafür ist, dass die deutsche sozio-ökonomische Lebensqualität, die kulturelle Tradition und nicht zuletzt die Sitten und Verhaltensweisen attraktiv sind. Speziell im Blick auf letztere scheinen Einheimische mitunter zu vergessen, dass sie dabei von den Muslimen genau beobachtet und beurteilt werden. Entsprechend unsensibel verhalten sie sich gegenüber deren Gefühlen. So ist es nicht zu verwundern, dass nicht wenige Zugewanderte das »christliche Abendland« als dekadent empfinden und einer Integration skeptisch gegenüberstehen[213]. Eine weitere Bedingung für die Integration lautet: Die hiesige Bevölkerung muss bereit und imstande sein, die Zugewanderten auf- und anzunehmen. Sie braucht dazu einen langen Atem, die Fähigkeit zu (Selbst)Kritik, sowie die Fähigkeit, kulturelle und religiöse Differenzen auszuhalten. Hierbei wird ihr, zumal in sozial schwachen Milieus, nicht wenig abverlangt. Sie sollte Verständnis finden, wenn sie Vorbehalte hat und Ängste empfindet, und ihr Verhalten nicht pauschalierend mit gruppenbezogener Menschenfeindlichkeit (W. Heitmeyer) beschrieben werden[214].

Die *einheimischen Jugendlichen* sind für ihre muslimischen Altersgenossen mit Migrationshintergrund maßgebliche Repräsentanten unserer Gesellschaft. Sie können zu deren Botschaftern, Angeklagten, aber auch zu Verteidigern werden. So trägt ihr Verhalten wesentlich dazu bei, ob im Einzelfall Integration gelingt oder nicht. Deshalb ist es wichtig, sie auf die Begegnung mit Muslimen vorzubereiten und helfend zu begleiten. Das geschieht, indem über muslimische Lebens- und Glaubensformen wenigstens in Ansätzen informiert wird und hierzu Kriterien bereitgestellt werden. Daneben muss die Fähigkeit geschult werden, mit aufbrechenden Differenzen und Konflikten gewaltfrei zurechtzukommen. – Alle diese Aufgaben sind neben dem häuslichen Bereich der Schule, den Medien und der Gesellschaft insgesamt gestellt. Entscheidend ist auch hierbei, den einheimischen Jugendlichen eine stabile Identität zu ermöglichen. Dann können sie angstfrei und offen auf die Fremden zugehen.

Die *Gemeinschaften und Sozialverbände der muslimischen Herkunftskultur*, also etwa die Großfamilien oder die Moscheevereine, müssen bereit sein, ihre Jugend mental freizugeben. Letztere dürfen nicht mit erheblicher Aggressivität auf Integrationsbemühungen reagieren, wie das gegenüber der Herbert-Hoover-Realschule in Berlin-Wedding der Fall war[215]. Freigeben bedeutet nicht, dass sie sich völlig zurückzuziehen hätten, im Gegenteil. Sie erfüllen eine wichtige Aufgabe, wenn sie den muslimischen Jugendlichen mit Migrationshintergrund flankierenden Rückhalt geben: durch die Einrichtung von Kommunikationszentren, durch Jugendarbeit, durch schulergänzende Sprach- und Förderkurse, durch Veranstaltungen zur islamisch-christlichen Kulturbegegnung oder auch durch Brauchtumspflege[216]. Eine Vorreiterrolle könnten dabei die »offenen« Mannheimer Moscheen wie die Yavuz-Sultan-Selim-Moschee übernehmen, an denen solche Angebote gemacht werden[217]. Als Ergebnis kann sich eine »Binnensolidarität«[218] entwickeln, die es den Jugendlichen mit Migrationshintergrund erlaubt, sich als Deutsche zu fühlen, ohne Verbindungen zu ihrer Herkunftskultur zu verlieren.

Die Aufgabe der *jungen Muslime mit Migationshintergrund* ist die wohl schwierigste, und man wird Verständnis dafür haben, dass sie versucht sind, sich in die alte, vertraute Lebenswelt zurückzuziehen. Dennoch wird von ihnen verlangt, sich auf tiefgreifende Veränderungen in ihrer gesamten Identität und in deren Teilbereichen einzulassen.

Sie müssen fähig und bereit sein, sich als Mitglieder der deutschen Bevölkerung zu fühlen und demgemäß zu verhalten. Ein Scheitern der Integration ist nicht nur für sie selbst belastend. Dadurch würde ihnen der Rückzug in ein ethnisches Ghetto drohen, der Anschluss an radikale, oftmals religiös geprägte Gruppierungen[219] oder aber ein Leben in resignativer Vereinzelung im Niemandsland zwischen der verlorenen alten und nicht gewonnenen neuen Heimat. Ein Scheitern ist auch für die Gesamtbevölkerung problematisch. Es kann zu gesellschaftlichen Spaltungen, ja gewaltsamen Auseinandersetzungen führen.

Schließlich ist in diesem Zusammenhang zu bedenken, dass es durch die demografische Entwicklung in Deutschland mancherorts zum Rollentausch kommt, d. h. dazu, dass junge Muslime mit Migrationshintergrund die Mehrheit bilden, während die einheimische nichtmuslimische Jugend zur Minderheit wird. Dann kann es – wie in Berlin – geschehen, dass sie sich in Kleidung, Haltung, Diktion ihrerseits den Zugewanderten anpassen. Roman Reusch über diese deutschen Jugendlichen: »Die sprechen kein Deutsch. Sie können es nicht mehr«[220]. Durch die demografischen Entwicklungen wird es in zwanzig Jahren kaum noch eine Grundschule geben, in der nicht über fünfzig Prozent der Kinder einen Migrationshintergrund haben[221]. Schon jetzt gibt es Schulen, in »denen Deutsche Minderheitenschutz brauchen«[222] – eine Situation, auf welche Einheimische wie Zugewanderte meist unvorbereitet sind. Als Folge sind auch unter den nichtmuslimischen Jugendlichen defensive Vereinzelungen und aggressive Reaktionen zu befürchten. Das ist etwa dann der Fall, wenn es beispielsweise in Kreuzberger Schulen einem einzigen deutschen Mädchen aufgegeben ist, das christliche Mitteleuropa zu vertreten[223], oder wenn nichtmuslimische Schüler immer häufiger als »Schweinefresser« oder »Christ« beschimpft werden[224].

III. Integrationsmaßnahmen

1. Außerschulische Aktivitäten

Integration ist dann gelungen, wenn sich Zugehörigkeit und Eigenständigkeit die Balance halten. Für die nach Deutschland zugewanderten Muslime heißt das: wenn eine – jeweils individuell geprägte – Zugehörigkeit zum deutschen Kulturkreis und eine herkunftsbewusste Lebensart in ausgewogenem Verhältnis zueinander stehen. Hierbei sind in erster Linie Eltern und Familie gefordert. Sie sind aber außer Stande, die Aufgabe allein zu bewältigen. Sie sind auf die Hilfe von außen angewiesen, auf fortlaufende Unterstützung durch die gesamte Gesellschaft, durch ihre Organe, Institutionen und Gruppierungen. Daraus folgt: Die Integration muslimischer Jugendlicher mit Migrationshintergrund ist eine Langzeitaufgabe, zu deren Bewältigung die Gesellschaft ihre Aktivitäten vernetzen muss.

– *Politik, Legislative und Exekutive* haben entsprechende Rahmenbedingungen zu schaffen und umzusetzen. Dazu zählen u.a. die einheitliche und klare Regelung der Einbürgerung, die Steuerung des Zuzugs, die soziale Absicherung, die Ermöglichung muslimischer Sitten und Bräuche (z.B. durch Anlage muslimischer Friedhöfe), sowie Verhinderung von Ghettobildungen, nicht zuletzt durch städteplanerische und arbeitsmarktpolitische Maßnahmen[225]. Ferner sollte ein Sofortprogramm gestartet werden zur Gewinnung von Lehrern, die selbst aus dem Migrantenmilieu stammen[226].

Die Parteien sollten einerseits darum bemüht sein, angesichts der demografischen Entwicklung die Identität bzw. Identitäten der einheimischen Bevölkerung zu sichern und zu festigen. Sie sollten andererseits darauf achten, für zugewanderte Muslime wählbar zu sein.

– Es ist zu wünschen, dass sich die deutschen *Funk- und Printmedien* noch intensiver als bisher mit den Fragen und Problemen deutscher Identität befassen und dazu beitragen, dass sich die »Bevölkerung in Deutschland« als »deutsche Bevölkerung« versteht. Dabei ist vor der Idee einer einheitlichen Nationalkultur zu warnen. Sie würde die wertvolle Vielfalt deutscher Identitäten gefährden. Vielmehr geht es darum, gleichermaßen das Bewusstsein deutscher Zusammengehörigkeit wie auch regional-föderaler Eigenständigkeit, sowie ein balanciertes Zusammenspiel beider zu fördern. Daneben sollten die Medien die Bevölkerung verstärkt für Probleme der demografischen Entwicklung und der Immigration sensibilisieren bzw. darüber informieren. Es ist wichtig, dass dies sachgerecht geschieht, ohne Schönfärberei und ohne polemische Parteinahme. Themen sind vor allem: die Befindlichkeiten und Anliegen der Zugewanderten, ihre Herkunftskultur, der muslimische Glaube, seine Ausprägungen und Zielsetzungen, sein Wirklichkeitsverständnis und seine Lebenswelten – aber auch Einführung in das Christentum und in sein Verhältnis zum Islam. Nicht zuletzt sollten sich die deutschen Medien zur Aufgabe machen, vermehrt Zugewanderte als Zuhörer/Zuschauer und als Leser zu gewinnen.

– Auch die *Kirchen und Religionsgemeinschaften* sollten sich noch ausführlicher als bisher mit der »Einwanderung des Islams« und damit gegebenen Problemen befassen. Überregional und lokal sollten sie verstärkt ihren Mitgliedern zur Seite stehen und ihnen für die Begegnung und Auseinandersetzung mit dem Islam Hilfen anbieten. Dadurch können sich ihre Mitglieder in vertiefter Weise des eigenen Glaubens bewusst werden, sich besser mit den gegensätzlichen Wahrheits- und Offenbarungsansprüchen auseinander setzen und ihren Glauben gegenüber Muslimen vertreten, ohne diese zu verletzen. Nicht zuletzt sollten die Kirchen in ihrer Jugend- und Schülerarbeit ausführlich den Islam thematisieren und auf junge Muslime zugehen. Sie sollten sie einladen, die neutestamentliche Botschaft, christliche Lebensformen und Glaubenssätze authentisch kennen zu lernen und durch persönliches Erleben und Erfahren Zugänge zum christlichen Glauben zu finden.

– Eine große Bedeutung haben schließlich *Vereine, Bürgerinitiativen und informelle Aktionen* wie Freundeskreise und Nachbarschaftshilfen. Sie können auf die speziellen Anforderungen des Integrationsprozesses am Ort eingehen und so Brücken zu Muslimen mit Migrationshintergrund schlagen.

2. Aufgaben des Bildungsbereiches

Integration ist in besonderer Weise auf Vorschule und Schule angewiesen. Während die letztere von den Jugendlichen mit Migrationshintergrund selbst – generell – überraschend positiv beurteilt wird[227], ist der im Kontakt mit Muslimen erfahrene Neuköllner Bezirksbürgermeister H. Buschkowsky anderer Ansicht. Vor dem Hintergrund der Berliner Verhältnisse ist er überzeugt:»Schulen sind längst kein Integrationsmittel mehr, sondern ein Vertreibungsinstrument. Wer wird denn hier wo integriert?«[228] In seinem Sinn wird anlässlich der im Mai 2006 veröffentlichten Auswertung der PISA-Studie 2003 über Schulleistungen der Zugewanderten von »Migrationsdesaster« gesprochen[229]. Dieses Urteil ist wohl zugespitzt. Doch ist irritierend, dass der Studie zufolge eine längere Aufenthaltsdauer zugewanderter Familien meist keine positiven Auswirkungen auf die schulischen Leistungen ihrer Kinder hat.

Dieser Befund fordert *Bildungspolitik und Pädagogik* auf, noch erheblich intensiver als bisher an integrationsorientierten Bildungskonzepten zu arbeiten. In ihnen dürfen nicht nur die Probleme Jugendlicher mit Migrationshintergrund und speziell junger Muslime berücksichtigt werden. Vielmehr ist es notwendig, das Verhältnis von Integration und Identität so auszutarieren, dass den Befindlichkeiten der Zugewanderten und der Einheimischen gleicherweise Rechnung getragen wird. Dass also auch auf deren Schwierigkeiten und Ängste eingegangen wird, bis hin zu jenen Fällen, in denen sie selbst Minderheit unter muslimischen Jugendlichen sind.

Die *Schuldidaktik* sollte laufend Lehrpläne und Unterrichtsverfahren aller Fächer daraufhin überprüfen, ob sie den Anforderungen von Identitätsbildung und Integration entsprechen. Andernfalls müssen die Pläne neu gestaltet, passende Methoden, Arbeits- und Sozialformen erarbeitet und den Lehrkräften vermittelt werden[230]. In deren Ausbildung, Fort- und Weiterbildung wird man Themen wie »Begegnung der Kulturen«, »Migration«, »Identität und Integration« verstärkt zu behandeln bzw. neu aufzunehmen haben. Hinzu kommen sollte eine spezielle Sprach- und Methodenschulung für den Umgang mit Jugendlichen mit Migrationshintergrund[231].

Für *Schulorganisation und Schulverwaltung* stellt sich die Aufgabe, in Zusammenarbeit mit Politik und außerschulischen Integrationsagenturen Wege zu ermöglichen und Verfahren zu entwickeln bzw. voranzutreiben, die einer Entmischung der Schülerschaft entgegenwirken und die Erfordernisse eines Unterrichts bei hohem muslimischem Zuwanderungsanteil berücksichtigen. Dabei sollten ausländische Lösungsversuche wie die Magnet-, ZEP- und Specalist-College-Systeme (s. o. S. 39 f.) bedacht, jedoch nicht unkritisch übernommen werden. Sie könnten innerhalb der einzelnen Schularten eine Rangordnung mit ambivalenten Folgen bewirken: Die bevorzugt ausgestatteten Schulen wären für ihre Schülerschaft stimulierend, führten aber zu Schwierigkeiten beim Wohnortwechsel und bei den Jugendlichen womöglich zur Meinung, etwas Besonderes zu sein. Lehrer- und Schülerschaft der übrigen Schulen könnten dagegen auf Verbesserungen ihrer Lehr- und Lernmöglichkeiten verzichten müssen. Zudem ist zu bedenken, ob durch diese Modelle nicht die Entmischung der Schülerschaft einzelner Wohngebiete verstärkt würde. Es empfiehlt sich auch eine kritische Prüfung des No-Child-Left-Behind-Programms (NCLB). Danach hat die gesamte US-Schülerschaft jährlich an standardisierten Vergleichstests in den Bereichen Lesen und Mathematik teilzunehmen. Ziel ist die ständige Leistungssteigerung der Schulen. Wenn sie sich nicht beteiligen, müssen sie mit offizieller Warnung, finanziellen Einbußen und personellen Eingriffen durch die Administration rechnen[232]. Die drohenden Sanktionen können aber Schulen dazu verleiten, schwache Schüler abzuschieben.

Sinnvoller als Spezialschulen und Leistungssteigerungsprogramme wird es sein, an der grundsätzlichen Einheitlichkeit jeder Schulart festzuhalten. Problemschulen sollten aber mehr als bisher flankierende Hilfs- und Stützangebote für alle ihre Jugendlichen erhalten. Eventuell sollten diese Schulen von Leistungsvergleichen freigestellt werden.

IV. Arbeitsfelder des vorschulischen und schulischen Bereiches

1. Ausgewählte Konkretionen

Für die vorschulische und schulische Arbeit im Kontext von Integration und Identität gilt in besonderem Maß die Forderung Hartmut von Hentigs: Die Menschen stärken, die Sachen klären[233]. Zugleich geht es um die Förderung zwischenmenschlicher Beziehungen. Diese drei Aufgaben stellen sich ebenso im Blick auf die muslimischen wie auf die nichtmuslimischen Jugendlichen. Beiden Gruppen beizustehen, ist oberste Richtschnur.

Man ist sich darüber einig, dass die Förderung so früh wie möglich erfolgen muss, und dass Vorschule und Schule ihre Arbeitsfelder ausweiten und eng zusammenwirken müssen[234]. Hinsichtlich der muslimischen Jugendlichen mit Migrationshintergrund heißt das vor allem

– Zusammenarbeit mit der *Elternschaft*. Sie sind der Schlüssel, um die Integrationsprobleme von morgen zu vermeiden[235]. Allerdings kümmern sich nach Ertekin Özcan, dem Bundesvorsitzenden der Föderation Türkischer Elternvereine in Deutschland, drei Viertel aller Eltern türkischer Herkunft nicht um die schulischen Belange ihrer Kinder.[236] Um dies zu ändern, muss man sich speziell an die Mütter wenden, die vor allem als Mütter von Söhnen und als Schwiegermütter in der Familie hohes Ansehen und auf die Kindererziehung großen Einfluss haben[237]. Dabei ist auf die muslimischen Konventionen Rücksicht zu nehmen. Bei Hausbesuchen ist etwa darauf zu achten, dass beim Besuch von Lehrern der Vater anwesend ist. Wenn möglich, sollte man mit muslimischen Lehrkräften oder mit örtlichen muslimischen Vereinigungen in Verbindung treten.

Daneben ist wichtig, den Kontakt zur einheimischen Elternschaft zu suchen. Angesichts der Probleme von Integration und Identität stehen auch sie vor schwierigen Aufgaben. Um *beiden* Elterngruppen sachgemäß helfen zu können, muss Elternarbeit zum obligatorischen Element der Aus-, Fort- und Weiterbildung der Erzieher- und Lehrerschaft werden.

– Für die *Schule* ergibt sich ein Bündel von Maßnahmen. Um nur einige zu nennen: Es ist anzuraten, an Schulen mit hohem Ausländeranteil schulinterne Ausschüsse für Migrationsfragen zu bilden, sowie Trainingsprojekte zur Gewaltprävention im Blick auf das Verhalten in der Schule, im außerschulischen Umfeld und angesichts möglicher dschihadistischer Einflüsse durchzuführen. Weiter ist es notwendig, dass Geldmittel zur selbstverantwortlichen Verfügung der Lehrkräfte bereitgestellt werden. Außerdem sind in solchen Schulen zusätzliche Förderlehrkräfte in den einzelnen Klassen, eine Verstärkung der schulpsychologischen sowie der sozialpädagogischen Dienste und eine Verbesserung der individuellen Förderung nötig, ferner eine innere und äußere Unterrichtsdifferenzierung. Bei hohem Migrations- und Muslimanteil sollten die Richtzahlen für Klassenbildung gesenkt und den Lehrkräften Ermäßigungsstunden bzw. Verfügungsstunden für Elternarbeit gewährt werden. Hilfreich ist auch die Einstellung oder Abstellung eines muslimischen Lehrers als für eine oder mehrere Schulen zuständige Verbindungslehrkraft. Große Bedeutung können für zugewanderte muslimische Schüler Ganztagsschulen haben. Hierzu müssen in Zusammenarbeit von Schul- und Sozialpädagogik eigene Konzepte entwickelt werden[238]. Im Übergangsfeld von allgemeinbildender Schule und Berufsschule empfiehlt sich, spezielle berufsvorbereitende Kurse für Schüler mit Migrationshintergrund einzurichten. Nicht zuletzt sollte der Gedanke der *corporate identidy* genutzt werden: Schuleigene Riten und Feiern, gemeinsame Aktionen im Schulbereich, Schulkleidung, T-Shirts mit Symbolen der Schule schaffen Verbundenheit zwischen nichtmuslimischen und muslimischen Jugendlichen.

– Beiden Gruppen, wie Untersuchungen an der Universität Bielefeld bestätigen, sollten *außerhalb des Unterrichts* neue Möglichkeiten des Miteinanderlebens und -lernens eröffnet werden. Sie verlangen Kenntnis muslimischer Befindlichkeit sowie Fantasie, Kreativität und Engagement. Das in Zusammenarbeit mit dem Max-Planck-Institut für Bildungsforschung entwickelte Bremer Feriencamp-Modell gibt dazu anregende Impulse. In ihm wechseln sich gemeinsame spielerische Aktionen und Sprachunterricht in bunter Folge ab[239].

– Schließlich ist zu wünschen, dass die integrierende und identitätsstiftende Arbeit von Vorschulerziehung und Schule durch *außerschuli-*

sche informelle Aktivitäten begleitet und (auch finanziell) unterstützt wird: durch Initiativgruppen von Eltern, Patenschaften, Freundeskreise, auch durch die Jugendarbeit von Kirchen, Sport- und Brauchtumsvereinen o. ä.

2. Hilfen zur kulturellen Integration

Alle Experten stimmen darin überein: Die Kenntnis der deutschen Sprache ist der Schlüssel für die Integration der zugewanderten Muslime, also für ihr Hineinwachsen in die hiesige Lebenswelt. Sprachliche Defizite wie »doppelseitige, alt-neue Halbsprachlichkeit« sind zugleich die Hauptursache für negative Schulkarrieren mit entsprechenden Folgen für den weiteren Lebensweg[240]. So zählt die früh beginnende Sprachförderung zu den zentralen Aufgaben des vorschulischen und schulischen Bereiches, etwa nach dem in Israel entwickelten und von vielen Ländern übernommenen Hippy-Programm[241]. Im Schulunterricht ist nicht nur das Fach Deutsch gefordert. Vielmehr gilt: Jeder Lehrer muss immer auch ein Sprachlehrer sein, und die Schüler mit geringen Sprachkenntnissen sollten in allen Fächern Vokabelhefte führen[242]. Für später Zuwandernde ist es notwendig, nach schwedischem Vorbild obligatorische Intensivschulungen einzurichten. Ein eigener Weg wird beim Koala-Programm (Koordinierte Alphabetisierung im Anfangsunterricht) eingeschlagen. Das in Hessen und Berlin entwickelte Modell wird z. Zt. an einer Reihe NRW-Schulen erprobt. Es sieht Deutsch und Türkisch als gleichberechtigte Unterrichtssprachen vor, um einer doppelten Halbsprachlichkeit entgegenzuwirken[243].

Die Sprachförderung muslimischer Kinder mit Migrationshintergrund verlangt die Mitwirkung der Eltern. Sie sind ggfs. darauf hinzuweisen, dass es ihre Pflicht ist, ihre Kinder beim Spracherwerb zu unterstützen[244]. Soweit realisierbar, sind Kontakte zu muslimischen Lehrkräften und örtlichen Vereinigungen eine große Hilfe. Wünschenswert ist auch die Zusammenarbeit mit Einrichtungen wie den muslimischen »Stadtteilmüttern« in Berlin, die nicht nur beim Spracherwerb beistehen, sondern auch bei der Erschließung des hiesigen Lebensumfeldes Ängste bzw. Vorurteile gegenüber Bildungseinrichtungen verringern können[245].

Zur Förderung des Integrationsprozesses werden in Deutschland auch für zugewanderte Erwachsene Kurse mit dem Schwerpunkt auf Sprachfähigkeit angeboten.[246] Gute Erfahrungen wurden mit eigenen Kursen für die Mütter gemacht, parallel zur Schulzeit ihrer Kinder oder in den Abendstunden. Im Rahmen dieses Angebots sollte Gelegenheit gegeben sein, allgemeine Fragen zu Integration und Identität und damit zusammenhängenden Erziehungsproblemen zu erörtern[247]. Sie werden u. a. Schwierigkeiten betreffen, die entstehen, wenn in der Familie nur die Herkunftssprache gesprochen wird, oder auch Spannungen, die sich aus den unterschiedlichen Sitten und Erziehungsvorstellungen von Christen und Muslimen ergeben. Gehorsam, Familienehre, Gottesfurcht spielen in muslimischen Familien eine ganz spezifische Rolle. Körperliche Strafen gehören oft zum Alltag[248].

Untersuchungen in den Vereinigten Staaten zum *summer setback* zeigen einen dramatischen Leistungsabfall der Jugendlichen mit Migrationshintergrund in schulfreien Zeiten, vor allem in den Ferien. Dies ist ein Indiz dafür, dass die schulische Sprachförderung nicht nur auf Vorschulerziehung und Grundschule beschränkt sein darf. Sie muss bis in die höheren Klassenstufen hinein fortgesetzt werden[249].

Frühe und durchgängige Sprachförderung ist sehr wichtig. Doch *allein* mit der Fähigkeit, im Alltag Deutsch sprechen zu können, sind die Probleme von Integration und Identität zugewanderter Muslime nicht zu lösen. Das lehren sowohl muslimische Jugendliche in Frankreich als auch den Niederlanden festgenommene Dschihadisten. Beide Gruppen beherrschen perfekt die Landessprache[250]. Ihr Verhalten zeigt: Sprachkompetenz ist weiter zu fassen. Im Sinne neuerer Sprachphilosophie muss Sprache als Ausdruck umfassender Lebensäußerung verstanden werden[251]. Sprachförderung von Eltern und Kindern besteht dann zunächst in der Vermittlung von *Sprechfähigkeit*. Darüber hinaus aber hat sie die *Kommunikationsfähigkeit* innerhalb des kulturellen Geschehens des neuen Lebensumfeldes zum Ziel, einschließlich darin vorhandener religiöser Prägungen. Diese zweite Aufgabe hat Perspektivcharakter. Das heißt: Zu ihrer Erfüllung haben alle Bereiche der Vorschulerziehung ebenso beizutragen wie alle schulischen Unterrichtsfächer. Es ist zu überlegen, ob nicht nach russischem Vorbild ein eigenes Fach Landeskunde eingerichtet werden sollte.

Welcher Weg auch eingeschlagen wird – die Arbeit an der Kommunikationsfähigkeit sollte für die einheimische Jugend und die zugewanderten muslimischen Jugendlichen gemeinsam erfolgen. Das kann ein kulturelles Zusammengehörigkeitsgefühl wachsen lassen. Es ermöglicht zugleich eine Annäherung der Wert- und Normvorstellungen.[252] Auf diese Weise wird die Fähigkeit zum konstruktiv friedlichen Miteinander-auskommen-Können erworben bzw. gestärkt.

Für Wilhelm von Humboldt ist das spezifische In-der Welt-Sein des Menschen in *Sprachgemeinschaft vermittelte Weltbegegnung*[253]. So verstanden ermöglicht die Muttersprache erste Weltorientierung. Wenn die Muttersprache bei Jugendlichen mit Migrationshintergrund nicht Deutsch ist, sollte sie nach Möglichkeit in Vorschule und muttersprachlichem Unterricht der Schule gepflegt und gefördert werden[254]. Weltorientierung aber geschieht nicht nur durch das vertraute sprachliche Idiom.

Konstitutive Funktion bei der Weltorientierung hat die religiöse Dimension. Sie wird durch die Sprachgemeinschaften der Religionen und Konfessionen erschlossen. Aus diesem Grund muss neben die Förderung der gleichsam »natürlichen« Muttersprache die Pflege der religiösen Sprachfähigkeit, also der »religiösen Muttersprache« treten. Sie ist, wie eine im Mai 2006 veröffentlichte Erhebung in Nordrhein-Westfalen bestätigt[255], für viele Einwanderer und deren Angehörigen ein wichtiger Faktor ihrer Identität. Sie hat im Integrationsprozess junger Muslime mit Migrationshintergrund »offenbar eine vergleichsweise *hohe subjektive Bedeutung*«[256].

Mehr noch: Als »Identitätsanker« nimmt die religiöse Muttersprache eine *Schlüsselstellung* ein und hat dabei ambivalente Auswirkungen. Sie kann den Integrationsprozess fördern und sie kann ihn hemmen, ja verhindern. Diese Doppelfunktion rückt die religiöse Frage in das Zentrum des Problemfeldes von Identität und Integration. Dementsprechend erhält die religiöse Unterweisung großes Gewicht, und zwar für die einheimischen Kinder und Jugendlichen ebenso wie für die mit Migrationshintergrund. Sie muss daher bereits im Vorschulbereich einen festen Platz haben. Sie darf dort nicht ad-hoc-Anlässen überlassen sein, sondern erfordert kontinuierliche Planung und Gestaltung. In der Schule macht die identitätsstiftende Bedeutung der religiösen Muttersprache den Religionsunterricht – und auf seine Weise auch den

Ethikunterricht[257] – zu einem »Kernfach«. Dies gilt für den Religionsunterricht *aller* Glaubensgemeinschaften. Das heißt: für den christlich-konfessionellen Unterricht ebenso wie für einen Religionsunterricht muslimischer Vereinigungen, unabhängig davon, ob er in eigenen Räumen oder in der Schule erteilt wird.

Die grundlegende Bedeutung von Religion im Kontext von Integration und Identität schlägt sich nicht nur im Religionsunterricht nieder. Sie wirkt sich auf sämtliche Unterrichtsfächer und darüber hinaus auf das allgemeine Schulleben aus.

Damit gerät Schule insgesamt in das Spannungsfeld der Begegnung und des Widerstreits von Christentum und Islam.

C. Christentum und Islam: Begegnung und Widerstreit zweier Offenbarungsreligionen

I. Beziehungen und Differenzen

Die häufige Ansicht, der Islam vertrete eine grundsätzliche Toleranz gegenüber Christentum und Judentum, verlangt eine Differenzierung bzw. Einschränkung. Der oft zitierte Satz »Es sei kein Zwang im Glauben« (Sure 2:256) ist im Kontext zu lesen und wird von 2:190f. so weit relativiert, dass er wohl nur für den gläubigen Muslim gilt[1]. Zwar: Durch den im Koran gebotenen Respekt vor Schriftbesitzern kannte die islamische Gesellschaftsordnung eine Nische für Angehörige des Juden- und Christentums, aber Islamwissenschaftler sind sich über die Beurteilung nicht einig. Spricht Adel Theodor Khoury von struktureller Benachteiligung als Bürgern zweiter Klasse, weist Tilman Nagel darauf hin, dass schon Mohammed Maßnahmen ergriff, die ein allmähliches Verlöschen des Christentums bewirken sollten[2].

Dieser Auftrag ist noch heute ernst zu nehmen. Mehr noch: Gegen die gesamte, »materialistische, sittenlose Kultur« des Westens wird von Muslimen die Umma, die muslimische Gemeinschaft, als die bestmögliche, allen anderen Kulturen überlegene Lebensform verstanden und in einem langfristig expansiven Programm als verbindlich für die gesamte Menschheit gesehen[3] (vgl. Sure 3:110). Islamische Gelehrte der Gegenwart (und 2006 Staatschef Muammar Gaddafi im Sender Al-Dschasira) sind gewiss: »Wenn der ›wahre Islam‹ in Europa bekannt ist, ist die Islamisierung des Kontinents nur noch eine Frage der Zeit. ... Die Weisung des Korans, das ›Haus des Islam‹ bis an die Grenzen der Erde auszuweiten«, wird in der arabischen Welt »immer noch als aktuelle Verpflichtung begriffen«[4]. Dem entspricht die Vision der gemäßigten Arabisch-Europäischen Liga (AEL):»Wir erklären, daß wir den Gebrauch der arabischen Sprache zwischen unseren Völkern als lingua franca in ganz Europa befördern und wiederherstellen werden. Wir erklären, daß wir strukturelle Bindungen zwischen der arabischen

Diaspora in Europa herstellen werden, um eine einzige Gemeinschaft in ganz Europa herzustellen.«[5]

Im Bewusstsein kultureller und religiöser Überlegenheit über Judentum und Christentum und im Gehorsam gegenüber dem Koran ist der Islam – wie das Christentum – missionierender Glaube, der die Völker umfassen will. Insofern muss er »entweder ständig neues Territorium gewinnen oder verfallen und untergehen« (A. Taheri)[6]. »Der Lohn derer aber, welche dabei Allah und seinen Gesandten befehden ist nur der, dass sie getötet oder gekreuzigt oder an Händen und Füßen wechselseitig verstümmelt und aus dem Lande vertrieben werden.« (Sure 5:33) Der Islam herrscht und wird nicht beherrscht, sprach der Überlieferung nach der Prophet Mohammed[7]. Dem Missionsauftrag wird gegenwärtig verstärkt Folge geleistet. Das äußert sich nicht zuletzt in repräsentativen Moscheebauten und in ihren Minaretts (»Leuchtzeichen«, von arab. manara, »Licht-Ort«)[8].

Das heißt: Der Islam will von seinen Gläubigen – unbeschadet vieler guter persönlicher Kontakte – keine geschwisterliche Partnerschaft mit den Christen, den (mit Juden und Götzendienern) »schlechtesten der Geschöpfe« (Sure 98:6). Es geht ihm um Überwindung des christlichen Glaubens und um Dominanz über die christliche Kultur. Diese Intentionen wirken selbst in den Bereich der Schule hinein. Dort können sie im Verhalten muslimischer Schülerinnen mitschwingen, wenn diese ihren Glauben durch das Tragen des Kopftuchs bezeugen, oder wenn, wie September 2004 in einem bayrischen Gymnasium, einer Prüfungsarbeit in arabischer Schrift das Bekenntnis »Im Namen Allahs« vorangesetzt wird.

Diese Vorgänge machen es notwendig, dass sich nicht nur die Religionslehrkräfte mit den grundlegenden Wesenszügen des Islams befassen, mit den Berührungspunkten und Gegensätzen von Christentum und Islam, sowie mit dessen Bedeutung für das künftige Leben in Europa. Die Aufgabe stellt sich der *gesamten Lehrerschaft*[9]. Dabei bedeutet es einerseits eine Erleichterung, andererseits eine Erschwernis, dass von Beginn an zwischen Judentum, Christentum und islamischer Religion ein vielfältiges Geflecht von Beziehungen vorhanden ist.

Nicht allein, dass Mohammeds Berufung auf dem Berg Chirā' Anklänge an 1. Kö 19 spüren lässt[10]. Die Entstehungsgeschichte brachte mit sich, dass im Islam jüdische, gnostische und christliche Elemente wiederkehren. Andreas Renz zeigt das am Beispiel des menschlichen Heils. Hierzu findet sich in Bibel und Koran die Weg-Metapher. Bei ihrer Verwendung lässt sich ein Bogen von Psalm 1 (1,1: Wohl dem, der nicht ... tritt auf den Weg der Sünder; 1,6: Denn der Herr kennt den Weg der Gerechten, aber der Gottlosen Weg vergeht.) über Joh 10,11/ 14,6 (Jesus geht nicht nur den Seinen voran, sondern ist selbst der Weg) bis hin zum eröffnenden Gebet des Korans, Sure 1:6 (Leite uns den rechten Pfad) schlagen[11]. A. Renz macht außerdem darauf aufmerksam, dass nicht nur die meisten Gebote des alttestamentlichen Dekalogs im Koran wiederkehren. Im Hadīt-Korpus ist darüber hinaus ein Text überliefert, der eine fast wörtliche Wiedergabe von Mt 25,31–46 darstellt[12].

Daneben gibt es im Islam viele weitere Anklänge an den christlichen Glauben. Die Koranverse Sure 3:46.49 haben eine Entsprechung im Kinder- und Thomasevangelium. Moslems sehen in Jesus (93 Koran-Erwähnungen) den Messias *(al-masih,* elfmal erwähnt), der Gottes Geist habe (Sure 5:18). Auch der Islam weiß vom Jüngsten Gericht (Sure 11:99ff. u.ö.). Das rituelle Gebet der Moslems entstammt dem christlichen Stundengebet. Der Koran äußert sich in den mekkanischen Suren (im Gegensatz zu den in Medina entstandenen) positiv gegenüber Christen im Allgemeinen und gegenüber dem Mönchtum im Besonderen.[13]

In der europäischen Islamwissenschaft werden die Beziehungen zwischen Christentum und Islam spätestens seit Günter Lülings Forschungen heftig diskutiert. Nach seiner These entstand der Islam auf christlichem, genauer: von arianischen Auseinandersetzungen geprägtem Boden. Zur Zeit des Propheten habe in Arabien nicht, wie die muslimische Tradition lehrt, die *dschahilija,* das altarabische Heidentum mit seiner Vielgötterei geherrscht. Vielmehr sei Arabien zu jener Zeit mehrheitlich christlich gewesen, die Kaaba eine christliche Kirche, und der Koran enthalte vorislamisch-christliche Texte[14]. Die interdisziplinäre Arbeitsgruppe um Karl-Heinz Ohlig und Christoph Luxenberg an der Universität des Saarlandes radikalisiert G. Lülings These: Ein im 3. Jahrhundert nach Afghanistan vertriebenes christliches arabisches Volk entwickelte in der Isolation, also unberührt vom Kirchenchristentum, seine eigene Theologie. In ihr sei der – mit dem arabischen Wort für den biblischen »Erwählten« – als »Mohamad« bezeichnete Jesus nur der Prophet Gottes, nicht aber sein Sohn gewesen. Nach der Befreiung dieses Volkes im 7. Jahrhundert sei es in das Gebiet des heutigen Arabien gezogen und habe dort den Islam als »Band des Glaubens« entwickelt, das die Stammesgesellschaften einigte[15]. Andere deutsche Islamwissenschaftler sowie islamische Gelehrte lehnen diese These strikt ab. Fest steht jedoch, dass der Islam keine monolithische Größe ist. Er entstand in einem längeren Prozess. Dessen Anfänge sind ebenso wie das Leben Mohammeds nur lückenhaft bekannt[16] und weisen – neben persischen und naturreligiösen Einflüssen – ebenso jüdisch-christliche auf[17].

Auch später kam es zum geistigen und theologischen Austausch zwischen Christen und Moslems. Eine wichtige Station waren die Jahrzehnte nach Mohammeds Tod. In ihnen schwankten christliche Theologen aufgrund der vielen Berührungspunkte, ob es sich beim Islam um eine Häresie (so Johannes von Damaskus, gest. 749), also um eine der zeitgenössischen innerchristlichen Ketzereien, oder um Heidentum handle[18]. Weitere Stationen waren u. a. im 10. Jahrhundert die Enkulturation versprengter muslimischer Soldaten in den Cottischen Alpen (Piemont)[19], vor allem aber die Kreuzzugszeit. Sie darf nicht nur unter kriegerischem Aspekt gesehen werden. Sie führte auch zu regem kulturellem und religiösem Austausch zwischen Christen und Muslimen. Vor allem in Spanien war die Situation jahrhundertelang von einem alltäglichen Umgang miteinander geprägt. Aus einem Klima der kriegerischen Reibung und der Konkurrenz entstand eine produktive Begegnungssituation[20].

Ein Rückblick darauf könnte die derzeit in der Nachfolge A. Schimmels zu beobachtende Tendenz zur Annäherung im Sinne mystisch-romantischer Aufklärung stärken (H.-P. Raddatz)[21]. Aus dieser Perspektive wäre die Frage von A. Renz: Befinden sich Juden, Christen und Muslime letztlich also doch auf demselben Weg?[22] mit einem Ja zu beantworten. Zumindest der Muslim Peter Schütt scheint dieser Ansicht zu sein, wenn er feststellt:»Islam« ist religionsübergreifend gemeint, als absolute Hingabe an Gott, so wie es archetypisch Abraham vorgelebt hat, der gemeinsame Stammvater von Juden, Christen und Muslimen. Ziel des interreligiösen Dialoges sollte es sein, diese urjüdischen, urchristlichen, urislamischen Wurzeln der drei Abrahamsreligionen wieder sichtbar zu machen.[23]

Solche Bemühungen um ein gutnachbarliches Neben- und Miteinander[24] finden unter Muslimen allerdings ein unterschiedliches Echo. Während höchste Islamgremien wie die Religionsbehörde in Medina 1996 und die Azhar-Universität in Kairo 2001 den Dialog für den Islam ausschlossen[25], boten 38 führende Muslime – in einem jedoch nicht offiziellen Brief – 2006 dem Vatikan einen offenen und aufrichtigen Dialog an. In diesem Brief wird im Vorfeld eines solchen Dialogs auf Irrtümer Benedikts XVI. und der Katholischen Kirche im Blick auf die muslimische Haltung zu Glaube und Vernunft, Religion und Gewalt hingewiesen[26].

Bei der Beurteilung des Angebots ist die islamische Vorstellung über das Rangverhältnis der Religionen (mit dem Christentum als Vorstufe des Islams) zu beachten[27]; zugleich, dass eine oberflächliche Zusammenschau »nur äußerlich Vergleichbares vergleichen, … aber gerade nicht auf religionsspezifische Schwerpunkte« des jeweiligen Glaubens aufmerksam machen würde[28]. Zudem kommt es zwischen christlichem und islamischem Sprachgebrauch zu Äquivokationen, die sich erst bei genauer Analyse klären. Das gilt etwa für den Opferbegriff[29]. Hj. Biener verweist daher auf Bernard Lewis' (Princeton) Warnung vor schnellen Analogien: Mohammed ist nicht der islamische Christus, der Koran ist nicht die islamische Bibel, die Moschee ist nicht die islamische Kirche. Darüberhinaus ist der Freitag nicht der islamische Sabbath, die *ulamā* sind nicht der islamische Klerus, und der Sunnismus ist nicht die islamische Orthodoxie. Obwohl diese verbreiteten Analogien einen Kern Wahrheit enthalten, entstellen und verzerren sie mehr als sie erklären.[30]

Auf muslimischer Seite ergeben sich weitere Probleme durch die vor allem im Bereich der *Schia* nicht auszuschließende Möglichkeit taktischer Verschleierung (*Takiya*), sowie durch die unhierarchisch-dezentrale Struktur des Islams bzw. seiner religiösen Schulen, die sich gegen einheitliche Lehraussagen sperrt[31]. Auf christlicher Seite bereiten unterschiedlich akzentuierte Perspektiven der Konfessionen und ihrer Theologenschaft zusätzliche Schwierigkeiten.

All das ist in Betracht zu ziehen, wenn man den oft geäußerten Vorschlag aufgreift, im Rahmen des christlich-konfessionellen Religionsunterrichtes Moscheen zu besuchen – die überdies nicht selten nach Siegen über das Christentum benannt sind (etwa als Ayasofya- oder, wie z.B. in Essen, als Fatih-Moscheen, nach Mehmet II. Fatih, dem Eroberer Konstantinopels). Man muss sich fragen: Wie kann bei den Jugendlichen der Eindruck vermieden werden, man besuche gleichsam nur eine andere Abteilung im Warenhaus der Religionen? Eine sachgemäße Begegnung und Auseinandersetzung mit dem Islam ist nicht nur für die Jugendlichen schwierig, sondern auch für die Lehrkräfte. Die Gefahr liegt nahe, sich auf Oberflächlichkeiten, gar Missstände, zu beschränken oder lediglich ethnisch oder kulturell bedingte Erscheinungsmerkmale des Islams bzw. Verhaltensweisen von Moslems für zentral zu halten, also Kleidung, Umgangsformen oder auch geschlechtsbezogene Vorschriften[32]. Auch wenn sie ins Auge fallen und – wie das Kopftuch – zu Bekenntnissymbolen werden können, so sind sie doch für eine sachgerechte Beschäftigung mit dem Islam nicht entscheidend. Gleiches gilt für das allenthalben verhandelte Verhältnis »des« Islams zur Gewalt. Wer sich auf diese Frage beschränkt, und dabei womöglich die Gewaltbilanzen von Christentum und Islam gegeneinander aufrechnet, wird den Fragen des Verhältnisses beider Offenbarungsreligionen nicht gerecht.

Wesentlich ist, die Hintergründe zu analysieren. Und hier stößt man vor allem auf vier Differenzbereiche.

1. Wahrheitsvorstellungen

Im abendländischen Diskurs wird die Frage nach Wahrheit sehr verschieden gestellt und beantwortet, so unter anderem:

Wahrheit stehe objektiv-naturrechtlich fest, sei das zu allen Zeiten Gültige, das Tao[33], vom Menschen nicht geschaffen, sondern ihm unveränderlich vorgegeben.

Wahrheit sei eine Größe, die durch Menschen gesetzt wird (»positive Wahrheit«). Die Setzung geschehe entweder durch Einzelne, oder durch einen Prozess kommunikativer, gegenseitiger Annäherung[34].

Wahrheit sei einem Entwicklungsprozess unterworfen. Gültig sei sie vorerst nur für den jeweiligen Zeitmoment. Erst am Ende der Entwicklung wird sie absolut sein[35].

Wahrheit werde den Menschen von Gott offenbart. Dabei sei zu klären, ob sie nur dem Glauben, nur der Vernunft oder beiden – als letztlich identisch – zugänglich ist[36].

Wahrheit sei den Menschen immer nur in Annäherungen gegeben (*similis*, ähnlich), in ihrer Erkenntnis durch die subjektiven Bedingungen der Erfahrung beschränkt[37].

Wahrheit sei den Menschen verborgen, keinem verfügbar, oder aber: bloßer Schein, Verfälschung, Irrtum[38].

Aus christlicher Perspektive ist zu differenzieren. Nach neutestamentlichem Verständnis existiert Wahrheit nicht abstrakt. Es ist vielmehr eine »mich angehende, auf mich gerichtete unbedingte Wahrheit, die Wahrheit einer Person, die Wahrheit, die nichts anderes ist als die Wirklichkeit meines Herren«.[39] Sie stellt eine personale Größe dar, die in Jesus Christus erschienen ist (Joh 14,6: Ich bin ... die Wahrheit)[40]. Und wie sich in ihm das Paradoxon der Selbstentäußerung Gottes in Knechtsgestalt hinein ereignete (Phil 2,6ff.), so ist auch die neutestamentliche Wahrheit keine allgemeine oder allgemein einsichtige[41]. Sie ist als menschgewordenes Wort (Joh 1,14), als gekreuzigter Christus, »den Juden ein Ärgernis und den Griechen eine Torheit« (1. Kor 1,23). Erkenntnis dieser Wahrheit ist damit kein intellektueller Vorgang, sondern ein existenzieller Lebensvollzug[42]. Und: Sie ist nicht zu beweisen, sondern nur durch Reden und Tun zu bezeugen (Joh 3,21)[43] – Zur Erkenntnis dieser Wahrheit gelangen heißt demnach so viel wie zum Glauben an Jesus Christus kommen[44].

Neben der letztgültigen Wahrheit, dem Werk und der Botschaft Jesu Christi, gibt es »vorletzte« Wahrheiten als Bestandteile unserer Wirklichkeit. Und während die Christus-Wahrheit ewig und ungeschaffen ist (Joh 1,1ff./Glaubensbekenntnis), gelten für die vorletzten Wahrheiten die Bedingungen, unter denen alle Schöpfung steht. Dazu gehört Begrenztheit und Veränderlichkeit.

Anders im Islam.

Worin Wahrheit besteht, ist für Muslime, genauer: für die – die übergroße Mehrzahl bildenden – traditionellen Muslime, ein für allemal entschieden, und Kritik daran wird von ihnen als »absurd« empfunden[45]. Sie knüpfen bei diesem Verständnis an Vorstellungen des griechischen Altertums an. Die hellenistische Religiosität ging davon aus, dass die religiöse Wahrheit der vernünftigen Einsicht, der Weisheit (*sophia*), offen steht und nur aus Uneinsichtigkeit geleugnet werden kann. Entsprechend trägt für diese Muslime der Islam eine allen Gutwilligen einleuchtende Vernunftwahrheit in sich. Er ist für sie eine Religion von umfassender Rationalität. Sich nicht überzeugen zu lassen ist böswillige Verstocktheit[46].

Denn *Allah habe die Wahrheit*. Mehr noch: *Allah ist die Wahrheit (al-chaqq)*. – Diese Aussage ist nur scheinbar zu Joh 14,6 strukturanalog, denn für Muslime gibt es nur Wahrheit in *Allah*, und da Allah vollkommen sei, sei auch *alle* Wahrheit vollkommen, ewig, immer konstant, absolut und keiner Teilentwicklung unterworfen[47]. Allah habe die Wahrheit in Form des eigenen, gesprochenen Wortes in arabischer Sprache[48] herabgesandt, und zwar, als Beweis ihrer Göttlichkeit, in edelstem Arabisch[49]. Wahrheit wurde Buch, *Heiliger Koran*[50]. – Christliche Wahrheitsvorstellungen seien dagegen falsch bzw. Fälschungen[51].

Dieser islamische Absolutheitsanspruch lässt nicht zu, dass sich Muslime im Dialog mit Nichtmuslimen gemeinsam um die Wahrheit bemühen. Das macht das christlich-muslimische Gespräch schwierig[52]. Es scheint zugleich den islamischen Unterricht vom abendländisch geprägten Allgemeinbildungsauftrag unserer Schulen auszuschließen. Tatsächlich aber kann dieser Unterricht gerade durch den Wahrheitsanspruch seines Glaubens einen wichtigen Beitrag zur Allgemeinbildung in Deutschland leisten. Er kann die Wahrheitsdiskussion wieder in Gang bringen, die in unserer Gesellschaft und auch in unseren Schulen weithin umgangen wird.

Der islamische Unterricht kann darüber hinaus noch in einer zweiten Hinsicht zur Allgemeinbildung beitragen. Sie betrifft die Aufgabe der Schule, den Jugendlichen Deutungsmöglichkeiten, Deuteparadigmen, anzubieten, mit deren Hilfe sie sich in der immer unübersichtlicher werdenden Wirklichkeit zurechtfinden können. Im Rahmen dieser Aufgabe kann das islamische Wahrheitsverständnis zum Türöffner für die Auseinandersetzung mit den beiden Deuteparadigmen werden, die in der gegenwärtigen Gesellschaft vorherrschen: mit dem Prinzip des Entweder-Oder und mit dem Prinzip des Sowohl-Als-auch[53], d.h. etwa bei Glaubensdifferenzen Gegensätze auszuhalten oder in Gleich-Gültigkeit aufzulösen. Bei der Auseinandersetzung mit den beiden Deuteparadigmen handelt es sich um kein lediglich theoretisches Problem. Es hat Auswirkungen auf unser konkretes Leben. Am Beispiel der Schule handelt es sich dabei etwa um die Fragen: Kreuz *oder* Halbmond im Klassenzimmer? Kreuz *und* Halbmond? Oder sind Kompromisse nötig, die *beide* Alternativen zulassen: hier diese, dort jene? – Und welche Gesichtspunkte sollen den Ausschlag geben? Die Entscheidung hängt von der Verständigung ab zwischen dem – gesetzlich gebundenen – Schulträger und der Einstellung der am konkreten Schulgeschehen Beteiligten: der Lehrkräfte, der Schülerschaft und, vor allem, der Eltern[54]. Bei der Verständigung sind die folgenden Differenzbereiche zwischen Christentum und Islam zu berücksichtigen.

2. Menschenbild

Auch in der Anthropologie und damit beim Menschenbild weichen muslimische Aussagen deutlich von christlichen Vorstellungen ab.[55] Exemplarisch hierfür ist die Einstellung zum Gebet. Sie ist eine Folge der unterschiedlichen Bedingungen der Mitgliedschaft. Die Zugehörigkeit zum Christentum wird durch den individuellen Akt der Taufe *erworben*. Dementsprechend ist christlicher Glaube ein durch und durch persönlich geprägtes, das heißt individuelles Phänomen[56]. Christen, zumal Protestanten, beten deshalb bevorzugt allein, ohne feste Gebetshaltung und im »stillen Kämmerlein« (Mt 6,6). Muslime werden in die Umma, die Gemeinschaft der wahren Gläubigen hinein *geboren* (und können aus dieser »Geburtsgemeinschaft« niemals austreten)[57]. Als Glieder der Umma beten sie bevorzugt gemeinsam, nach vorgeschriebenem Ritual und öffentlich.

In dieser Gebetssitte spiegelt sich, dass von den ersten Anfängen der Religion im 7. Jahrhundert bis heute die Gleichheit der Gläubigen zu den wichtigsten Grundsätzen des Islam gehört. »Man grenzte sich dadurch nach Osten zum Kastenwesen der Inder ab, aber auch in Richtung Westen gegen die christliche Welt mit ihrer privilegierten Adelsschicht.«[58] Die Bestimmung der Menschen nach dem Islam besteht nicht in der Selbstentfaltung des Individuums, sondern in ihrer durch Allah gegründeten Vereinigung als Gleiche ohne Ansehen ihrer Nationalität, Rasse oder Hautfarbe. Jeder Mensch ist deshalb mit allen anderen verwandt; zusammen bilden die Menschen eine Gemeinschaft der

Brüderlichkeit, die in der Dienerschaft zu Allah und Gehorsam gegenüber dem Koran besteht. Die einzige prinzipielle Unterscheidung besteht in der Trennung zwischen Gläubigen und Ungläubigen.[59] Die Verbundenheit der Gläubigen untereinander ist Abbild ihres Verhältnisses zu Allah. Dem entspricht eine grundsätzlich »theozentrische Anthropologie«[60]. Wie M. Bauschke zeigt, sind für sie vor allem vier Aspekte von Bedeutung:

(1) Zwischen Allah und dem Menschen herrscht eine wechselseitige Zugewandtheit[61]. In ihr steht der Mensch in einem einseitigen Abhängigkeitsverhältnis (Sure 35:15 u.ö.)[62], Allah allein bestimmt alles Geschehen[63]. Doch gibt der Koran im Rahmen dieser Theozentrizität immer auch Raum für menschliche Entscheidungen und menschliche Verantwortung.[64]

(2) Allah und Mensch sind Herr und Knecht. Das zeigt sich im gottesdienstlichen Ritus, speziell in der Gebetshaltung als Symbol der Unterwerfung[65]. Im Ritus wird der Weg Abrahams wiederholt[66] und dabei die Rückkehr des Knechtes zum Herrn zum Ausdruck gebracht. Sie ist aber keine Rückkehr zu einem Despoten oder Sklavenhalter; und Knechtsein nicht die blinde Unterwerfung eines unmündigen Sklaven, sondern – mit A. Falaturi gesagt – »die Entfaltung des eigentlichen Kerns seines Daseins«: als ein Voranschreiten auf dem Weg des Gehorsams und der Tugend[67].

(3) Der Mensch hat ein unmittelbares Verhältnis zu Allah. Es gibt keine legitime Instanz oder Institution, die sich zwischen Allah und den Menschen stellen könnte. Aus diesem Grundsatz erwächst sowohl die Ablehnung einer priesterlichen Hierarchie wie die Bejahung einer wesensmäßigen Gleichheit aller Menschen untereinander.

(4) Der Mensch hat als »Mandatar Gottes« besondere Würde. Seine Bestimmung ist, Allahs *halīfa* auf Erden zu sein (Sure 2:30, 17:70). Damit entspricht die koranische Rede vom Kalifat aller Menschen theologisch der biblischen Rede von der Gottebenbildlichkeit des Menschen. Wie sie ist *halīfa* keine Seinsaussage, sondern bezeichnet einen im Auftrag handelnden Sachwalter oder Stellvertreter[68]. Diesen Beruf hat jeder Muslim zu erfüllen, in Form des sich im ganzen Lebenswandel ausdrückenden Glaubens[69].

Zu diesem Beruf gehört der große und kleine Dschihad, nach Abdes Salam Farag und anderen der sechste Glaubenspfeiler des Islams. Sein

Bedeutungsspektrum ist weit gefasst. Es reicht von Selbstläuterung, gleichsam als Selbsteroberung, über den Einsatz für eine gute Sache bis zur Unterwerfung Nichtgläubiger mit Waffengewalt (so Omar Abdel Rahman; bestritten im »Offenen Brief muslimischer Würdenträger«, doch Sure 9:29: »Kämpfet wider jene von denen, welchen die Schrift gegeben ward, die nicht glauben an Allah«)[70]. Dieser Auftrag macht die Behauptung des ägyptischen Religionsministers Mahmoud Zakzouk fragwürdig, der Islam dient der Leitung des Menschen zum Frieden und fordert daher die Erschaffung einer gerechten, pluralistischen Gesellschaftsordnung, in welcher alle Religionen gleichberechtigt ausgeübt werden dürfen[71].

Als halīfa Allahs ist dem Gläubigen möglich, eine vollkommene Gesellschaftsordnung auf Erden zu verwirklichen – eine Überzeugung, die von Muslimen vielfach als Argument für ihren Glauben ins Feld geführt wird[72]. Die Verwirklichung der vollkommenen Gesellschaft haben sich die islamistischen Dschihadis zur Aufgabe gemacht, und dies umso mehr, als sie befürchten, dass der »muslimische Körper« durch die Unwissenheit und Barbarei des Westens, die Dschahilija, verdorben werde. Die meist aus gebildeten und angesehenen Familien stammenden Dschihadis verfolgen gegen die drohende Gefahr das große Projekt einer islamischen Erneuerungsbewegung, mit dem Endziel, auf der ganzen Welt die Herrschaft Allahs wiederherzustellen[73]. Im Jahr 2006 kann der libanesische Prediger Omar Bakri Mohammed entsprechend Sure 8:39 und gemäß einem Aufruf des Gründers der Muslim-Bruderschaft, Hassan al Banna, sagen, dass alle jemals islamisch beherrschten Gebiete – Spanien, Kleinasien und Südosteuropa – befreit und für den Islam wiedergewonnen werden müssen[74].

Erfüllbar wird der Auftrag zur (Wieder)Herstellung der Weltordnung nach Allahs Willen durch den Grundsatz, dass es im Verhältnis zwischen Mensch und Allah keinen Bruch gibt. Keine Sündenmacht (etwa als Erb- oder Ursünde) kann sich zwischen sie stellen. Der Mensch ist von Natur aus schwach (Sure 4:28; 8:66), aber kein Sünder. Er kann bei Verfehlungen ganz unspektakulär und undramatisch Allah um Vergebung bitten[75]. So bedarf er zwar ständig der Barmherzigkeit Gottes, aber der Islam betont die entscheidende Tatsache, dass der Mensch sich ihr durch sein eigenes barmherziges Handeln öffnet (Sure 2:37)[76]. Und man ist sicher, dass er, wenn er sich aufrichtig darum bemüht, durchaus in der Lage ist, Allahs Geboten gemäß zu leben[77]. Voraussetzung ist die Bereitschaft, »sich zu lassen, loszulassen« für und an Allah. Dies ist nach Anton Schall die Ursprungsbedeutung von »Islam«[78]. Aus der anthropologischen Vorgabe folgt: Der Mensch ist nicht darauf angewiesen, dass Allah ihn erlöst. Johan Bouman spricht mit Verweis auf Sure 2:38[79] zu Recht von einem entscheidenden Wendepunkt in der qur'anischen Erzählung von Adam und Eva und stellt fest, dass die Ursünde für die späteren Generationen keine unmittelbaren Folgen hat[80]. Für islamischen Glauben gilt somit: Der Mensch bedarf lediglich der Rechtleitung durch Gott[81], der *hudā*. Sie wird vom Gläubigen in Sure 1 täglich erbeten[82] und nicht verweigert (Sure 20:123)[83]. So lässt sich sagen: Letztlich wird der Mensch zwar auch im Islam nicht durch seine Taten errettet werden, sondern nur durch die Barmherzigkeit und Güte Allahs[84]. Ein praktizierender Muslim erlangt jedoch die Gewissheit, das Heil zugeteilt zu bekommen, durch die eigenverantwortliche Unterwerfung unter alle Gebote Allahs. Dieses Verhalten erspart ihm Gewissensqualen, die dem Christentum immanent sind[85].

Aus dem Gedanken der Rechtleitung ergibt sich eine charakteristische Differenz zwischen Christentum und Islam. Im Christentum stehen rechtes *Leben* und rechte *Lehre* in enger Korrespondenz. Im traditionellen, von der islamischen Mehrheit vertretenen »Scharia-Islam« dagegen geht es weniger um »Orthodoxie« als um »Orthopraxie«, somit um Lebenspraxis, Verhaltensweisen: um *Glauben in praktischem Vollzug*. Dem dienen umfassende Regelungen, Missbilligungen und Empfehlungen, deren Beachtung den Eintritt ins Paradies öffnet[86].

Angesichts der Möglichkeit des rechtgeleiteten Gläubigen, durch *eigene* Anstrengung vor Allah recht zu werden, hat es eine innere Logik, wenn Mohammed dem religiösen Leidensmotiv ausgewichen ist[87]. Diese Tatsache bewirkt, dass das islamische Menschenbild auf den ersten Blick ein sehr viel optimistischeres als das christliche zu sein scheint[88]. Schon im Streitgespräch zu Ancyra 1391 bemängelte der von Papst Benedikt XVI. in seiner Regensburger Vorlesung genannte persische Gesprächspartner Kaiser Manuels II., das Christentum sei sehr hart und schwer zu erfüllen, der islamische Weg sei sanfter und menschlicher[89]: »Allah wünscht es euch leicht und nicht schwer zu machen ...« (Sure 2:185). Diese Sichtweise wird noch heute von Konvertiten als Grund für ihren Übertritt zum Islam angegeben[90]. Doch auch vielen westlichen Nichtmuslimen dürfte die islamische Anthropologie mit ihrer Möglichkeit, aus eigener Kraft vor Allah gerecht zu sein, näher stehen als die christlichen Vorstellungen von der Rechtfertigung des Menschen vor Gott.

Nach christlichem Glauben ist der Sündenfall der Ursprung des menschlichen Leides, als ein in jedem Menschen wiederkehrender Vorgang (Gen 3,16 ff.). Er ist zugleich der Grund für eine Gottesferne des Menschen, die der Mensch von sich aus nicht überwinden kann. Sie führt zum zeitlichen und ewigen Tod (Rö 6,23) und verhindert, die Welt nach Gottes Willen zu gestalten. Der Mensch ist vielmehr auf Gottes Heilshandeln in Jesus Christus *angewiesen*[91]. Aber: Er ist auch *sola gratia* (allein aus Gnade) damit *beschenkt* (Rö 1,16; 3,23 f,) und somit nicht von eigenen religiösen Leistungen abhängig.

Die von der Erfahrung des *simul iustus et peccator* (zugleich Gerechtfertigter und Sünder) geprägte christlich-reformatorische Anthropologie hat ihren Ursprung im biblischen Gottesbekenntnis.

3. Gottesbekenntnis

Katholische Theologen sind in Übereinstimmung mit Papst Johannes Paul II.[92] und ihrem Lehramt überzeugt: »Christentum und Islam stellen zwei verschiedene Zugänge zu demselben Gott dar«[93]. Ähnliche Ansichten gibt es auf evangelischer Seite[94], und Papst Benedikt XVI. scheint sie bekräftigt zu haben, als er am 30. November 2006 mit dem Großmufti von Istanbul gemeinsam in der Blauen Moschee gen Mekka betete[95]. Daraus könnte der Eindruck entstehen, dass auch zwischen christlichem und islamischem Gottesbekenntnis keine grundlegenden Differenzen bestehen. Dieser Gedanke entspricht zugleich muslimischen Vorstellungen. So äußert etwa Hilal Sezgin, der Gott des Korans sei der abrahamitische Gott, und damit auch derselbe Gott wie der des Alten und Neuen Testaments. Deshalb seien die Worte »Gott« und »Allah« äquivok: »Allah, der Gott aller«[96].

Die Frage der Vereinbarkeit der Gottesbekenntnisse wurde nach Mohammeds Tod in der christlichen Theologie ausführlich diskutiert.

Dabei wurde deutlich, dass das christliche Gottesbekenntnis mit dem muslimischen inkompatibel ist[97]. Mehr noch: dass hier der tiefste Gegensatz zwischen Islam und Christentum liegt[98] – ein Gegensatz, auf den unter Berufung auf Riccoldo (Richardo) da Monte Croce (um 1300) nicht zuletzt Martin Luther 1542 hinwies[99]. Bei diesem Gegensatz nimmt das Bekenntnis zu Jesus als dem Christus die Schlüsselstellung ein. Nach dem Koran ist Jesus »nur« ein Prophet und Gesandter Gottes[100], damit weder der Sohn Gottes noch der Heiland der Menschen (vgl. Sure 5:116f.). Er braucht es auch nicht zu sein, ist ja der Mensch nach islamischer Anthropologie nicht erlösungsbedürftig[101]. Der Erlösungsgedanke kann sogar, wie Murad Wilfried Hofmann empfindet, als blasphemisch bezeichnet werden. Er unterstelle, dass Allah seine Schöpfung misslungen sei[102].

Aus islamischer Perspektive hat Jesus eine andere Funktion im Heilsgeschehen. Er ist der »modellhafte« Mensch und darin exemplarischer Muslim[103]. Als Sohn Marias (im Koran 33-mal in Antithese zum neutestamentlichen Titel Sohn Gottes) ist er ganz und gar Mensch. Er wurde als zweiter Adam unmittelbar von Allah aus Erde erschaffen (Sure 3:47ff.,59) und steht wie alle Propheten in einer fundamentalen Herr-Knecht-Relation zu Allah, als dessen »Mandatar höherer Ordnung«. So folgert M. Bauschke: »Man darf vielleicht zugespitzt sagen: Dem Koran zufolge gibt es für die muslimischen Gläubigen nicht allein eine *imitatio Muhammadi*, sondern auch eine *imitatio Christi*«[104], wobei der Imitatio-Christi-Gedanke auch dem Neuen Testament nicht fremd ist[105]. Doch gerade in der scheinbaren Nähe liegt der grundlegende Unterschied. Im Neuen Testament geht es um Imitatio *Christi*, als Nachfolge in der Gotteskindschaft, die uns von ihm als *Gottessohn* erworben wurde (Gal 4,5). Im Koran geht es nicht um Imitatio Christi (und damit auch nicht um Christologie)[106], sondern um Imitatio *Jesu* als vorbildhaften gläubigen *Menschen*[107] (und damit um Anthropologie). – Und wie das islamische Menschenbild den Vorstellungen vieler westlicher Menschen entgegenkommt, so auch diese Jesusdeutung des Islams.

Hinter ihr steht eine scharfe Ablehnung des trinitarischen Gottesgedankens. Das Trinitätsbekenntnis als »Zentraldogma des Christentums überhaupt«[108] bildet bis heute die eigentliche und unüberschreitbare Scheidelinie zwischen Christentum und Islam. Dieser Sachverhalt wird in der gegenwärtigen christlich-islamischen Diskussion nicht immer genügend beachtet und verlangt auf christlicher Seite eine Neubesinnung auf den Wesenskern des Bekenntnisses[109].

Seine schroffe Ablehnung im Koran gründet sich auf die Vorstellung, dass neben Gott Vater und Sohn die dritte Person Maria ist, und Jesus sich vor Allah wegen des Vorwurfs eines Dreigötterglaubens[110] zu verantworten hat (und sich zu rechtfertigen vermag – Sure 5:116). So sieht Mohammed im trinitarischen Bekenntnis »ein ungeheuerlich Ding« (Sure 19:89; 81 ff.). Es ist für ihn eine Form des širk, der polytheistischen Irrlehre und einzigen unvergebbaren Sünde: »Siehe, Allah vergibt nicht, daß man Ihm Götter beigesellt; doch verzeiht er, was außer diesem ist, wem Er will. Und wer Allah Götter beigesellt, der hat eine gewaltige Sünde ersonnen« (Sure 4:48; vgl. 3:64). Diese Sicht erscheint im geschichtlichen Rückblick nicht ganz unverständlich, da die christliche Volksfrömmigkeit im Umfeld Mohammeds wohl z.T. zum Polytheismus tendierte[111]. Dennoch beruht sie auf einer Fehlinterpretation, bei der die heilsgeschichtliche Erfahrung der Zuwendung Gottes als Vater, Sohn und Heiliger Geist[112] in eine ontologische, also in eine »objektive« Seins-Aussage umgedeutet wird.

In seinem Kampf gegen die falsch verstandene Trinitätslehre betont Mohammed mit größtem Nachdruck das *alleinige Sein Allahs*. Al Ilāh, *Der* Gott[113], ist majestätischer Schöpfer, Richter und Rächer, aber auch der Barmherzige (Suren 6:12,54; 55: Der Erbarmer)[114]. Seine Existenz ist *tawhid*. Dieser Begriff bedeutet Einheit, Einigkeit und Alleinigkeit des unsichtbaren und doch nahen und allgegenwärtigen Schöpfergottes[115]. Allah hat zwar Eigenschaften (u.a. *rahmah* als Liebe, Güte, Erbarmen) und wirkt in Schöpfung und durch Geschöpfe (Suren 24:35; 50:1; 57:3ff.). Aber er bleibt immer der Jenseitige, Verborgene, der keine Verbindung mit dem Sinnlichen eingeht (Sure 112; Teil des täglichen rituellen Pflichtgebetes)[116]. Er ist die Fülle wie die Leere[117] und darf in Ableitung aus Sure 2:3 und 6:103 niemals abgebildet werden[118] – ein Gebot, das später auf Mohammed und seine Gefährten ausgeweitet wurde[119].

Aus – unserer – christlichen Perspektive widerspricht die muslimische Gottesvorstellung der Tiefe der biblischen Erfahrung des Deus absconditus und revelatus, der Erfahrung, die sich in Trinitätslehre und Christologie Gestalt gegeben hat[120]. Es ist die Erfahrung, dass Gott nach 1. Kön 19 und Mt 27,46 für uns im Dunkel verborgen ist – und doch so sehr die Welt geliebt hat, dass er sich in seinem eingeborenen Sohn offenbarte (Joh 3,16). Es ist die Erfahrung der Selbstentäußerung und -hingabe seines Sohnes zur Sühne menschlicher Schuld und Sünde – bis hin zum Tod am Kreuz (Rö 5,15 ff.; Phil 2,6 ff.; Hebr 8/9). Es ist die Erfahrung der Einwohnung seines Geistes in seinen Kindern (Rö 8,9 ff.) als deren Wegleiter und Tröster.

Das christliche Bekenntnis zu Jesus als dem Christus und zur göttlichen Trinität schließt gemeinsame Gottesdienste und gemeinsames Beten von Christen und Muslimen aus – generell und auch im Bereich der Schule. Das betont die Richtlinie des Kölner Erzbischofs zu multireligiösen Feiern in Schulen ebenso wie die Handreichung der Evangelischen Kirche in Deutschland *Klarheit und gute Nachbarschaft*: »Ein gemeinsames Gebet in dem Sinne, dass Christen und Muslime ein Gebet gleichen Wortlautes zusammen sprechen, ist nach christlichem Verständnis nicht möglich, da sich das christliche Gebet an den Einen Gott richtet, der sich in Jesus Christus offenbart hat und durch den Heiligen Geist wirkt.«[121]

Die Befürworter gemeinsamer Gottesdienste und Gebete stützen sich häufig auf den Gedanken, Christentum und Islam seien (mit dem Judentum) als dreifältige monotheistische Einheit[122] und als »abrahamitische« Religionen zusammen zu sehen. Doch wird nicht nur die Gestalt des Abraham jeweils sehr unterschiedlich gedeutet: im Judentum als Vorbild des toratreuen Juden, im Christentum als Gerechtfertigter allein aus Glauben und im Islam als Rechtgeleiteter, der durch Befolgung der göttlichen Gebote zum Heil gelangt[123]. Vor allem warnen die grundlegenden Differenzen im Gottesbekenntnis vor dem Oberbegriff »abrahamitisch« für Judentum, Christentum und Islam. Unter dem Vorbehalt, dass verifizierbare Erkenntnis über Gott an sich verwehrt ist, legen die Differenzen nahe, auch begrifflich zwischen dem christlichen und dem islamischen Gottesverständnis zu unterscheiden. Ein Vorschlag hierzu ist, gleichsam unterhalb des religionswissenschaftlichen Ausdrucks »Ultimate/s« bei der islamischen Gottesvorstellung konsequent von Allah, bei der christlichen von Gott zu sprechen[124].

4. Religionsverständnis

Für das Christentum ist der Islam insofern ein Sonderfall, als es sich bei ihm um eine nach-christliche Religion handelt, die vielfach auf den jüdischen und christlichen Glauben Bezug nimmt[125]. Muslime sehen dies aus entgegengesetzter Perspektive. Für sie gibt es einen aufsteigenden Entstehungszusammenhang. Dabei seien vier Perioden zu unterscheiden. Die erste bildeten polytheistische Religionsformen. Ihnen folgten mit Judentum und Christentum die beiden »Buchreligionen«. Die dritte Periode verkörpert der Islam in seiner reinen Form. Die vierte bestehe aus späteren Fehlentwicklungen wie z.B. der Bahai-Religion[126]. Aus christlicher Sicht sind die Perioden zwei und drei von besonderem Interesse.

Für die überwiegende Zahl der Muslime offenbart sich Allah in einer langen Reihe von Propheten – eine Zentrallehre des Korans. Die »Prophetensukzession« (Sure 4:163 ff.)[127] beginnt bei Adam, und ihre Botschaft ist im wesentlichen dieselbe[128]. Der islamische Prophetismus ist somit ein »Monoprophetismus«[129] mit dem Inhalt: Es gibt keinen Gott außer Mir, so dient Mir! (Sure 21:25)[130]. Allerdings sei die Botschaft auf ihrem Überlieferungsweg immer wieder entstellt worden – auch in den beiden schriftlichen Fixierungen, in Thora und Neuem Testament.[131] Die sich darauf gründenden Religionen könnten daher lediglich als Vorläufer der wahren Religion gelten, und seien als solche nach der Stiftung des Islams zwar geduldet, aber überlebt[132].

Nach dieser Religionstheorie können sich Muslime als die authentischen Jesusanhänger verstehen. Juden und Christen seien dagegen unbewusste (unwissende) Muslime, die den wahren Glauben in seiner Fülle (noch) nicht erkannt bzw. verkannt haben[133]: Die Juden und die Christen haben ihre heiligen Schriften gefälscht. Die Juden haben diese Fälschung mit Absicht vorgenommen, die Christen aus Unwissenheit[134] – ein Vorwurf, den u.a. schon Riccoldo und mit ihm M. Luther zurückwies[135].

Es seien vor allem drei Verfälschungen, die das Neuen Testament enthalte: Jesus sei nicht in Bethlehem geboren, sondern unter Palmen in der Wüste. Er sei – so bereits die Gnosis[136] – nicht am Kreuz gestorben. An seiner Stelle sei ein Doppelgänger hingerichtet worden,[137] während Jesus etwa nach der Ahmadiya-Bewegung noch 120 Jahre auf dem indischen Subkontinent lebte[138]. Und, am wichtigsten: Er sei nicht Gottes Sohn, sondern großer prophetischer Warner und Mahner, sowie Vorbild im Glauben[139].

Der Verfälschungen wegen musste Allah noch einmal einen Propheten senden, Mohammed. In seinem Wirken sind die mekkanische und die medinensische Phase zu unterscheiden. Sie werden kontrovers bewertet. A. Schall und andere sehen den Mohammed von Mekka (bis zur Hidschra 622) als asketischen Mystiker, der die Hingabe des Menschen an Gott fordert[140], der die strenge Trennung zwischen Schöpfer und Schöpfung verkündet[141], und der ethisch-rechtliche Vorschriften mit den Schwerpunkten Gerechtigkeit und Gemeinsamkeit (Umma) proklamiert. B. Lewis versteht den Mohammed vor der Hidschra als kämpferischen (Sozial)Revolutionär[142]. Die medinensische Phase zeigt ihn für A. Schall als kämpfenden Staatsmann, der vor allem machtpolitisch und staatsrechtlich-gesellschaftspolitisch auftritt[143]. Für B. Lewis ist Mohammed in dieser Phase quietistischer Regent, der sein Volk nach koranischen Weisungen führt[144]. Wie auch immer – Mohammed ist am Ende der Offenbarungsgeschichte das »Siegel«[145] seiner Vorgänger. Zugleich korrigierte er als »Reformator« alle vorangehenden Fehldeutungen[146].

Mit dieser Funktion Mohammeds stellt sich allerdings für den Islam ein Problem: Wie verhält sie sich zu der Tatsache, dass es später innerhalb des Christentums zu einer Reformation gekommen ist? Kann es sein, dass dadurch die Offenbarung Mohammeds überboten und ihre Letztgültigkeit außer Kraft gesetzt wurde? An der Lösung dieser Frage arbeiten derzeit muslimische Gelehrte speziell in Ägypten. Dabei gehen sie vom *common sense* der arabisch-islamischen Geschichtsauffassung aus, nach der die islamische Vernunft auch in Europa Entwicklung und Fortschritt vorangebracht habe. Das gelte vor allem für Deutschland – in dem sich besonders das bayerische Herrscherhaus islamischem Gedankengut geöffnet habe[147].

Im Blick auf die Verbindungen zwischen dem Islam und Deutschland beschreiben diese Gelehrten M. Luther als vorbildhaften Helden der Geschichte[148] und versuchen nachzuweisen, dass das islamische Denken ein konstitutives Moment für das Entstehen des reformatorischen

Gedankengutes und so der Reformation selbst darstellt.[149] Sie sei, um nur einige Punkte zu nennen, mit ihren Grundsätzen des *sola scriptura* und der Zwei-Reiche-Lehre, sowie der Ablehnung eines hierarchischen Priestertums, eines Mittleramtes der Kirche, der katholischen Eucharistielehre, der Bilderverehrung und des Zölibats[150] ein Beleg dafür, dass sich die islamische Wahrheit in der Geschichte weiter durchsetzen wird. Sie stehe damit, so könnte man sagen, ein Stück weit für eine Islamisierung des Christentums.[151]

Demgegenüber braucht schon aufgrund der »Verlegung des Alcoran Bruder Richardi« von 1542 nicht eigens nachgewiesen zu werden, dass M. Luther kein latenter Muslim war, ebensowenig, dass die Differenzen in Christologie und Trinität, aber auch in der lutherischen Auffassung der Rechtfertigung unüberbrückbar sind[152]. Doch gibt die Geschichtskonstruktion der ägyptischen Gelehrten einen aufschlussreichen Einblick in muslimische Glaubensart.

Ihr zufolge gelte ungeachtet der Entwicklungen im Christentum weiterhin: Der Text des Korans stelle in seiner originalen und unverfälschten Konstitution die Offenbarung dar, die von Allah herabgesandt, vom Mittler Gabriel dem Propheten offenbart und schließlich durch den *rasūl* (Gesandten) seinem Volk gleichsam eins zu eins ausgerichtet wurde[153]. Es gebe also gleichsam ein himmlisches Urexemplar, und dieses sei Mohammed Teil um Teil offenbart worden. Der, vermutlich Analphabet, habe dieser Theorie zufolge die Teile als Mittler wortgenau mündlich weitergegeben – bis heute ist der Koran auf mündlichen Vortrag hin angelegt –. Später seien sie von Glaubensgenossen schriftlich fixiert worden[154].

Dabei werden Widersprüchlichkeiten im Koran durchaus gesehen. Um sie aufzulösen, wurde die Vorstellung von einem äußeren und einem inneren, nur Begnadeten zugänglichen Sinn entwickelt[155], ferner das »Prinzip des Naskh«. Demnach heben innerhalb des Korans neuere Offenbarungen ältere auf[156]. So kann der Grundsatz gewahrt werden, dass er - gegen alevitische Vorstellungen[157] – als »wesensgleich« mit Allah, als »unerschaffenes«, damit auch unübersetzbares[158], ewig gültiges Wort Allahs zwar ausgelegt, aber nicht verändert werden darf[159]. Vielmehr ist er wie die Hadithen[160] göttliches Gesetz, ist *ius divinum*[161]. Gleichen Rang hat im nach und nach dominierend gewordenen »Scharia-Islam« sowohl für Sunniten wie für die meisten Schiiten die Scharia, *Kutub al-Fiqh*, der Weg zur Tränke[162]. Sie regelt die gesamten Lebensverhältnisse von Religion, Sittlichkeit, Kult, Kultur, Recht und Politik[163].

Die Vorstellung, der Koran sei Allahs letztes und authentisches Wort, wirkt sich auf das Zeitverständnis aus. Die als Offenbarung Allahs geheiligte Sprache des Korans, der deshalb nicht übersetzt, sondern nur kommentiert werden kann und darf, bedingt eine Zeitlosigkeit des Sakralen. Sie bestimmt als »Versiegelte Zeit« alle Wirklichkeit[164]. Zugleich ist damit für die Mehrzahl der Muslime die Wertigkeit der Religionen klar: Im Gegensatz zum zukunftsoffenen christlichen Glaubensverständnis (Joh 16,13) stellt für sie der Islam die abschließende und vollkommene Religion dar, in der die anderen Religionen kulminieren, bzw. die den Endpunkt der anderen Religionen schon vorweggenommen hat.[165]

Das darauf gründende und schon im Religionsgespräch von Ancyra 1391 vertretene Selbstbild einer »allseitigen Überlegenheit« – für Muslime durch den historischen Korankuss von Papst Johannes Paul II. bestätigt –[166] hat zur Konsequenz: Der Islam kann keine vermittelnden Abgleichungen mit den niedrigeren Vorstufen des eigenen Glaubens zulassen. Er würde seine herausgehobene Stellung aufs Spiel setzen und auf einen früheren Stand göttlicher Offenbarung zurückfallen. A. A. Köhler stellt entsprechend fest: »Für mich sind der Islam und Koran die Wahrheit ... Man kann von uns nicht verlangen, dass wir die Grundsätze unserer Religion so anpassen, wie man es hier gerne möchte«.[167]

Der Anspruch der End-Gültigkeit verbietet auch den Glaubensabfall, die Apostasie. Sie würde eine Art religiöse Regression und Hochverrat bedeuten[168]. Zwar droht der Koran hierfür lediglich schwere Strafen im Jenseits an (Sure 3:80ff; 16:109). Doch kommt der *Fiqh*, die nach Mohammeds Tod bis etwa zum 9. Jahrhundert aus Koran und den Hadithen entwickelte Rechtslehre des Islams, zum Urteil, dass der Glaubensabtrünnige getötet werden müsse. Das Urteil wird in manchen islamisch geprägten Staaten und Regionen noch heute angedroht, in einer Art Lynchjustiz vollstreckt, innerfamiliär durch Ächtung verfolgt, oder, wie in Afghanistan, nach erfolgloser gerichtlicher »Ermutigung zur Rückkehr« (so ein Richter) aufgrund »geistiger Verwirrtheit« ausgesetzt[169]. Die Todesstrafe kann auch an Christen vollzogen werden, wenn ihre Anwesenheit als Bedrohung für den islamischen Glauben empfunden wird[170].

Das islamische Selbstverständnis als Höhe- und Endpunkt der Religionen sperrt sich deshalb gegen die von der Menschenrechtscharta der UN geforderte Religionsfreiheit, sodass es um sie fast überall in der islamischen Welt schlecht bestellt ist[171]. Es bildet ein auf christlicher Seite mitunter zu wenig beachtetes, kaum zu überwindendes Hindernis für den von vielen Seiten geforderten Dialog der Religionen.

II. Aktuelle islamische Reformbestrebungen

In der deutschen Islamwissenschaft begann ab etwa 1970 eine umfangreiche historisch-kritische Erforschung der islamischen Anfänge[172]. Ein Untersuchungsschwerpunkt ist die Entstehung des Korans. Die hierbei entwickelten Thesen weisen eine große Spannweite auf. Nach Rudi Paret (und, ähnlich, nach L. Richter-Bernburg) ist der Koran als Ganzer dem Propheten selbst offenbart worden[173]. Nach Angelika Neuwirth und P. Heine sind an der Entstehung der Prophet und die Gemeinde der Gläubigen gleicherweise beteiligt[174]. G. Lüling und Chr. Luxenberg setzen einen Urkoran voraus. Für G. Lüling enthält er ein altchristliches Lektionar, das im Gottesdienst im Wechselgesang zwischen Gemeinde und Priester angestimmt wurde[175]. Für Chr. Luxenburg ist er insgesamt christlich-syrischer Herkunft und durch spätere Texte aufgefüllt, ergänzt und fortgeschrieben worden[176].

Unter Moslems gelten mehrheitlich unverändert die traditionellen Lehren von der End-Gultigkeit des Korans als reines Offenbarungswort Allahs und der End-Gültigkeit des überkommenen Islams für alle Menschen[177]. Doch sind in letzter Zeit Bewegungen zu erkennen. In ihnen wird diese Position zwar nicht generell verlassen, doch modifiziert. Ein pakistanischer Eintrag im Internetforum verbindet den alten Anspruch mit den Bedingungen der Moderne: »Das Haus des Islam steht heute an einem Wendepunkt. ... Uns war es aufgegeben, die Geschichte bis zum Ende der Zeiten anzuführen, jetzt müssen wir erst ganz erkennen, dass unsere Krise von kosmischem Ausmaß ist. Ohne uns ist die Welt verurteilt zu scheitern. Doch bevor wir wieder die Führung übernehmen können, müssen wir unser Haus in Ordnung bringen«[178].

Das soll geschehen, indem das etwa im 10. Jahrhundert geschlossene Tor des *ijtihad*, d.h. der freien Interpretation der religiösen Quellen, wieder geöffnet[179] und so der Stillstand der islamischen Welt überwunden wird. Und wie die Reformation M. Luthers von manchen muslimischen Gelehrten als Kind des Islam betrachtet wird, spricht man in diesem Zusammenhang von islamischer Reformation[180]. Es ist gleichsam eine muslimische Reform der christlichen Reform: etwa als ein *ad fontes*, ein Zurück, zu Mohammeds egalitärer Gesellschaft in Medina[181]. Verschiedentlich wird auf Strukturanalogien zwischen Protestantismus und gegenwärtigen muslimischen Erneuerungsbewegungen hingewiesen und als Beispiel der »urdemokratische, alle und jeden zur Mitsprache ermächtigende Schlachtruf *sola scriptura*« angeführt[182]. Eine weitere Analogie sieht man darin, dass nicht nur das Reformchristentum der Protestanten durch eine Individualisierung des Glaubens zu einer unendlichen Vervielfältigung der Standpunkte führte. Auch die muslimischen Reformbewegungen seien individualistisch orientiert und daher denkbar unterschiedlich. Ihre Ausrichtung schwankt zwischen zwei Polen: den Islam zu modernisieren und die Moderne zu islamisieren.[183] Allerdings gelang bislang nur eine bruchstückhafte Modernität[184].

Geeint sind die Erneuerungsbewegungen in der doppelten Perspektive von Sein und Werden[185], d.h. von bleibender Urgestalt und prozesshafter, zeitbedingter Ausprägung.

Diese Doppelperspektive bewirkt eine Uminterpretation der traditionell-islamischen Wahrheitsvorstellung. Zeitgenössische ägyptische und iranische Gelehrte unterscheiden nun zwischen der einen, absoluten göttlichen Wahrheit und ihrer relativen menschlichen Erkenntnis[186]. In diesem Sinn vertritt der Kreis der syrischen Erneuerer um den Leiter des Damaszener Islamischen Studienzentrums, Muhammad al Habbash, ein plurales Wahrheitsverständnis[187].

Auch beim Koran unterscheiden Neuerer in Ägypten[188], Iran[189] und Türkei zwischen Aussagen von ewiger Gültigkeit und zeitbedingter Geltung bzw. Auslegung. Nicht zuletzt an der deutschen Philosophie geschult, vertritt z.B. die reformerische Ankaraner Schule[190] die These, dass die Offenbarungen des Korans in einem konkreten historischen Zusammenhang geschehen seien und damit entsprechend den zeitgenössischen Zusammenhängen heute neu ausgelegt werden müssen. Ähnlich verstehen die Reformer, so A. Höfert, die Scharia[191]. Ihre Anwendung sei in jene Dialektik zurückzuverwandeln, die ihrem Entstehungsprozess einstmals inhärent gewesen ist, bevor sich das Tor der eigenständigen Auslegung schloß[192].

Schließlich gelte die Unterscheidung zwischen bleibender Urgestalt und prozesshafter, zeitbedingter Ausprägung für den Islam insgesamt[193]. Ali Bardakoglu, ehemaliger Hochschullehrer in Istanbul und jetziger Leiter der Behörde für Religionsangelegenheiten (Diyanet) in Ankara, unterscheidet demgemäß zwischen dem Glauben, seinen Riten und der Ethik. Nur die beiden ersten gehörten zum Feststehenden der Religion, zu dem, was zwischen Allah und dem Menschen verhandelt werde. Die Werte aber, die moralischen Vorstellungen, gehörten in die zwischenmenschliche Sphäre, seien also dem Zeitgenössischen unterworfen.[194] Zu dieser Interpretation tendiert auch das Kölner Zentrum für Islamische Frauen-Forschung und -Förderung (ZIF). Es stellt fest: »Es gibt keinen quranischen Text, der das Fortdenken und Fortschreiben begonnener Veränderungen unter Beachtung hermeneutischer Regeln verbieten würde. Nein, ganz im Gegenteil, es entspricht dem Sinn der Offenbarung, durch Anwendung der Vernunft ›dem Besten der Worte‹ (Sure 39:56) zu folgen, um so Offenbarung lebbar zu machen.«[195]

Diese Sichtweisen könnten ein Indiz dafür sein, dass sich neben den vier orthodoxen Rechtsschulen (madhabib), den Malikiten, Hanbaliten, Hanafiten und Schafiiten ein weiterer madhab bildet. Es wäre eine, islamischer Aufklärung verpflichtete fünfte Rechtsschule in Europa und Amerika. Ihre Historisierung der Quellen ist offenbar eine Methode, die immer mehr Anhänger gewinnt. Ihr Ziel ist, der klassischen Erläuterung des Korans (Tafsir) ebenso gerecht zu werden wie den Anforderungen der Gegenwart[196]. Hierzu bekennt sich u. a. M. S. Kalisch, der in Münster lehrende deutsche Muslim.

Weitere Gruppierungen streben eine Anpassung der muslimischen Lebensgestaltung an die moderne Welt an, doch auf unterschiedlichen Wegen. Die Sahwa(Bewusstwerdungs)-Bewegung, mit dem Kairoer Fernsehsender Iqra als Sprachrohr, hat sich in diesem Sinn einer Renaissance des Islam verschrieben[197]. M. al Habbash und sein Kreis nähern sich dagegen der im Iran verbotenen und verfolgten Bahai-Religion an. Sie sind überzeugt, dass es nur einen Gott gebe, aber viele Wege zu ihm, die jeweils von einem Propheten gewiesen werden. Deshalb fordern sie andere Muslime und Angehörige monotheistischer Religionen auf, den Monopolanspruch auf das Paradies aufzugeben. »Denn wir sind ja eine Familie mit unterschiedlichen Mitgliedern.«[198]

Die Reformbestrebungen zeigen: Eine Weiterentwicklung des Islam in Richtung Moderne ist möglich – bis hin zur »Durchsetzung einer neuen Definition von Moderne, befreit vom laizistischen oder staatsgläubigen Erbe der französischen Aufklärung«. Doch verlangt dies erhebliche Eingriffe in traditionelles Glaubens- und Wirklichkeitsverständnis. Auch wenn sie von einer Reihe muslimischer Denker gewagt werden, so wird doch im ganzen die »salafitische Matrix« nicht herausgefordert, also das Grundprinzip einer Bewegung, die alle moderne Entwicklung ablehnt und die goldene Zeit des Propheten zurückwünscht[199].

Daher werden die Modernisierungsversuche von der übergroßen Mehrheit der muslimischen, speziell arabisch orientierten Welt abgelehnt, entsprechende Bücher verboten[200]. Die Volksfrömmigkeit zielt auf persönliche Erbauung, nicht auf den theologischen Diskurs. Es kommt zur Flucht nach vorn des *iltizâm*, des religiösen Eifers[201]. Vor diesem Hintergrund ist der Hinweis eines muslimischen Beobachters beachtenswert, die Ablehnung der Modernisierung gelte in besonderem Maße für Muslime im Westen. Hier habe sich unter dem Einfluss des arabisch-wahabitischen Puritanismus oftmals eine Tendenz herausgebildet, das breit gefächerte kulturelle Erbe unbesehen zurechtzustutzen und in den Dienst modernitätsfeindlicher Ideologien zu stellen.[202]

Aber wird es nicht zur allmählichen Verwestlichung des Islam kommen, zu einem Deutsch- bzw. Euro-Islam (B. Tibi)[203]? Ethnologen wie W. Schiffauer sind sich dessen sicher: Die westliche Gesellschaft wird jeden verändern, der sich auf sie einlässt. Das wird selbst den Islamismus von innen aufknacken[204]. Es ist jedoch die Frage, ob es genügt zu sagen: daß wir hier leben und hier auch glauben, das ist der deutsche Islam. Und ob der nach eigenem Bekenntnis unreligiöse W. Schiffauer mit seiner Vorhersage dem »unvergänglichen, überlebensstarken Glutkern« des Islam Rechnung trägt[205].

Auch aufgeschlossene Muslime wenden sich gegen eine zu weit gehende Integration[206], und der Begriff Euro-Islam löst bei den Vorsitzenden oder Generalsekretären der wichtigsten muslimischen Verbände in Deutschland eher irritierte Assoziationen aus.[207] Der Leiter der türkischen Behörde für Religionsangelegenheiten, A. Bardakoglu, hält ihn für überflüssig, denn selbstverständlich sei der Islam in Europa zu praktizieren. In der Türkei habe sich das Religionsverständnis weiterentwickelt, während in den »Ghettos« der Immigranten seit vierzig Jahren ein vermeintlich unveränderliches Set an Werten gelehrt werde, das sich dem Einfluss der Moderne zu entziehen trachte. Das dürfte nicht dem Islam angelastet werden.[208] Aus ähnlicher Überlegung heraus setzt sich M. Ceric, Großmufti von Bosnien und Herzegowina, für eine Europäisierung des Islam ein[209].

Doch derzeit bleibt nur festzustellen: Es gibt zwar Ansätze, aber ob es bis zu einem Euro-Islam kommen wird, weiß niemand. Wenn ja, ist es eine Aufgabe von Generationen[210]. Oder, skeptischer: »Gewiss gibt es *Euro-Muslime*, die freilich im Kreis ihrer Glaubensbrüder oft argwöhnisch beobachtet werden; einen *Euro-Islam* kann es nicht geben.«[211] Vor diesem Hintergrund vermag eine grundlegende Modernisierung des Islam aus abendländischer Sicht zwar angedacht und erhofft, aber nicht als sicher angenommen werden. Denn: »In Islam und Christentum treffen zwei konträre Offenbarungsvorstellungen aufeinander.«[212]

Mit diesem Fazit spitzt sich ein Problem zu, das nicht nur grundsätzliche Anfragen an das Verhältnis von Identität und Integration stellt. Es wird möglicherweise auch zur entscheidenden Frage des christlichen Selbstverständnisses. Es ist die Frage nach dem Verhältnis der beiden Offenbarungsreligionen und seinen Auswirkungen auf das Zusammenleben der Menschen in Deutschland.

III. Glaube, Identität und Integration

Es geht beim Gegenüber von Christentum und Islam nicht primär um die viel diskutierten Fragen wie: Kopftuch oder nicht, Schächten oder nicht, Minarettbau oder nicht, oder, im Gegenzug, um Fragen wie:

westliche Sexualmoral oder nicht, Ehrfurchtslosigkeit oder nicht. Es geht letztlich auch nicht um so einschneidende Fragen wie: religiös motivierte Gewalt oder nicht. Und es geht keinesfalls an, den Fehlentwicklungen der jeweils anderen Seite die Idealformen der eigenen entgegenzuhalten. Es geht um Unbedingtheiten. Und angesichts der religiösen Globalisierung, in der jeder Glaube nur bedingt zu gelten scheint, heißt die zentrale Frage: Wie stehen christliches und islamisches *Offenbarungsbekenntnis* zueinander? Bei der Suche nach einer Antwort scheint sich derzeit in der christlich-theologischen Diskussion zu wiederholen, was in den ersten Jahrhunderten nach Mohammed zu beobachten war. Es herrscht große Unsicherheit darüber, wie man sich gegenüber dem islamischen Bekenntnis zu verhalten habe: geschwisterlich? freundschaftlich? feindlich?[213] – Die Unsicherheit spiegelt sich in der Vielzahl der religionstheologischen Modelle wider, die gegenwärtig in christlicher Theologie und abendländischer Religionswissenschaft erörtert werden. Die Schlüsselbegriffe und Leitsätze der wichtigsten lauten:

Exklusivismus: Für die Christen offenbart sich Gott voll- und endgültig in Jesus Christus[214]. Die neutestamentliche Botschaft und das Werk Jesu Christi als Erlöser und Versöhner sind der *einzige* wahre Weg zum Heil (K. Barth[215]).

(Traditioneller) Inklusivismus: Nur der (katholisch-)christliche Glaube hat die *volle*, transhistorische, d.h.: nicht geschichtlicher Entwicklung unterworfene Wahrheit Gottes. Alle Religionen haben daran als *Teil*wahrheiten in gestufter Weise Anteil (Karl Rahner[216]).

Eschatologischer Ansatz: Die volle Wahrheit ist derzeit *keiner* Religion gegeben, erst am Ende werden sich alle darin vereinen, entweder als Vollendung der *jüdisch-christlichen* Religion (W. Pannenberg) oder als Vollendung *aller* Religionen (Zusammenfluss der Ströme)[217].

Relative Absolutheit: Jede Religion glaubt sich subjektiv zu Recht im Besitz der vollen göttlichen Wahrheit (Ernst Troeltsch[218]).

Monozentrischer Pluralismus: Hinter allen Religionen steht *eine*, ewige Urreligion, und hinter allen Göttern derselbe *eine* Gott (Ram A. Mall, Reinhold Niebuhr, so auch M. al Habbash)[219].

Polyzentrischer Pluralismus: Die Religionen bilden zusammen eine Vielfalt. In ihr kann zwischen ihnen keine Wertung vorgenommen werden (Raimondo Panikkar)[220].

Strauß-Modell: Jede der großen Weltreligionen gleicht einer Blume, die erst zusammen mit den anderen einen vollkommen-schönen Strauß ergibt[221].

Ethischer Ansatz: Die Wahrheit jeder Religion erweist sich am Grad ihrer Menschlichkeit, Humanität (Gotthold E. Lessing, H. Küng)[222]. Was davon trifft zu? Die fachwissenschaftliche Diskussion darüber ist in vollem Fluss. Anders reagiert die breite Öffentlichkeit. Sofern man sich in ihr überhaupt damit befasst, scheint man einer klaren Festlegung auszuweichen. Was ist der Grund? Liegt er im Gefühl, dass sich daraus unerwünschte Konsequenzen für das eigene Verhalten ergeben? Sollen Auseinandersetzungen und Konflikte vermieden werden? Hat man sich deshalb stillschweigend darauf geeinigt, nicht daran zu rühren? Oder ist es Gleichgültigkeit?

Wird dennoch Stellung bezogen, dann geschieht das aus unterschiedlichen Motiven heraus. Eines davon ist die Überlegung, ob das Christentum oder der Islam für unsere Gesellschaft und für die eigenen »Lebensrahmungsbedürfnisse« (etwa angesichts von Leid und Tod) brauchbarer ist. Ein anderes Motiv ist das Bemühen um Überwindung der religiösen Gegensätze zwischen beiden Glaubensrichtungen. Man geht davon aus, dass sie irgendwie das Gleiche lehren und wollen, doch wegen der unterschiedlichen Lebensbedingungen ihrer Anhänger verschiedenartige Gestalt angenommen haben. Ein drittes Motiv ist die Überzeugung, dass sich das christliche wie das islamische Offenbarungsbekenntnis vor dem eigenen gesunden Menschenverstand zu rechtfertigen hat, und man dann das jeweils Einleuchtende auswählt.

Die Motive mischen sich in den meisten Fällen. Die Mischung ist die Folge zweier wichtiger Sachverhalte. Zum einen, dass Stellungnahmen zu religiösen Fragen immer subjektiv sind. Sie werden stets aus der Innenperspektive einer eigenen Glaubensposition heraus abgegeben, seien sie spontan und pragmatisch oder aber wissenschaftlich reflektiert. Es ist also gegenüber Christentum und Islam kein neutraler Standort möglich, gleichsam oberhalb beider. Das ist eine Grundgegebenheit des interreligiösen Dialogs.[223] Es ist zum anderen eine Auswirkung davon, dass Christentum und Islam in einem verflochtenen, komplexen Beziehungsgefüge zueinander stehen. Chr. Paulus zieht daraus den Schluss, dass im Blick auf ihr

Verhältnis kein zentristisches oder hierarchisches Denken zulässig sei. Ein solches Denken gehe an der Wirklichkeit der Religionen und vor allem der Religiositäten vorbei und produziere die entsprechenden Probleme von Missverstehen sowie Aggressionen. Es sei vielmehr ein »unordentliches Modell« konkreter Beziehungen zwischen Christentum und Islam zu Grunde zu legen. *Beiden* könne man nur dadurch gerecht werden, dass man auf alle harmonisierenden Perspektiven und vergleichende Wertungen verzichte.[224]

Aus dieser Forderung ergeben sich Fragen an Ansätze, wie sie u.a. von A. Renz vertreten werden. Er sieht richtig, dass beide, Christen wie Muslime, stets auf dem Weg zur Wahrheit sind (vgl. 1. Kor 13,9). Aber hat er auch darin recht, wenn er fortfährt: nämlich auf dem Weg zu Gott selbst, den sie gemeinsam zu gehen haben und auf dem sie sich gegenseitig stützen und begleiten, anspornen und kritisch befragen?[225]. Ein solches Modell der Geschwisterhilfe widerspricht dem Selbstverständnis *beider* Offenbarungsreligionen und würde letztlich zu einer Art »Bahaiisierung« führen. Demnach würden alle religiösen Offenbarungen, Entwicklungen, Weisheiten und Heilslehren in eine endgültige und gereinigte Gottesoffenbarung, die Summe der Religionen[226] einmünden, und das Leben und Sterben Jesu Christi eine religiöse Episode unter anderen darstellen.

Gegen das Verständnis von Christentum und Islam als zwei parallele Offenbarungswege wendet sich die vatikanische Erklärung *Dominus Iesus* ebenso wie die Handreichung der EKD *Klarheit und gute Nachbarschaft*. Die erste betont: »In der gegenwärtigen theologischen Diskussion wird Jesus von Nazaret oft als eine besondere historische Gestalt angesehen, die … das Göttliche in einem Maß geoffenbart hat, das nicht exklusiv ist, sondern komplementär zu anderen Offenbarungs- und Heilsgestalten.« (Art. 9) Diese Ansicht »ist dem christlichen Glauben gänzlich entgegengesetzt.« *(Joh 1,18)*. (Art. 10) In ähnlicher Weise ist auch fest zu glauben, dass es nur eine einzige, vom einen und dreifaltigen Gott gewollte Heilsordnung gibt, dass somit »Jesus Christus der universale Mittler und Erlöser ist« (Art. 11).[227] In der Handreichung wird festgestellt: Die Begegnung mit Muslimen darf nicht zum Ziel haben, die Wahrheit Gottes relativieren, der sich in Jesus Christus und in der Kraft des Geistes allen Menschen zu ihrem Heil zuwendet.[228]

Damit kann es bei den Offenbarungsbekenntnissen von Christentum und Islam kein Sowohl-als-Auch geben, auch kein Ja-Aber, sondern nur ein Entweder-Oder. *Beide* erheben den Anspruch auf *Universalität*. *Beide* wollen die göttliche Wahrheit nach ihrem besonderen Verständnis letztlich *allen* Menschen vermitteln[229]. Dies verlangt, (sich) zwischen Jesus, dem Christus, und Mohammed, dem Propheten, zu entscheiden – und damit zwischen Neuem Testament und Koran. Die Entscheidung kann von keiner Instanz abgenommen, nicht verordnet oder delegiert werden. Sie ist persönlich zu treffen und fordert, wie viele existenzielle Entscheidungen, sich ihr immer neu zu stellen und durch Bekennen und Verhalten zu bezeugen[230].

In das Problemfeld von Identität und Integration übersetzt heißt das: Christentum und Islam haben je eine inkompatible religiöse Identität. Beide Identitäten sind weder gegenseitig integrierbar, noch können sie als religiöse Teilidentitäten in eine übergeordnete, monotheistische Gesamtidentität integriert werden.

Was ergibt sich daraus für die Identität unserer Gesellschaft? Führt es in ihr zu aggressiver Auseinandersetzung zwischen Christen und Muslimen, statt eines friedlichen Zusammenlebens? Muss der Berliner Befund, dass die religiöse Bindung junger Muslime mit Migrationshintergrund die gesellschaftliche Integration erschwere[231], ausgeweitet werden zum Satz: Religion im Allgemeinen, sowie Christentum und Islam im Besonderen wirken den Integrationsbemühungen in unserem Land entgegen?

Und was bedeutet es für die Bereiche von Erziehung und Bildung? Müssen christlich-konfessioneller und islamischer Religionsunterricht die Integrationsziele von Schule zwangsläufig behindern? Keineswegs. Sie können sie – und damit werden die oben gemachten Ausführungen zu Identitätsentwicklung und Integration als interaktive Prozesse weitergeführt – sogar sehr unterstützen. Das geschieht, wenn sie ihren Jugendlichen Rück-Halt geben, dem anders Lebenden und anders Glaubenden unverkrampft zu begegnen und sich mit seinen Ansichten und Verhaltensweisen auseinanderzusetzen. Sie unterstützen die Jugendlichen aber nur, wenn sie sich selbstkritisch auf ihr Wesen und ihre Funktion in der Welt besinnen.

Für das Christentum verlangt dies eine stets neue Rückbesinnung auf Situation und Verhalten der frühen Christenheit gegenüber der nicht-christlichen Umwelt, sowie auf das reformatorische Bekenntnis zur Doppelstruktur der Glaubensgemeinschaft als corpus permixtum: als Gemeinschaft der Heiligen d. h. als vom Dreieinen Gott Geheiligte *und* als Gemeinschaft von unvollkommenen, sündigen Menschen[232]. Das zweite verbietet Überheblichkeit, Selbstsicherheit und Machtansprüche. Das erste gibt Zuversicht und verlangt den Einsatz für den eigenen Glauben durch Bitten und Werben[233]: *sine vi humana, sed verbo* (ergänze: Dei; Augsburger Bekenntnis Art. 28). Also: nicht durch eigenmächtiges Bedrängen und durch Zwang, sondern indem man das Evangelium unverkürzt und einladend zu Wort kommen lässt.

Daraus folgt: Christlich-konfessioneller Religionsunterricht dient dann der Integration, wenn er seine Schülerinnen und Schüler mit den Glaubensinhalten und Lebensformen seiner Gemeinschaft vertraut macht, wenn er zu respektvoller Begegnung und fairer Auseinandersetzung anleitet, wenn er zu jener einladenden Lebensführung aufruft und ermuntert, die in den Verhaltensregeln der neutestamentlichen Briefliteratur gefordert wird (Eph 5/6; Phil 4; Kol 3/4 u. ö.), wenn er zu einem Zusammenleben und -arbeiten im Zeichen von Konvivenz befähigt, d. h. zu freundlicher Kooperation mit den Moslems in Schule und Alltag[234], und schließlich, wenn er muslimischen Jugendlichen eine gastliche Teilhabe an der feiernden Communio Jesu Christi anbietet.

Für die Muslime in Deutschland und ihren schulischen Unterricht verlangt die selbstkritische Besinnung auf Wesen und Funktion ihrer Glaubensgemeinschaft ein Voranschreiten im Sinn ihrer Reformer, also in Richtung auf die Grundanliegen der christlichen Reformation und der europäischen Aufklärung. Hierzu gehört vor allem das Eingeständnis möglicher Fehlsamkeit eigener religiöser Lehren und Vorstellungen, ferner die Anerkennung des auch in Glaubensdingen mündigen Individuums, die Akzeptanz der Gewaltenteilung zwischen Religion und Staatswesen, sowie die theoretische und reale Trennung von Weltlichem und Religiösem. Wenn der islamische Religionsunterricht so in das eigene Glaubensleben einführt, dass er jenen Aspekten Rechnung trägt, dann erfüllt er im Fächergefüge der Schule eine maßgebliche Integrationsfunktion für seine Jugendlichen.

Es hat den Anschein, dass dazu noch ein weiter Weg zurückzulegen ist, nicht zuletzt wegen der bei manchen hier lebenden Muslimen erkennbaren restaurativen Tendenzen[235]. Wird dieser Weg beschritten? *Kann* er von den Wurzeln des Islam her beschritten werden? Die Antworten auf diese Fragen sind schwer zu geben. Wegen der dezentralen Wesens- und Organisationsstruktur des Islams werden sie von Fall zu Fall verschieden ausfallen müssen. Dennoch sind sie für die jeweilige Stellung des islamischen Religionsunterrichts in der Schule von grundlegender Bedeutung.

D. Islam und Schule

I. Das Kopftuch als Bekenntnissymbol

Die grundsätzliche Unvereinbarkeit der Offenbarungsreligionen Christentum und Islam, sowie dessen Reaktion auf die Herausforderungen durch seine Reformbewegungen haben nicht nur Konsequenzen für das gesellschaftliche Leben in Deutschland. Sie haben auch weitreichende Auswirkungen auf den Bildungsbereich und das allgemeine Schulwesen.

In der schulpolitischen Diskussion kann manchmal der Eindruck entstehen, damit verbundene offene Probleme ließen sich im Wesentlichen durch ein islamisches Unterrichtsfach auffangen. Ein solcher Blickwinkel ist zu eng. Es genügt nicht, ein solches Fach einzurichten, die dafür notwendigen gesetzlichen Vorgaben und verwaltungsmäßigen Vorschriften zu erlassen, Stundenkontingente festzulegen, entsprechende Lehrpläne und erforderliche Lehr- bzw. Lernmittel bereitzustellen, schließlich entsprechend qualifizierte Lehrkräfte auszubilden und anzustellen.

Die Einwanderung des Islam in die Schule verändert das Schulleben insgesamt. Die religiös geprägten muslimischen Schülerinnen und Schüler bringen durch ihre Kleidung, durch ihr Verhalten an muslimischen Feiertagen, während der Fastenzeit, bei Schulveranstaltungen und in den allgemeinen Unterrichtsfächern Lebensformen ihrer Religion ein und fordern entsprechende Rücksichtnahme. Der Leiter einer Frankfurter Grundschule nennt einige Folgen: muslimische Kinder, die nicht zum Schwimmunterricht erscheinen; Mädchen, die am Morgen der Klassenfahrt nicht zum Treffpunkt kommen; Schüler, die vor der Sexualkundestunde von ihren Eltern abgeholt werden; leere Schülerbänke an muslimischen Feiertagen, vor Ferienbeginn und manchmal noch Wochen nach deren Ende. Treibende Kräfte sind die Eltern, die an ihren religiösen Überzeugungen möglicherweise gerade wegen äußerer Unsicherheit umso stärker festhalten[1]. Es können aber auch

Lehrkräfte sein, die Moslems sind oder zum Islam übertraten, außerdem muslimische Vereinigungen. Ein Berliner Beispiel zeigt, dass sie nicht nur über einen islamischen Religionsunterricht Einfluss nehmen[2], sondern auch direkt: H. Buschkowsky berichtet von Schülerinnen, die von einem Tag auf den anderen mit Kopftuch in der Schule erschienen sind und ihren verblüfften Lehrern erzählten, da seien Männer zu ihrer Mutter gekommen und hätten geschimpft, daß sie kein Kopftuch trügen.[3]

Das Kopftuch wurde für religiös geprägte muslimische Schülerinnen und Lehrerinnen zunehmend zum Bekenntnissymbol. Es besitzt einen deutlich abgrenzenden Effekt, wie der Selbstversuch einer Nicht-Muslima zeigt, und von N. Kelek nachdrücklich bestätigt wird[4]. Zugleich hat es einen bedrängenden Charakter: Muslimas (und Frauen allgemein) ohne Kopftuch seien »unrein« und eine »Schande«[5]. Damit steht das Kopftuchgebot im Spannungsverhältnis zu den der deutschen Verfassungsordnung zugrunde liegenden Wertentscheidungen. Die Evangelische Kirche in Deutschland tendiert deshalb zu einem Kopftuchverbot für Lehrerinnen[6]. Sie weist in diesem Zusammenhang darauf hin, dass damit keinesfalls alle religiösen Erkennungszeichen aus der Schule zu verbannen seien. Jüdisch-christliche Symbole entsprechen der deutschen Verfassungsordnung. Deshalb gelte: Gleiches ist gleich, Ungleiches ist ungleich zu behandeln. Daher ist eine Differenzierung nicht nur zulässig, sondern geboten[7].

Akut wurde das Problem durch den Fall Fereshda Ludin, einer muslimischen Lehrerin, die nur mit Kopftuch an einer öffentlichen Schule unterrichten wollte. Er bewegte im Jahr 2003 und in der Folgezeit die deutsche Öffentlichkeit und die höchsten Gerichte.

Das Bundesverwaltungsgericht betonte in seinem Urteil vom 4. Juli 2002, dass der Staat sich in religiös-weltanschaulichen Fragen neutral zu verhalten habe. Diese Pflicht zu strikter Neutralität im Bereich der staatlichen Schule wird verletzt, wenn eine Lehrerin im Unterricht ein Kopftuch trägt. Zwar gelte: Wer aus Glaubensüberzeugung ein Kopftuch trägt, ist durch das Grundrecht auf freie Religionsausübung geschützt. Staatliche Pflichtschulen, an denen die Klägerin als Beamtin tätig sein will, werden jedoch von Schülern mit unterschiedlichen Religionen und Weltanschauungen besucht. Sie haben gemäß der Religionsfreiheit Anspruch darauf, vom Staat nicht dem Einfluss einer fremden

Religion, auch in Gestalt eines Symbols, ausgesetzt zu werden, ohne sich dem entziehen zu können.[8]

Den Neutralitätsaspekt präzisierte das Bundesverfassungsgericht am 24. September 2003: »Die dem Staat gebotene religiös-weltanschauliche Neutralität ist nicht im Sinne einer strikten Trennung von Staat und Kirche, sondern als eine offene und übergreifende, die Glaubensfreiheit für alle Bekenntnisse gleichermaßen fördernde Haltung zu verstehen. Dies gilt insbesondere auch für den Bereich der Pflichtschule. Christliche Bezüge sind bei der Gestaltung der öffentlichen Schule nicht schlechthin verboten; die Schule muss aber auch für andere weltanschauliche und religiöse Inhalte und Werte offen sein. In dieser Offenheit bewahrt der freiheitliche Staat des Grundgesetzes seine religiöse und weltanschauliche Neutralität.«

Das Gericht führte ergänzend aus: Die Länder können innerhalb ihrer Gestaltungsfreiheit im Bildungswesen zu verschiedenen Regelungen kommen. Bei dem zu findenden Mittelweg dürfen auch Schultraditionen, konfessionelle Zusammensetzung der Bevölkerung und ihre mehr oder weniger starke religiöse Verwurzelung berücksichtigt werden. Dabei steht den Ländern frei, die bislang fehlende gesetzliche Grundlage zu schaffen. Sie haben aber die grundrechtlich geschützten Rechtspositionen der Lehrer, der Schüler, der Eltern und die Pflicht des Staates zu weltanschaulich-religiöser Neutralität angemessen zu berücksichtigen. Der mit zunehmender religiöser Pluralität verbundene gesellschaftliche Wandel kann Anlass sein, das zulässige Ausmaß religiöser Bezüge in der Schule neu zu bestimmen. Es gibt Gründe, dem Wandel in der Schule Rechnung zu tragen und als Mittel für die Einübung von gegenseitiger Toleranz zu nutzen, um so einen Beitrag in dem Bemühen um Integration zu leisten. Hiermit ist aber auch ein größeres Potential möglicher Konflikte in der Schule verbunden. Es mag deshalb auch gute Gründe geben, der staatlichen Neutralitätspflicht im schulischen Bereich eine striktere und mehr als bisher distanzierende Bedeutung beizumessen.[9]

Mit diesem Urteil des Bundesverfassungsgerichts liegt die Entscheidung über das Tragen des Kopftuchs durch Lehrerinnen bei den Länderparlamenten. Die meisten von ihnen haben inzwischen die geforderte Regelung getroffen. Dabei reicht die Spannweite vom generellen Verbot sichtbarer religiösen Symbole in Berlin[10] bis zur Erlaubnis der Darstellung christlicher und abendländischer Bildungs- und Kulturwerte oder Traditionen bei sonstigem Verbot religiöser Äußerungen in Baden-Württemberg[11]. Einen Einspruch gegen die letztere Regelung lehnte das Bundesverwaltungsgericht ab, u. a. mit der Feststellung, das Gesetz enthalte trotz der Erwähnung christlicher und abendländischer Bildungs- und Kulturwerte keine Bevorzugung christlicher Religionen (Plural!).[12]

An den Entscheiden der Bundesgerichte sind zwei Aspekte wichtig:
– Sie behandeln die Kopftuch-Frage als exemplarischen Fall zur Klärung der Einflussmöglichkeiten des Islams auf die öffentliche Schule, und sie sehen darin das allgemeine Problem von Ort und Stellenwert religiöser Bekenntnisse in der Schule sowie das generelle Verhältnis von Staatswesen und Religionsgemeinschaften tangiert.
– Sie unterscheiden zwischen Religion als Bestandteil abendländischer Bildungs- und Kulturwerte und Religion als aktiv gelebter und bekennender Glaube.

Diese Aspekte machen es erforderlich, bei der Diskussion über »den« Islam in der Schule die rechtliche Stellung von Christentum und Islam in Staatswesen und Schule einzubeziehen. Dies ist umso notwendiger, als in die ganze Fragestellung Bewegung gekommen ist. Auslöser sind der Karikaturenstreit im Frühjahr 2006 und der in Berlin – angeblich wegen eines gerichtlich erstrittenen Islamunterrichts[13] – ab Schuljahr 2006/07 stattfindende Ethik-Pflichtunterricht für alle Schüler und Schülerinnen ab der 7. Klasse.

II. Die rechtliche Stellung von Christentum und Islam in Staat und Schule

In Deutschland hat sich nach jahrhundertelangen Auseinandersetzungen ein spezielles Staats-Kirchen-Verhältnis ausgebildet[14]. Es findet seinen Ausdruck in der Weimarer Verfassung und den entsprechenden Artikeln des Grundgesetzes[15]. Sie sind von einer »verständigen Kooperation« bestimmt, die ihrerseits auf der wechselseitigen Anerkennung der jeweiligen Aufgabenbereiche und Kompetenzen beruht[16].

Das Grundgesetz verneint in Übernahme von Art. 137 der Weimarer Verfassung zwar eine *Staatskirche*[17], das heißt: eine Kirche unter staatlicher Lenkung. Es folgt aber weder einem laizistischen Modell[18], noch – das wird z.T. übersehen – dem einer strikten Trennung von Kirche bzw. Religionsgemeinschaften und Staat[19]. Vielmehr geht es um Trennung bei gleichzeitiger Verbindung[20], damit um einen Sachverhalt, der mitunter mit den missverständlichen Formulierungen »hinkende Trennung«[21] oder »balancierte Trennung«[22] umschrieben wird. Er findet seinen Ausdruck im Art. 7/3 GG, also in der Konstruktion des Religionsunterrichts als res mixta von Staat und Religionsgemeinschaft[23]. Danach stellt der Staat den Bedingungsrahmen und wacht über die Verfassungsgemäßheit des Unterrichts. Die jeweilige Religionsgemeinschaft verantwortet seinen Inhalt[24]. Dem entspricht die Stellung der christlichen Religionslehrkraft als Beauftragte von Staat und Kirche gleichermaßen[25].

Art. 7/3 GG bedeutet kein Kirchenprivileg, im Gegenteil: Mit Art. 140 GG bzw. den dort übernommenen Artikeln der Weimarer Verfassung von 1919 werden die Regelungen von Art. 7/3 auf *alle* Religions- und Weltanschauungsgemeinschaften ausgedehnt. Das bedeutet, dass das Staatskirchenrecht *säkulares Rahmenrecht* geworden ist[26]. Es gilt *einheitlich, allgemein und gleich* für alle Religionen[27]. Es ist nach dem Staatskirchenrechtler M. Heckel der weite weltliche Schutzmantel für das besondere geistliche Glaubens- und Freiheitsverständnis der Individuen und der so verschiedenen Religionsgemeinschaften, welches das Schutzgut des religiös neutralen, freiheitlichen Verfassungsstaates bildet. Deshalb liegt der Sinn der säkularen Religionsfreiheitsgarantie nicht etwa darin, den Grundrechtsträger staatlicherseits von seiner Religion zu »befreien«, sondern dies auszuschließen.[28]

Folgt aus der Geltung von Art. 7/3 für alle Religionsgemeinschaften auch ein generelles Äquidistanzverhältnis unseres Staates zu allen Religionen und Weltanschauungsgemeinschaften? Und umgekehrt: Haben sie gleiche Bedeutung für das deutsche Staatswesen und seine Schulen? Das Landesverfassungsgericht Brandenburg bejahte dies im Jahr 2005: »Ungleichbehandlungen widersprechen der für und gegen jede Religion und jede Weltanschauung geltenden staatlichen Neutralität«[29]. Entsprechend fordert Chr. Hohmann-Dennhardt gleiche Distanz zu allen Religionen und D. Grimm – auch wegen des von ihm vorausgesetzten steten Rückgangs der Religion – eine Normalität der Indifferenz des Staates[30]. Diese Sicht ist nicht nur deshalb zu bestreiten, weil strikte staatliche Neutralität eine Utopie ist. Sie widerspricht auch dem Grundsatz der Religionsfreiheit: Da Religion eine korporative, öffentliche Gestalt besitzt, hat die Neutralität des Staates den Charakter einer fördernden Neutralität anzunehmen. So hat das Bundesverfassungsgericht es formuliert.[31]

Staatsrechtler bzw. Staatskirchenrechtler wie Leopold Turowsky präzisieren: Das Grundgesetz sei zwar »konfessionsneutral«, aber nicht »religionsneutral«[32]. Paul Kirchhof greift diesen Gedanken auf und stellt fest: »Behandelte der Staat ... alle Religionen als gleich, so fehlte ihm jegliche Urteilskraft. Er gefährdete durch Beurteilungs- und Entscheidungsschwäche seine eigene Zukunft als Verfassungsstaat. ... Die These, wegen der gleichen Religionsfreiheit für jedermann müsse der Staat alle religiösen Äußerungen und Institutionen gleich behandeln, ist deshalb falsch.« Joseph v. Eichendorffs 1832 auf dem Hambacher Fest gesprochenes Wort »Keine Verfassung ... garantiert sich selbst« mache deutlich: »Der Staat ist darauf angewiesen, daß ihm die ethischen Voraussetzungen für sein Gelingen von außen zukommen«. P. Kirchhof setzt dabei auf Quellen von Freiheitskultur und Freiheitsethos, die er vor allem in familiären, wissenschaftlichen und religiösen Kulturträgern, den Familien, den Universitäten und den Kirchen findet.[33]

Nichts soll damit nach P. Kirchhof gegen das im Grundrechtsteil der Verfassung verbürgte Recht auf ungestörte Religionsausübung gesagt sein. Der Staat aber ist im Unterschied zu seinen Bürgern nicht freiheitsberechtigt, sondern freiheitsverpflichtet. Bei der Förderung einer Religionsgemeinschaft wird er daher entscheiden müssen, welche kirchlichen Lehren und Lebensformen seine Kultur tragen und historisch entfaltet haben, welche Lehren für ihn eher schädlich und hinderlich sind. Dass der Islam – so Daniel Deckers – unter diesem Aspekt wohl nicht zu den Privilegierten des Staatskirchenrechts gehören kann, liegt nahe.[34] Gebe es doch muslimische Stimmen, die sagen: Für sie gälten nur die muslimischen Gesetze, und nach diesen zu leben, garantiere das Grundgesetz. Es sei der Scharia untergeordnet[35]. Konfliktträchtig ist diese Ansicht vor allem im Strafrecht, sowie im Ehe- und Familienrecht[36].

Uwe Volkmann macht in diesem Kontext auf brisante Auswirkungen in der Rechtsentwicklung aufmerksam. Für sie könnte der Kopftuch-streit nur ein Vorspiel sein, das in Auseinandersetzungen um *Burka*, *Dschilbab* oder *Niqab* womöglich seine Fortsetzung findet[37]. Es beste-he die Gefahr, dass das hohe Gut der Glaubensfreiheit unsere Rechts-ordnung auflöst und Forderungen einzelner Gruppen nach immer neuen Sonderrechten unser Gemeinwesen zerstören[38].

All das zeigt: Der Ort des Islams im Staatsreligionsrecht ist noch nicht gefunden. Deshalb scheint die derzeitige Erscheinungsform des Islams in Deutschland – noch? – keine Gleichstellung mit den großen christlichen Glaubensgemeinschaften zuzulassen. Das legen zumindest Äußerungen wie die von M. W. Hofmann nahe, Mitglied des Zentral-rats der Muslime in Deutschland. Er tritt für den Islam als eine staats-tragende Religion in Deutschland ein und fordert zugleich, dass der Koran zum Grundgesetz des Staates gemacht wird.[39] Die vom Berliner Innenministerium eingesetzte Deutsche Islamkonferenz hat u. a. den Auftrag, das Verhältnis von Grundgesetz und Koran zu klären. Sie soll durch eine Art »Gesellschaftsvertrag« die rechtspolitischen Vorausset-zungen schaffen, die einen Einklang des Islams mit unserer demokrati-schen Verfassungsordnung sicherstellen[40].

Die Frage einer Gleichstellung des Islams mit dem Christentum im Staats-Kirchen-/Religionsrecht hat einschneidende Bedeutung für die Gleichstellung eines islamischen Unterrichts mit dem christlich-kon-fessionellen Religionsunterricht in der öffentlichen Schule. Eine wich-tige Voraussetzung ist, zu klären, ob islamische Gemeinschaften den Status einer Körperschaft des öffentlichen Rechts haben bzw. erhalten, und ob er für die muslimische Gesamtgemeinschaft gilt bzw. gelten soll oder auch für Einzelgemeinschaften.[41] An der Antwort entscheidet sich die Trägerschaft des islamischen Unterrichts an öffentlichen Schu-len. In letzter Zeit hat sich die Ansicht durchgesetzt, es genüge, wenn der Träger vereinsrechtlich organisiert sei, z. B. als Elternverein[42]. Doch in welchem Verhältnis stehen solche Vereine zu den Muezzinen (Ge-betsrufer) umliegender Moscheen, zu ihren Imamen (Vorbeter) und Hodschas (Lehrer, z.T. identisch mit den Imamen)? Vertritt der Verein auch nichtorganisierte Muslime? Es gibt keine dokumentierte Mit-gliedschaft in der Umma, der muslimischen Gemeinschaft. So ist das Vertretungsrecht von Elternvereinen ungeklärt[43]. Aus diesem Grund ist generell zu raten: Schulleitungen und Lehrkräfte, die Kontakte mit muslimischen Gruppierungen aufnehmen oder pflegen wollen, sollten sich vorher bei staatlichen Stellen oder kirchlichen Islambeauftragten informieren, mit welchen Gesprächspartnern sie es zu tun haben bzw. an welche sie sich wenden sollen[44].

Doch auch nach Klärung der Trägerschaft bleibt ein wichtiges Problem offen: Schließt die Gleichstellung eines islamischen Religionsunterrichts mit dem christlich-konfessionellen Unterricht auch die Gleichbehandlung und -berücksichtigung von Christentum und Islam beim religiösen Erziehungshandeln in der öffentlichen Schule ein? Konkret: Ist die Schulleitung gehalten, muslimische Eltern in der religiösen Erziehung ihrer Kinder aktiv zu unterstützen, etwa darauf zu achten, dass Mädchen das Kopftuch im Unterricht tragen, wenn es Eltern wünschen? Und ist der Schulträger verpflichtet, gemäß der Kruzifix-Regelung im Klassenzimmer neben dem Kreuz den Halbmond anzubringen?

Diese Fragen lenken zurück zum zweiten wichtigen Aspekt der Gerichtsentscheide zum Kopftuchstreit: auf die Unterscheidung zwischen Religion als Bestandteil abendländischer Kultur und Religion als aktiv gelebter und bekennender Glaube. Das Bundesverwaltungsgericht bekräftigt in seinem Urteil zum Schulgesetz des Landes Baden-Württemberg das religiöse Neutralitätsgebot für die öffentliche Schule mit Ausnahme des Religionsunterrichts. In allen anderen Fächern ist es untersagt, religiöse Lehr- und Lerninhalte mit bekenntnishaftem oder missionarischem Geltungsanspruch zu verbinden. Sie dürfen lediglich als christliche und abendländische Bildungs- und Kulturwerte – bzw. als Bildungs- und Kulturwerte anderer »Konfessionen (!) und Weltanschauungen« – Gegenstand des Unterrichtes sein[45]. Das Gericht beruft sich hierbei auf den Grundsatz der staatlichen Neutralität und führt aus: »Die Darstellung christlicher und abendländischer Bildungs- und Kulturwerte von neutraler Warte ist etwas anderes als die Bekundung eines individuellen Bekenntnisses. Das eine hat mit dem anderen nichts zu tun.« Der Begriff des Christlichen bezeichne nämlich ungeachtet seiner Herkunft aus dem religiösen Bereich eine von Glaubensinhalten losgelöste, aus der Tradition der christlich-abendländischen Kultur hervorgegangene Wertewelt, die erkennbar auch dem Grundgesetz zugrunde liegt und unabhängig von ihrer Fundierung Geltung beansprucht.[46]

Auf dieses Urteil stützte sich im Juli 2006 das Verwaltungsgericht Stuttgart in einem neuen Kopftuch-Verfahren (Fall D. Graber). Sich darauf berufend, wies es darauf hin, dass an einer baden-württembergischen Schule drei Ordensfrauen weltliche Fächer im Habit unterrichten. Angesichts des im Grundgesetz verankerten und vom Bundesverfassungsgericht nachdrücklich betonten Grundsatzes strikter Gleichbehandlung verschiedener Glaubensrichtungen sei einer muslimischen Lehrerin das Tragen einer Kopfbedeckung im Unterricht zu gestatten[47]. Gegen das Urteil hat die Landesregierung Baden-Württemberg Beschwerde beim Verwaltungsgerichtshof Mannheim eingelegt. In ihm werde Ungleiches gleichgesetzt, sofern die Ordenstracht keine Aufforderung an Schüler oder Schülerinnen darstellt, sie zu übernehmen. Im Gegenteil, sie soll gerade den Sonderstatus der Ordensfrauen deutlich machen. Das Kopftuch ist dagegen ein steter Appell an alle muslimischen Schülerinnen, es ebenfalls umzubinden.

Doch schon die vorangegangenen Entscheide der Verwaltungsgerichte fordern zu Rückfragen heraus. Sie klangen bereits anlässlich des 1995 vom Bundesverfassungsgericht gefällten Kreuzurteils an, als Richter D. Grimm die »weichgespülte« Interpretation des Kreuzes als Ausdruck der vom Christentum mitgeprägten abendländischen Kultur kritisierte[48]:

Worin bestehen von neutraler juristischer Warte aus gesehen bekenntnisfreie christliche Bildungs- und Kulturwerte? Können sie ohne konkreten Bezug zur christlichen Glaubensgemeinschaft, und kann der Begriff »Christlich« ohne Füllung mit konkreten Glaubensinhalten in der Schule vermittelt werden? Diese Fragen berühren einen zentralen Punkt der Diskussion um das Fach Lebensgestaltung-Ethik-Religionskunde (LER) in Brandenburg und das Fach Ethik in Berlin. Die Antwort lautet: nein. So haben Kirchen und Israelitische Kultusgemeinde beiden Fächern gegenüber immer wieder darauf hingewiesen, dass zu Glaubens- und Weltanschauungsfragen keine Aussagen von einer überlegenen, jenseits oder oberhalb der eigenen konkreten geschichtlichen Lage vermittelnden Position her möglich sind[49]. Das heißt, dass eine Wertewelt nur von einem expliziten oder zumindest impliziten religiös-weltanschaulichen Standpunkt aus dargestellt und beurteilt werden kann.

Ferner: Was ist mit der Aussage gemeint, die Wertewelt des Grundgesetzes sei zwar christlich fundiert, aber unabhängig davon gültig?

Die »christliche Fundierung« kann nicht nur für die *Genese* dieser Wertewelt gelten. Sie ist in *ihrem Fortbestand* auf ständige Legitimierung durch eine Interpretationsgemeinschaft angewiesen, und diese folgt stets religiösen oder ideologischen Deutungsparadigmen. Hierbei hat die christlich-reformatorische Weltsicht eine für das Staatswesen des Grundgesetzes unverzichtbare Besonderheit: Sie vertritt den Grundsatz der Gewaltenteilung. Er basiert auf der grundlegenden Unterscheidung zweier Herrschaftsweisen Gottes: dem geistlichen und dem weltlichen Regiment. Das eine geschieht durch seinen Geist nach dem Evangelium, das andere über die von ihm geschaffenen kreatürlichen Ordnungen. Beide sind für sich eigenständig – doch innerhalb einer Wirklichkeit, die als ganze sub specie Dei steht: in der Verantwortung vor Gott und im Dienst seines Schöpfungs- und Erhaltungswillens.

Diese Sicht ist dem im Islam mehrheitlich vertretenen Verständnis partiell strukturanalog – und doch an zentraler Stelle davon geschieden.

III. Islam und Schulleben

1. Islam als umfassende Lebensform

Schon im 19. Jahrhundert forderte der Dschadidismus, ein tatarischer »Reform-Islam« in Russland, die Trennung von Religion und Staat. Gegenwärtig tendiert u. a. Abdolkarim Sorusch zu einer Art islamischer »Zwei-Regimente-Lehre«[50].

Für den heutigen Mainstream ist jedoch die Wirklichkeit von *tawhid* bestimmt, das heißt: vom Wissen um die Einheit allen Seins. In diesem Sinn ist der Islam universal[51]. Er hat eine kollektive Identität[52] und ist eine homogene Lebensform, in der alles interdependent ist[53]. Das fordert ganzheitliches Denken, bei dem Diesseits und Jenseits keine zwei getrennten Welten sind[54]. Dementsprechend fallen nicht nur Offenbarung und Vernunft[55] zusammen, sondern – gegen christliche Sicht und Intention des Grundgesetzes – auch religiöse und weltliche Gemeinschaft. Dies ist selbst im türkischen Laizismus noch spürbar. In ihm sind Staat und Moschee verschränkt, und der Islam durch das Amt für Religionsangelegenheiten (Diyanet) quasi verstaatlicht[56]. Exemplarisch zeigt sich die Einheit von Weltlichem und Religiösem bei M. Iqbal, der sich als Mittler zwischen islamischem und europäischem Denken verstand. Er sagte in seiner berühmt gewordenen »Pakistanrede« am 29. Dezember 1930: »Die Wahrheit ist, dass Islam keine Kirche ist. Er ist ein Staat, als kontraktueller Organismus begriffen, lange bevor Rousseau überhaupt so etwas denken konnte.«[57] Urbild des Organismus ist die umfassende Umma der Gläubigen (verwandt mit Umm, Mutter). Ihr sind die modernen Nationen und Staaten im Grunde fremd[58], und sie teilt Welt und Menschheit in Innen und Außen, »in Ehre und Schande, in Gut und Böse«[59].

Kommunikationsmittel der Umma sind die herkömmlichen Printmedien (Literatur und Zeitungen wie die in Deutschland zwischen wertkonservativ und islamistisch schwankende Islamische Zeitung). Hinzu kommen Fernsehsender wie Al-Dschasira und, vor allem, das Internet. Auf zahllosen Web-Seiten geben Fatwa-Online-Dienste Antwort auf fast alle Fragen muslimischer Existenz, und die Gläubigen können sich an Diskursen über Glaubensfragen, Ethik und Politik beteiligen. Muslimische Gruppen und Organisationen nutzen das Internet zur Selbstdarstellung und Mission.[60]

Symbol der Umma ist die Moschee. Sie ist ebenso Anbetungsstätte wie allgemeines Aktionszentrum. Sie kann politisches Forum sein, Stätte vielfältiger Bildungseinrichtungen, Ort der Heimat- und Kulturpflege. Sie bietet Raum für den Verkauf rituell reiner Lebensmittel, für religiöse Literatur und Devotionalien, für Dienstleistungen wie Spendenbetreuung, Mekkareisen und Überführung von Verstorbenen in ihre Herkunftsländer. Sie ist Standort für Hilfswerke, Frauen-, Jugend-, und Studentenvereinigungen[61]. Und nicht zuletzt »Zufluchtsort« muslimischer Frauen, den sie ohne ihre Männer besuchen können[62]. In all dem wird der Grundcharakter des Islams als »Orthopraxie«[63] konkret.

Dieser Grundcharakter des Glaubens in praktischem Vollzug hat auch für den Bereich des Erziehungswesens Bedeutung, speziell für den Bereich der Schule. Dort fordert er, dass muslimische Glaubens- und Lebensäußerungen nicht auf bloße Unterrichtinhalte begrenzt werden. Die Forderung gilt selbst dann, wenn die Gleichberücksichtigung und -behandlung des Islam mit dem Christentum im Erziehungshandeln der öffentlichen Schule verneint wird. Das bedeutet: *Jede Form von islamischer Präsenz in der Schule schließt – wenn man ihr gerecht werden will – muslimische praxis pietatis ein.*

Islam in der Schule wirft damit in neuer Weise die Frage nach der religiösen Dimension im öffentlichen Schulwesen auf.

2. Islam und die religiöse Dimension im öffentlichen Schulwesen

Das Selbstverständnis des traditionellen Islams stellt jenes der deutschen Schule zur Diskussion. Dabei wird u. a. in Baden-Württemberg, Rheinland-Pfalz und Bayern die Verfassungslage berührt. Im Grund-, Haupt- und Förderschulwesen Bayerns löste 1967 aufgrund eines Volksentscheids die *christliche Gemeinschaftsschule* die Bekenntnisschule ab und wurde durch Art 135 in der Bayerischen Verfassung verankert[64]. Ihre *verbindliche* Konkretisierung fand sie in den 1967 von beiden großen Kirchen formulierten und 1988 bestätigten *Leitsätzen für den Unterricht und die Erziehung nach gemeinsamen Grundsätzen der christlichen Bekenntnisse an Grund-, Haupt- und Sonderschulen* (Förderschulen)[65]. Ihre »Zielsetzungen« (S. 4) lauten:

(1) »Lehrer, die auf der Grundlage des christlichen Verständnisses von Menschen unterrichten und erziehen, sind sich bewußt, daß jedes menschliche Leben einzigartigen Wert hat. Sie werden sich deshalb bemühen, die ganzheitliche Entwicklung ihrer Schüler nach Kräften zu fördern.«

(2) »Ehrfurcht vor der Schöpfung Gottes fördert und stärkt das Verantwortungsbewußtsein für das Leben jeder Art.« (S. 5)

(3) »In den Geboten Gottes, vor allem im Liebesgebot Jesu, sind den Menschen Werte und Maßstäbe für verantwortliches Handeln gegeben.« (S. 6)

(4) »Christliche Lebensgestaltung schließt immer auch ein, für den Mitmenschen offen zu sein und sich ihm zuzuwenden.« (S. 7)

(5) »Ohne Bereitschaft zu Vergebung und Versöhnung ist ein menschliches Zusammenleben nicht möglich. In dem Maß, wie in der

Schule Vergebung und Versöhnung geübt werden, wird sie zu einer menschlichen Schule.« (S. 8)

(6) »Der Gott der Hoffnung hilft uns, die Ängste des Lebens zu bewältigen und mit Vertrauen in die Zukunft zu gehen«. (S. 9) Die Zielsetzungen 1–4 und 6 sind wohl zwischen Christen und Moslems unstrittig, nicht aber Satz 5. Zu ihm führen die Leitsätze aus: »Christliche Erziehung rechnet damit, dass auch in der Schule menschliches Versagen und Schuld vorkommen. Zugleich lebt der Christ von dem Glauben, daß uns Jesus Christus durch seinen Tod am Kreuz erlöst und von der Schuld befreit hat.« (S. 7). Diese Aussage widerspricht zentralen Lehren des Korans.

In Bayern gelten zudem neben Art. 135 BayV für alle Schulen »Oberste Erziehungsziele«. Zu ihnen zählt »Ehrfurcht vor Gott« (Art. 1 BayEUG). Auch dieses Ziel ist – ähnlich wie in Baden-Württemberg – in der Verfassung verankert (Art. 131). Es bezieht sich nach dem Willen der Verfassungsgebenden Landesversammlung nicht auf einen abstrakten »Verfassungsgott«, sondern auf Gott nach christlichem Glauben. Andererseits verlangen Art. 131/2 bzw. Art. 136/1 BayV: »An allen Schulen sind beim Unterricht die religiösen Empfindungen aller zu achten.«[66]

Wie lassen sich diese Vorgaben zur Deckung bringen und in die Schulwirklichkeit umsetzen? Die Frage wirft im Blick auf den Islam grundsätzliche und auch praktische Probleme auf:

– Wie weit sollen bzw. müssen sich im Zeichen von Integration und Identität muslimische Jugendliche an das Schulleben hierzulande anpassen und die in der Schule vertretenen Werte und Normen übernehmen? Wie weit haben sie bzw. ihre Eltern das Recht, auf die Berücksichtigung eigener Traditionen und Vorstellungen zu bestehen? In welchem Umfang, in welcher Form und in wessen Verantwortung kann das religiöse Jahr des Islams an öffentlichen Schulen begangen werden?[67] Müssen an allen von muslimischen Jugendlichen besuchten Schulen Gebetsräume eingerichtet werden? Wie soll und kann auf den *Ramadan* Rücksicht genommen werden? Welche kultischen Riten sollen und können in Schulen vollzogen werden? Wie verhält es sich etwa mit dem rituellen Tagesgebet, speziell an Ganztagsschulen? Kann hierzu vom Unterricht dispensiert werden?

– Wie wirkt sich die Ausübung muslimischer praxis pietatis auf die nichtmuslimischen Jugendlichen aus? Wie weit dürfen und können sie von ihr betroffen sein? Dürfen und sollen sie sich an islamischen Aktivitäten beteiligen? Haben muslimische Schüler ein Anrecht auf ein allgemeines islamisches Schulgebet und wie verhalten sich christliche in diesem Fall?

– Im Rahmen von Wahlunterricht, Arbeitsgemeinschaften und außerunterrichtlichen Aktionen müssen auch Aktivitäten islamischer Prägung angeboten werden können. Das betrifft vor allem Schulen mit Nachmittagsunterricht bzw. -betreuung. Soll es für solche Aktivitäten spezielle Richtlinien und Vorschriften geben?

Diese und weitere Fragen sind nicht en passant zu beantworten. Sie sind Teil eines umfangreichen staatskirchenrechtlichen, soziologischen und religionstheologischen Komplexes. Die verfassungsrechtlichen Vorgaben verlangen, dass bei seiner schulischen Konkretion sowohl dem Minderheitswillen als auch dem Mehrheitswillen Rechnung getragen wird. Dabei sind durch ebendiese Vorgaben zwei Wege versperrt: die Probleme durch Verzicht auf alle religiösen Komponenten in der Schule laizistisch zu umgehen[68] – oder aber die unterschiedlichen Bekenntnisse ohne ausdrückliche Zustimmung ihrer Glaubensgemeinschaft »interreligiös« zu harmonisieren. Diese Zustimmung jedoch ist nicht möglich[69]. Eine weitere Schwierigkeit kommt hinzu: Welche islamische Instanz ist bereit und legitimiert, die anstehenden Fragen mit den zuständigen Instanzen von Staat und – in »interreligiösen« Fragen – den Kirchen zu regeln?

Die Belange der islamischen Minderheit und der christlichen Mehrheit in der öffentlichen Schule gleicherweise bzw. gleichrangig zu berücksichtigen, scheint der Quadratur des Kreises zu gleichen. Als Lösung bietet sich eine Entflechtung des Problems an, und zwar durch unterschiedliche Akzentsetzungen in der Beziehung zwischen Identität und Integration.

Die volle Berücksichtigung muslimischer Interessen und Bedürfnisse ist lediglich dann gewährleistet, wenn der schulische Schwerpunkt auf Erhalt der islamischen Identität gelegt wird. Das heißt: Sie ist nur dadurch zu sichern, dass zusätzlich zum bestehenden Schulwesen allgemeinbildende Schulen mit islamischem Bekenntnischarakter eingerichtet werden. Eine solche Entwicklung ist seit einigen Jahren in Großbritannien und in den Niederlanden zu beobachten. Dort kam es zu einem sprunghaften Anstieg muslimischer Privatschulen[70]. In Deutschland dagegen zeigt sich ein entgegengesetzter Trend. Hier verstärkt sich die Tendenz christlicher bzw. nichtmuslimischer Eltern, ihre Kinder aus dem öffentlichen Schulwesen abzumelden und auf kirchliche Schulen zu schicken. Eine Reihe von ihnen muss bereits Bewerber aus Kapazitätsgründen ablehnen[71].

Allgemeinbildende Schulen mit islamischem Bekenntnischarakter sollten in Deutschland den öffentlichen Schulen gleichgestellt sein: unter gleicher staatlicher Oberaufsicht und gleicherweise staatlich finanziert. Mit der Orientierung an islamischer Identität kann zwar die Gefahr von Desintegration verbunden sein, wie sie sich bei der Bonner König-Fahd-Akademie zeitweise andeutete[72]. Das muss aber nicht zwangsläufig der Fall sein. Im Gegenteil. Wenn die Lehrkräfte solcher Schulen ihre Schüler verantwortungsvoll auf ihrem Weg begleiten, dann können sie eine Brücke schlagen zwischen islamischer Identität und Integration in die deutsche Mehrheitsgesellschaft. Das geschieht, indem sie Intentionen der islamischen Reformer aufnehmen; es geschieht aber auch, indem sie auf dem Boden des Grundgesetzes und parallel zum christlich-konfessionellen Religionsunterricht zum Zusammenleben und -arbeiten im Zeichen von Konvivenz befähigen, d. h. zur Kooperation mit Andersdenkenden in Schule und Alltag. Hierbei können sie in ihren bekenntnishomogenen Lerngruppen die mit Identität und Integration zusammenhängenden Probleme intensiver und ungeschützter bearbeiten, als dies in Klassen der Fall ist, in denen nichtmuslimische Mithörer anwesend sind.

Komplementär zu den Schulen mit islamischem Bekenntnischarakter ist nach diesem Modell das herkömmliche allgemeinbildende Schulwesen abendländisch-christlich geprägt. Das schließt nicht aus, dass auch in diesen Schulen Islam und islamische religiöse Erziehung einen Ort hätten. Schon die Rechtslage würde das erfordern. Aber die islamischen Bildungsvorstellungen wären den abendländischen bzw. dem christlichen religiösen Schulleben nachgeordnet[73]. Deshalb würde zwar der Islam ein Querschnittsthema der Unterrichtsarbeit sein. Die Vermittlung islamischer Identität aber wäre im wesentlichen auf das Fach islamischer Religionsunterricht beschränkt. Sie hätte hier unter den gleichen Bedingungen wie in den islamischen Schulen mit Bekenntnischarakter zu erfolgen.

Im Folgenden wird vorwiegend auf das zuletzt genannte Schulwesen Bezug genommen.

3. Islam und schulische Allgemeinbildung

Zu welchem Ergebnis die Überlegungen zur Struktur des künftigen Schulwesens in Deutschland auch führen werden, in allen Fällen gilt: Der Bereich von Religion und Religiosität ist wesentlicher Teil der allgemeinen »staatlichen *Kulturaufgabe*«[74] von Schule. Sie hat daher dem Islam und seinen Lebensformen als integralen Elementen unserer gesellschaftlichen Wirklichkeit Rechnung zu tragen. Doch auf welche Weise soll das geschehen? Die Antwort setzt eine Verständigung über den Begriff ›schulische Allgemeinbildung‹ voraus. In der deutschen Tradition war sie überwiegend Sache der Geisteswissenschaften. In letzter Zeit verloren diese weithin ihre Funktion zugunsten eines Primats der Ökonomie[75]. Globalisierung, Standortsicherung, Wettbewerb, Kosten-Nutzen-Rechnung, Effizienzsteigerung wurden die beherrschenden Themen im öffentlichen Bewusstsein wie in der pädagogischen Diskussion. Allgemeinbildung besteht dann in funktionsgerechter *Ausbildung für den Erwerbsprozess* im Sinn des Verfügens über hinreichendes Anwendungswissen und -fertigkeiten zur künftigen beruflichen Lebensgestaltung.

Aber schulische Allgemeinbildung ist mehrdimensional. Sie enthält zwar Elemente der Berufsvorbereitung. Sie geht jedoch nicht darin auf. Zu ihr gehören Kenntnisse über das kulturelle Erbe im weiten Sinn, Fähigkeiten zu gegenwärtiger und zukunftsfähiger Lebensbewältigung und, in besonderer Weise, Orientierungswissen mit appellativem Charakter. Dieses Wissen besteht in der reflexiven Fähigkeit, Wirklichkeit zu erkennen, sowie aus einem übergreifenden Horizont heraus strukturierend zu deuten und zu gestalten. Die wesentlichen Momente hierfür ergeben sich aus dem unseren Lebensraum prägenden abendländischen Bezugsrahmen. Zu ihm gehören mindestens vier Determinanten: die Antike, das Christentum, die damit korrelierende Aufklärung bzw. die nachaufklärerische Moderne – und die Welt des Islam.

Stark vereinfacht gesagt: Der Beitrag der Antike ist vor allem ihr künstlerisches und philosophisches Erbe[76]. Das Christentum, auf dem Boden des Judentums stehend, bringt weitere Kulturleistungen ein, speziell die Gewaltenteilung, den biblischen Personbegriff und, daraus folgend, die Grundlage der Menschenrechte. Die Aufklärung und die nachaufklärerische Moderne öffnen den Weg für Pluralität und Säkularisierung. Pluralität steht dabei für Vielfältigkeit und Vielspältigkeit ohne – auch ohne westliche – Herrschaftsansprüche, Säkularisierung für »Einhegung« der Religion[77].

Die islamische Welt hat speziell im Mittelalter den abendländischen Kulturkreis bereichert, sofern sie die große kulturelle Tradition der Antike bewahrte und z.T. eigenständig entfaltete. »Es gehört zu den aufregendsten neueren Erkenntnissen der westlichen Orientalistik, dass der Anteil des Islam am westlichen Selbstverständnis weit größer ist als bisher angenommen«[78]. Derzeit möchte zumindest der Zentralrat der Muslime in Deutschland am kulturellen Leben teilhaben und im Übergang von der Moderne zur Postmoderne einen entscheidenden Beitrag zur Bewältigung von Krisen leisten.[79] Diese Intention ist nicht zuletzt für den Schulbereich zu begrüßen. Hier kam es durch die gesellschaftlichen Entwicklungen im Blick auf weltanschaulich-religiöse Problemstellungen und philosophisch-theologische Wirklichkeitsdeutungen nicht nur zu einem Kompetenzverlust bei den Schülern, sondern auch bei Lehrkräften.

Angesichts dieser Entwicklung kann die ›Einwanderung des Islam in die Schule‹ der Diskussion über den Orientierungsrahmen schulischer Allgemeinbildung wichtige Impulse geben. So löste 1998 die Anerkennung des Dachverbands Islamische Föderation als Religionsgemeinschaft in Berlin und die damit verbundene Ermöglichung eines islamischen Unterrichts als ordentliches Lehrfach an den öffentlichen Schulen eine grundsätzliche Debatte über Rolle und Funktion von Religion in der Schule aus. Es zeigte sich, dass die Präsenz des Islams nicht nur das Gewicht der religiösen Dimension im ›Gesamtkonzert‹ der schulischen Arbeit erhöht. Die durch ihn aufgeworfenen strittigen Fragen verlangen von den schulisch Verantwortlichen darüber hinaus, sich in einem neuen Kontext mit der allgemeinbildenden Funktion von Religion und Glaube zu befassen:

– Religion und Glaube sind entscheidende Triebkräfte für viele gesellschaftliche, politische (und militärische) Prozesse in Europa, für Lebensart, Wissenschaft, Kunst und Kultur.
– Sie bieten Deutungsparadigmen zur Orientierung angesichts der zunehmenden Unübersichtlichkeit unserer Lebenswelt, sowie Angebote zur Bewältigung der damit verbundenen Herausforderungen.

– Sie öffnen den Blick auf die »Wirklichkeit hinter der Wirklichkeit« und auf Beziehungen zwischen beiden.

Außerdem müssen sich die schulisch Verantwortlichen mit einem Vorgang von großer Tragweite auseinandersetzen. Sieht man vom Sonderfall des mosaischen Glaubens ab, konkurrieren mit dem Nebeneinander von Christentum und Islam erstmals zwei teils unterschiedliche, teils gegensätzliche religiöse Wirklichkeitsdeutungen im deutschen allgemeinbildenden Schulwesen. Dadurch kommt es zu einer Horizonterweiterung des Lehrens und Lernens, die eine mögliche Selbstbezogenheit westlichen Denkens und Argumentierens korrigiert. Daneben wirken die Selbstbehauptungskraft und der Widerstand des Islams gegen Vereinnahmung in das schulische Lernen hinein. Sie können einen Anstoss dazu geben, die im Bereich von Glaube und Weltanschauung weithin vorherrschenden integrativen Denkmodelle zu überprüfen, wonach sich im Sinne von G. W. F. Hegels (missverstandenem) Satz: »Das Wahre ist das Ganze.«[80] alles irgendwie mit allem zusammenfüge. Mit seinem Beharren auf Eigen-Art gibt der Islam Impulse dafür, im vielstimmigen Chor der öffentlichen Meinung selbst eigene Standpunkte zu erarbeiten und gegen andere selbstbewusst zu vertreten[81].

Die aus der christlich-mulimischen Begegnung erwachsende Erfahrung unabgleichbarer Widersprüchlichkeit macht die schulische Arbeit anschlussfähig an die Sicht der Zweiten Moderne[82]. Diese setzt auf ein offenes, *multiples* Feld konfliktvoll konkurrierender Wissensakteure. Sie öffnet sich dabei für Fragen des Nicht-Wissen-*Könnens* und des Nicht-Wissen-*Wollens*, aber auch für das fremde Wissen – die Fremdperspektive[83]. So verstanden vollzieht sich Erkenntnis im Plural, verläuft sowohl *konvergent* wie *divergent* und lässt die moderne Lebens*welt* als Lebens*welten* erscheinen. Ihr Leitmotiv lautet »Vielspältigkeit«[84], ihre *Methode* ist der Dissens/der Streit[85], und ihr *Ziel* die Akzeptanz der Widersprüchlichkeit[86].

Mit alledem wird Schule zum Einübungsfeld dafür, was es in einer religiös und weltanschaulich zerspaltenen Welt bedeutet, mit Konflikten zu leben. Um hierbei zu bestehen, bedarf es der Erarbeitung und konkreter Realisierung von Streitkultur in Glaubens- und Weltanschauungsfragen.

– Bestandteile dieser Streitkultur sind einerseits die eigene Positionierung, sowie die Fähigkeit und Bereitschaft, sie kritisch zu hinterfragen. Hinzu kommen die Kompetenz, Konfliktbereiche sachgerecht zu erfassen, Widerspruch bzw. Kritik angemessen zu artikulieren, schließlich das Bemühen, konstruktiv an der Bewältigung bzw. Beherrschung von Konflikten zu arbeiten.

– Andererseits gehört zu dieser Streitkultur eine Haltung, die oberflächliche Dialoge und scheinbare Harmonisierungen ebenso vermeidet[87] wie Toleranz nach Art herablassender Duldung. Sie ist bereit, im Blick auf Andersdenkende und -glaubende jene Würde der Differenz anzuerkennen *und bleibend auszuhalten*[88], auf die Jürgen Moltmann nachdrücklich verweist[89]. Gefordert ist somit eine Toleranz, welche religiöse Wahrheitsansprüche gerade in ihrer Widerständigkeit ernst nimmt und den Konflikt der Geltungsansprüche aus der Kraft der eigenen Glaubensgewissheit mit friedlichen Mitteln austrägt.[90]

Konkret: Es geht um das Bemühen, islamischen Glauben und muslimisches Leben angemessen kennenzulernen, ihnen gegenüber den eigenen Glauben begründet zu vertreten, sich muslimischer Kritik am eigenen Glauben zu stellen. Gleicherweise geht es darum, von ihm her kritisch zurückzufragen – mit dem Ziel, zu überzeugen, ohne zu verletzen[91]. Dabei sollte auch im Schulbereich das Diktum K. Bergers beherzigt werden, man könne die gegenwärtige Art der christlichen Auseinandersetzung mit dem Islam nur als stümperhaft bezeichnen. Tatsächlich gibt es eine große Tradition der Auseinandersetzung. Zu ihr müssen wir zurückfinden und eine klare und offensive Position gegenüber dem Islam gewinnen.[92] Um dies zu erreichen, sind vor allem drei Regeln einzuüben:

Der Position der muslimischen Gesprächspartner *Streitwürdigkeit* zuerkennen! Ihnen muss deutlich werden: Man verhält sich fair zu ihren Einstellungen und Ansichten. Man hält sie wert bzw. für so wertvoll, dass man sich mit ihnen kritisch auseinander setzen will und muss. Dabei darf auch in der schulischen Begegnung muslimisches Fehlverhalten nicht mit Idealen des eigenen Glaubens verglichen werden (und umgekehrt).

Dem Islam und den jungen Muslimen ist *Respekt* entgegenzubringen! Weder darf auf sie und ihren Glauben herabgesehen noch gar abfällig geurteilt werden. Person und Sache sind streng auseinander zu halten. Apologetik muss auf gleicher Augenhöhe stattfinden[93].

Zur *Konvivenz* bereit sein! Christen wie Muslime sind aufgerufen, Wege eines möglichst konfliktarmen Miteinanders im Dienst des konziliaren Prozesses für Frieden, Gerechtigkeit und Bewahrung der Schöpfung zu erkunden und praktisch zu erproben.[94]

4. Islam in Fächergefüge und Unterrichtsgestaltung

Der Anteil des Islams und seiner Welt am Allgemeinbildungsauftrag der Schule fordert eine angemessene Berücksichtigung in den Lerninhalten, Lernzielen/Kompetenzen und in der Unterrichtsgestaltung. Fächerübergreifende bzw. fächerverbindende Anlässe bieten Projekttage oder -wochen aller Schulen und Schularten. Dafür in Frage kommende Themen sind u. a.:
- Lebenswirklichkeit ausgewählter Herkunftsländer muslimischer Zugewanderter, Kultur dieser Länder, ihre religiös-politische Entwicklung in Geschichte und Gegenwart,
- die Lage muslimischer Zugewanderter am Schulort/in der Schulregion,
- muslimische Heilige Kriege und christliche Kreuzzüge,
- Begegnungen von Morgenland und Abendland in Vergangenheit und Gegenwart (z. B. in den Bereichen Kultur, Kunst, Wirtschaft, Fremdenverkehr).

Auch innerhalb der einzelnen Fächer sollten muslimische Lebensart und Wirklichkeitsdeutung, sowie ihr Verhältnis zu christlich-abendländischer Kultur und Zivilisation in die Unterrichtsarbeit einbezogen werden[95]. Dabei wird man bereichernde Beiträge thematisieren, aber auch kritische Aspekte nicht verschweigen. Diese wird man jedoch so behandeln, dass weder christliche noch muslimische Schüler und Schülerinnen bedrängt oder gar dem Spott ihrer andersgläubigen Mitschüler ausgeliefert werden.

Hierzu einige Beispiele zu den Kompetenzbereichen ausgewählter Fächer[96]:
- Heimat- und Sachkundeunterricht: Bescheid wissen über Lebensweisen, (religiöse) Gemeinschaftsformen, Feste und Bräuche muslimischer Mitbürger im Umfeld der Schule, sowie Fähigkeit zu altersangemessener Beurteilung.

- Deutsch: Kenntnis von vorderasiatisch-kleinasiatischen Märchen, wie sie u.a. in ›Tausendundeiner Nacht‹ und von Elsa Sophia v. Kamphoevener überliefert wurden[97]; für ältere Schüler: Interpretation von Beispielen muslimischer Dichtung, Kenntnis ausgewählter deutscher Literatur zur Welt des Islam (eventl. unter Einbezug von G. E. Lessings ›Nathan der Weise‹), aber auch neuer Sprachbildungen wie »Kanak-Sprak« und »Türksprech« und deren soziolinguistischer Funktion als Ausdrucksmittel einer ›Kultur zwischen den Kulturen‹; zu allen Themenbereichen: Fähigkeit, begründete Urteile abzugeben[98].

- Moderne Fremdsprachen: im Rahmen der Landeskunde des gewählten Faches (Französisch, Englisch, Spanisch, Italienisch) Einblick in dortige Fakten und Probleme der muslimischen Zuwanderung; Kenntnis von Lösungsversuchen, Fähigkeit zu sachgerechter Stellungnahme.

- Mathematik/Naturwissenschaften: Einblick in arabische Beiträge zur Algebra und in deren Bedeutung für westliches Denken (u.a. das Rechnen mit der Null und der Gleichnis-Unbekannten X)[99]; Bescheid wissen über wichtige vorderasiatische Einflüsse auf Chemie und Astronomie.

- Biologie: Kenntnis von Einflüssen des Morgenlandes auf das Abendland in der Botanik (z.B. Einführung und Benennung von Baumarten, Blumen und Gewürzen).

- Kunsterziehung/Musik: Einblick in arabische Kalligraphie und Ornamentik, Verständnis für ihre Eigenart; Beurteilungsfähigkeit des islamischen Bilderverbots; Einfühlungsvermögen in vorderasiatische Musik, exemplarische Kenntnis von musikalischen Einflüssen auf den Westen (z.B. durch Instrumente und Musikstücke/Opern).

- Geographie: Aussagen und begründete Stellungnahmen zur politischen, wirtschaftlichen und soziokulturellen Situation von Ländern mit hohem muslimischen Bevölkerungsanteil, sowie zum jeweiligen Einfluss der Religion.

- Wirtschaft und Rechtslehre: Einblick in muslimische Rechts- und Wirtschaftsvorstellungen und angemessene Argumentationsfähigkeit hierzu (etwa zu Scharia und Zinsverbot, aber auch zur Stellung des Islam gegenüber Grundgesetz und Menschenrechten).

- Geschichte: Überblick über islamische Eroberungskriege ab dem 7. Jahrhundert in Nordafrika, Kleinasien und Spanien, über Sklavenjagd auf Christen[100]; Überblick über die Kämpfe der Kreuzzugszeit, Urteilsfähigkeit über das Verhalten der Kriegsparteien; Einblick in die religiösen und politischen Hintergründe der Kriege und in ihre zivilisatorischen, kulturellen und geistesgeschichtlichen Ausstrahlungen auf das Abendland; Auskunfts- und Urteilsfähigkeit zu Grundzügen der christlich-abendländischen und muslimisch-morgenländischen Beziehungen in Neuzeit und Moderne.

Bereits diese unvollständige Auflistung zeigt den Umfang der Beziehungen zwischen christlicher und islamischer Welt. Ihre Thematisierung in der Schule eröffnet der Begegnung von abendländisch-christlicher Kultur und islamischen Traditionen und Lebensformen vielfältige Chancen. Indem der Unterricht sie wahrnimmt, leistet er *allen Schülern und Schülerinnen* einen wichtigen Dienst. Der Mannheimer Imam B. Alboga betont zu Recht: »Wenn ein muslimisches Kind, Mensch, sich für das Christentum nicht interessiert und wenn ein christliches Kind, Mensch, sich für den Islam nicht interessiert, obwohl sie ... in ein und demselben Lebensraum leben, dann ist das gesamte Bildungssystem zum Scheitern verurteilt.«[101]

Es ist nicht nur notwendig, dass die Unterrichtsfächer die Geschichte und Gegenwart der islamischen Welt in ihre Lernziel- und Lerninhaltsbereiche aufnehmen. Sie sollten darüber hinaus in ihrer praktischen Gestaltung Besonderheiten muslimischer Lebensart berücksichtigen. Die hohen Anforderungen, die im Zusammenhang von Identität und Integration an junge Muslime gestellt werden, verlangen von den Lehrkräften ein überlegtes und reflektiertes Vorgehen. Hierzu gehört die Sensibilität für Empfindsamkeiten dieser Jugendlichen in den Bereichen von Sprache, Religion, Moral und speziell beim Umgang mit Geschlechtlichkeit. Im Sportunterricht und bei sexualkundlichen Themen dürfen vor allem die Mädchen nicht bloßgestellt werden. Dabei ist etwa in Bayern die Maßgabe von Art. 48 (3) des Erziehungs- und Unterrichtsgesetzes besonders gegenüber muslimischen Eltern einzuhalten: Ziel, Inhalt und Form der Familien- und Sexualerziehung sind den Erziehungsberechtigten rechtzeitig mitzuteilen und mit ihnen zu besprechen.

Generell wird man den unterschiedlichen Verhaltensweisen von männlichen und weiblichen muslimischen Jugendlichen Rechnung zu tragen haben, u.a. dadurch, dass traditionell erzogene Mädchen gestützt und ermuntert werden, sich aktiv am Unterricht zu beteiligen. Außerdem sollte man beachten, dass eigenverantwortlich angelegte Methoden der Neuen Schulentwicklung für muslimische Vorstellungen eher ungewohnt sind und den zu Hause mitunter erlebten Verhaltensweisen widersprechen. Bei Problemen mit Eltern, die sich im Zusammenhang mit außerunterrichtlichen Aktionen wie Klassenfahrten ergeben, ist es wenig hilfreich, auf grundsätzliche Einhaltung von Anordnungen zu bestehen. Unter anderem spricht dagegen, dass für die Lehrkräfte meist nicht zu erkennen ist, welche innerfamiliäre Rückwirkungen sich daraus für die Kinder ergeben. Sinnvoller ist es, mit den Eltern persönliche Gespräche zu führen: ihre Sorgen ernst zu nehmen, sie aber auch auf ihrem Kind in der Klasse entstehende Schwierigkeiten hinzuweisen und gemeinsam nach einem Kompromiss zu suchen.

Die unterrichtliche Behandlung von Lerninhalten mit islamischem Bezug kann dazu beitragen, dass sich muslimische Schüler und Schülerinnen ihrer islamischen Identität vertieft bewusst und – nicht zuletzt durch behutsame Kritik – in ihr bestärkt werden. Möglicherweise (sie dürfen nicht gedrängt werden!) sind sie sogar bereit, solchen Unterricht aktiv mitzugestalten, etwa durch Kurzreferate, durch das Mitbringen von Fotographien oder von Erinnerungsstücken aus Familienbesitz. Sie können auf diese Weise Anerkennung und Bestätigung ihrer Lebenswelt bekommen. Beides ist von großer Bedeutung für jene muslimischen Jugendlichen, die in Schule und außerschulischem Umfeld Zurücksetzungen und Kränkungen ihres Selbstwertbewusstseins erfahren bzw. erfahren haben. Indem im Unterricht ihre Lebenswelt gewürdigt wird, können sie Sperren und Vorbehalte abbauen, die sie daran hindern, sich auch deutschen Kulturtraditionen zu öffnen.

Die gleichen Auswirkungen hat – unter umgekehrtem Vorzeichen – die Berücksichtigung des Islams in Fächergefüge und Unterrichtsgestaltung für die nichtmuslimische Schülerschaft. Für sie trägt die Begegnung und Auseinandersetzung mit der islamischen Welt nicht allein dazu bei, tieferes Verständnis für deren Lebenswirklichkeit und für davon geprägte Menschen zu wecken. Auch sie erhält dadurch eine Möglichkeit, die eigene Kultur und Lebenswelt neu zu entdecken und zu schätzen. Darüber hinaus wird die nichtmuslimische Jugend davor bewahrt, ihren muslimischen Mitschülern mit Stereotypen und oberflächlichen Vorurteilen zu begegnen. Sie ist vielmehr im Stand, selbstbewusst und sachgerecht mit ihnen zu kommunizieren.

Der Einbezug des Islams in den Unterricht hat eine weitreichende Folge, die säkular denkenden Lehrkräften nicht immer deutlich ist: Im Zeichen des *tawhid*, der Einheit alles Seins, sind für Muslime alle weltlichen Lernbereiche zugleich religiös aufgeladen. Das gilt im vollen Umfang in muslimischen Bekenntnisschulen. Es betrifft zumindest für Stoffe mit islamischem Bezug aber auch die sonstigen Schulen. Dadurch stehen deren »weltliche« Schulfächer vor dem Dilemma des im Zusammenhang mit dem Kopftuchstreit betonten staatlichen Neutralitätsgebotes. Entweder beziehen sie bei der Behandlung solcher Lernbereiche den umfassenden Wahrheits- und Geltungsanspruch des traditionellen Islams ein – und kollidieren mit dem Verfassungsgerichtsurteil, wonach in weltlichen Fächern religiöse Elemente nicht missionierend und werbend geltend gemacht werden dürfen[102], oder sie ignorieren diese Ansprüche. Dann folgen sie dem Urteil, doch um den Preis einer dem muslimischen Verständnis widersprechenden säkularisierenden Verflachung und Verfremdung[103].

Das Dilemma stellt sich freilich nicht nur im Blick auf den Islam. Es betrifft auch das Christentum, und dieses mit zunehmendem Gewicht, je mehr nichtchristliche Schüler in den Klassen sind. Es lässt sich im Sinn der Deutschen Bundesgerichte nur durch ein *kontinuierliches und enges Zusammenwirken der weltlichen Fächer mit einem jeweils eigenen Fach Religionsunterricht nach Art. 7 III GG* lösen. Das heißt: mit einem Religionsunterricht auf freiwilliger Grundlage und im Einklang mit dem Bekenntnis der Betroffenen. Der Religionsunterricht hat deshalb seine unverzichtbare Kulturbedeutung *im ergänzenden und vertiefenden Verbund* mit den allgemeinen Unterrichtsfächern.[104]

In diesem Fächerverbund dient er dem Allgemeinbildungsauftrag der Schule, indem er

– Informationen und Wissen vermittelt über die eigenen Glaubensrichtungen, -lehren, -formen und -gemeinschaften in Vergangenheit und Gegenwart, sowie über fremde Religionen und Weltanschauungen;

– den Zu- und Anspruch der Glaubensverkündigung seiner Gemeinschaft nahe bringt;

– Möglichkeiten zum Erleben und Praktizieren des Glaubens anbietet, also zu seinem Einüben und Ausüben;

– Impulse zur Gestaltung der Zukunft gibt im Sinn des konziliaren Prozesses von Frieden, Gerechtigkeit und Bewahrung der Schöpfung;
– zu Wirklichkeitsdeutung und Weltorientierung hilft, sowie
– ein Forum bietet zur Auseinandersetzung mit eigenen und fremden Glaubensinhalten und -haltungen, sowie mit Fragen und Herausforderungen der Zeit.[105]
Daneben hat der Religionsunterricht im Kontext von Identität und Integration wichtige Aufgaben zu erfüllen. Er soll die einheimischen wie die zugewanderten Jugendlichen in das jeweilige kulturelle Erbe ihrer Glaubensgemeinschaft einführen und ihnen zugleich auf dem Weg in die deutsche Gesellschaft der Zukunft beistehen.

Die Lernziele und Lehrpläne des christlichen Religionsunterrichtes sind auf den Allgemeinbildungsauftrag hin angelegt. Kann ihn auch ein islamischer Religionsunterricht einlösen?

5. Islamischer Religionsunterricht in Deutschland

a. Übersicht

Wenn die Einrichtung eines islamischen Religionsunterrichtes an den öffentlichen Schulen gefordert wird, dann ist dies nicht nur für Religionslehrkräfte von Bedeutung. Die Forderung geht alle an, die mit Schule zu tun haben: Jugendliche, Lehrerschaft, Eltern, Schulverwaltung und Bildungspolitik. Mit der Erfüllung der Forderung erhält eine Religion in der öffentlichen Schule offiziell Sitz und Stimme, die keinen Nebenfachcharakter ihres Unterrichtes zulässt und sich in ihrem schulischen Einfluss nicht auf zwei Stunden pro Woche beschränken lässt. *Streng genommen* geht es bei diesem Unterricht primär nicht um Religions*lehre*, sondern um Religions*praxis*, nicht um Religions*unterricht*, sondern um Religions*vollzug*. Damit zusammenhängende Fragen und Probleme treten mit der Einführung des Faches vermutlich nicht sogleich, allerorten und in vollem Umfang auf. Sie sollten aber vorausschauend bedacht werden.

Etwa ab 1995 wuchs unter den zugewanderten Muslimen die Gewissheit, nicht nur vorübergehend, sondern auf Dauer in Deutschland zu leben[106]. Das veränderte ihr Selbstgefühl und -bewusstsein. Die Angehörigen der ersten Generation verstanden sich als Fremde, die sich dem Gastland anzupassen hatten. Nun weiß man sich als Bürgerinnen und Bürger Deutschlands mit entsprechenden Rechten und Ansprüchen[107]. Mit an vorderster Stelle steht dabei der Ruf nach eigenem Religionsunterricht für die zunehmende Zahl schulpflichtiger muslimischer Kinder[108]. Schätzungsweise 700 000 von ihnen besuchen deutsche öffentliche Schulen[109], etwa sechs Prozent der gesamten Schülerschaft[110].

Dieser Anteil erscheint gering, und Hj. Bieners Feststellung zur interreligiösen Erziehung deshalb berechtigt: Wenn hohe muslimische Schülerzahlen wie Regelfälle erscheinen, werde häufig nur von Ballungsräumen bzw. individuellen Schulerfahrungen her argumentiert[111]. So ist an vielen Orten die Frage eines islamischen Religionsunterrichtes nicht akut. Doch haben nicht nur einzelne Großstadtbezirke einen großen muslimischen Schüleranteil. Auch in manchen kleineren Städten gibt es viele muslimische Jugendliche. Und vor allem: Ihre Zahl wird in den nächsten Jahren im ganzen Land erheblich steigen. Das erfordert entsprechende schulische Konsequenzen im Blick auf ihre religiöse Unterweisung in der Schule.

Sie können nicht in der Errichtung eines bloßen Ersatzfaches zum bestehenden christlich-konfessionellen Unterricht bestehen, nach Art des Ethikunterrichtes. Nicht zuletzt angesichts der Tatsache, dass über 600 000 Muslime einen deutschen Pass besitzen, ist auch hinsichtlich der islamischen Religionsgemeinschaft das Grundgesetz zu vollziehen, das in Art. 4/1 bzw. 2 Religionsfreiheit und in Art. 7/3 den Religionsunterricht als ordentliches Lehrfach garantiert[112]. Das Recht auf eigenen Unterricht wird dadurch gestützt, dass nach den gesetzlichen Vorgaben der Religionsunterricht nicht nur für die Mehrheit, sondern auch für die Minderheiten geschaffen ist, wenn sie die notwendigen äußeren Voraussetzungen (Organisation als Ansprechpartner der Kultusverwaltung, Kooperationsbereitschaft, Mindestgröße und Mindestschülerzahlen usw.) erfüllen.[113] Muslimische Eltern und Jugendliche haben somit den Anspruch auf eine, dem christlichen Glauben entsprechende gleichberechtigte Behandlung ihrer Glaubenstradition aus einer differenzierten Binnenperspektive[114].

Die Evangelische Kirche in Deutschland (EKD) hat sich mehrfach entsprechend geäußert und ebenso wie die katholische Kirche einen islamischen Religionsunterricht an unseren öffentlichen Schulen befürwortet[115]. Auch die Kultusministerkonferenz[116] und Politiker aller großen deutschen Parteien haben seit Jahren seine generelle Einführung verlangt und ihre Forderung nach ethnisch-religiösen Konflikten in Deutschland und in Nachbarländern oftmals wiederholt[117]. Auf Grund dieser Vorstöße wird er in den meisten deutschen Ländern seit einigen Jahren erprobt. Dabei wurden mehrere Modelle entwickelt.

b. Konkretionen in den Ländern

In den neuen Bundesländern war bislang wegen der geringen Zahl junger Muslime ein islamischer Religionsunterricht nicht aktuell[118]. Bei seiner Einrichtung in den westdeutschen Ländern wurden unterschiedliche Wege beschritten.

Den zeitlich frühesten bilden die Koranschulen. Es gibt ca. 2600 Moscheen in Deutschland, drei Viertel von ihnen bieten Korankurse an[119], die über 70 000 muslimische Jugendliche regelmäßig besuchen. Sie lernen laut dem Essener Zentrum für Türkeistudien u. a. neben den Suren Glaubenspraxis und die rituelle Waschung vor dem Gebet[120]. Unter integrationspolitischen Gesichtspunkten sind die Koranschulen nicht unproblematisch. Als Lehrer fungieren meist die Imame[121] der jeweiligen Moscheegemeinde. Sie kommen oft auf befristete Zeit aus islamischen Ländern und sind mit den Lebensumständen der Kinder nicht vertraut.[122]

Neben den Koranschulen findet religiöse Unterweisung im muttersprachlichen Ergänzungsunterricht statt. Er wurde u. a. in Baden-Württemberg, Hessen, Rheinland-Pfalz, Saarland und in Schleswig-Holstein[123] eingerichtet. Dies geschah meist in Zusammenarbeit mit der türkischen Regierung bzw. ihren konsularischen Vertretungen und mit Hilfe türkischer Lehrpläne. Die Schwächen dieser Lösung liegen zum einen darin, dass sein primäres Ziel zumindest lange Zeit in der Förderung der Rückkehrfähigkeit der Kinder lag[124], zum anderen, dass der Unterricht meistens auf den türkischen Kulturkreis ausgerichtet ist[125].

Die Bemühungen, einen islamischen Unterricht nach Art. 7/3 GG einzurichten, waren bislang noch nirgends erfolgreich. In Hessen wurde ein entsprechender Vorstoß der islamischen Religionsgemeinschaft Hessen (IRH) vom Verwaltungsgericht Wiesbaden Juni 2004 abgewiesen[126]. Zwischenschritte unternehmen u.a. die Länder Nordrhein-Westfalen, Niedersachsen, Baden-Württemberg und Bayern. Ihre Formel lautet: islamischer Religionsunterricht unterhalb von Art. 7/3 GG mit möglicher späterer Überführung in ein ordentliches Lehrfach[127].

In Nordrhein-Westfalen wurden bereits in den achtziger Jahren einige Stunden über den Islam dem muttersprachlichen Unterricht eingefügt. Seit 1999 gibt es die deutschsprachige »islamische Unterweisung« bzw. »Islamkunde« als Modellprojekt in Zusammenarbeit des Landesinstituts für Schule und Weiterbildung mit dem Islamarchiv Deutschland (Soest/Westfalen). Im Jahr 2006 beteiligten sich daran 120 Schulen[128]. An beiden Modellen ist u.a. unbefriedigend, dass – entgegen den Vorgaben des Grundgesetzes – letztlich staatliche Stellen die Lehrinhalte bestimmen. Nicht zuletzt deswegen wurden sie von den islamischen Glaubensgemeinschaften abgelehnt[129]. Daraufhin wurde ein neuer Versuch unternommen. Bei ihm schließen sich auf lokaler Ebene muslimische Gemeinden und Eltern zu einer Schura (einem gemeinsamen Rat) als Träger eines regulären Bekenntnisunterrichts zusammen[130]. Ausbildungsstätte der Lehrkräfte ist der Islam-Lehrstuhl an der Universität Münster.

Auch in Niedersachsen wurde ein Schura-Modell entwickelt. An über 20 Grundschulen lief bis zum Jahr 2007 versuchsweise ein islamischer Religionsunterricht unter staatlicher Aufsicht in deutscher Sprache. Er wurde von 80 bis 90 Prozent der in Frage kommenden Jugendlichen besucht und soll seither Schritt für Schritt ausgeweitet werden[131]. In Baden-Württemberg ist seit 2006 probeweise an zwölf staatlichen Grundschulen ein entsprechender Unterricht eingerichtet. Er wird als Übergangslösung von in privatrechtlicher Form organisierten religiösen Vereinen bzw. islamischen Elterngemeinschaften verantwortet[132], sowie nach durch sie erstellten Lehrplänen in deutscher Sprache von pädagogisch-didaktisch qualifizierten und nach Möglichkeit bereits im Schuldienst stehenden musliminischen Lehrern gehalten[133].

In Bayern werden zwei Formen erprobt: eine Islamische Unterweisung und ein Islamunterricht. Die erste steht dem Ethikunterricht näher, der zweite dem Religionsunterricht nach Art. 7/3 GG.

Die Islamische Unterweisung wird in *türkischer Sprache* seit 1986 an bayerischen Grund- und Hauptschulen in Zusammenarbeit mit der türkischen Regierung als »Religiöse Unterweisung türkischer Schüler muslimischen Glaubens« angeboten. Daran nehmen ca. 30 Prozent der rund 38 000 der in den Jahrgangsstufen 1 bis 5 betroffenen Kinder teil. Den Unterricht erteilen etwa 150 türkische Lehrkräfte. Er wird bei den Eltern relativ positiv aufgenommen, trotz einer über die Jahre hinweg gleichbleibenden bis leicht sinkenden Schülerzahl. Parallel dazu läuft seit 2001 an 21 Grundschulen das Pilotprojekt »Religiöse Unterweisung türkischer Schüler muslimischen Glaubens« in *deutscher Sprache*. Ausgenommen sind nur zentrale religiöse Begriffe, die in arabischer oder türkischer Sprache verwendet werden. Die Islamische Unterweisung deutscher Sprache muss sich auf dem Boden weltanschaulicher Neutralität bewegen, darf also keine Glaubenserziehung sein. Sie ist ethnisch offen, islamisch-interkonfessionell angelegt und stellt den Islam als Lerninhalt in den Kontext des gesamten schulischen Fächerkanons. Die Lehrkräfte sind teils aktive bzw. ehemalige türkische Entsendelehrer, teils Deutsche mit muslimischem Bekenntnis – durchweg aber ohne islamwissenschaftliche Fachausbildung.

Der Islamunterricht wird an einer Grundschule in Erlangen erprobt und umfasst die Jahrgangsstufen 1 bis 4. Er stellt eine Art rechtliche Gratwanderung dar und erhält seine Legitimation durch die Anmeldung der Kinder. Er wurde vom bayerischen Staatsministerium für Unterricht und Kultus unter fünf Auflagen genehmigt:

– Der Träger muss ein islamischer Verein mit primär religiöser Zielsetzung sein.
– Der Verein muss ortsansässig sein.
– Der Versuch muss von einer Hochschule wissenschaftlich begleitet werden.
– Der von einer durch das Ministerium einberufenen Kommission erarbeitete Lehrplan muss eingehalten werden.
– Der Verein muss (einen) geeignete(n) Lehrer vorschlagen.

Die Auflagen konnten erfüllt werden. Es wurde ein Trägerverein gegründet, in dem die wesentlichen Gruppierungen der Erlanger Muslime integriert sind. Man einigte sich auf Deutsch als Unterrichtssprache. Man fand einen Lehrer, der in Kairo und Erlangen studiert und die erforderlichen Examina abgelegt hat. Und: Der Versuch wird durch die Universität Erlangen-Nürnberg wissenschaftlich begleitet. Dort werden am Lehrstuhl für evangelische Religionspädagogik für den Unterricht Praktikanten ausgebildet. Das geschieht in Zusammenarbeit mit an europäischer Hermeneutik geschulten Islamwissenschaftlern der Universität Ankara.

Der Lehrplan hat sieben Themenbereiche: das Zusammenleben der Muslime, ihre Glaubenslehren, Gebet und religiöses Leben, das Leben Mohammeds, den Koran als Mitte des Glaubens, Propheten und Prophetie, sowie andere Religionen. Einzelne Inhalte werden dabei über die vier Jahrgangsstufen hinweg immer wieder aufgegriffen und vertieft (spiralförmige Anordnung). Zudem sind sie nicht auf ihr jeweiliges Themenfeld begrenzt (themenübergreifende Vernetzung). Damit soll der Zugang zum Islam als einer das muslimische Leben in seiner Ganzheit berührenden Religion und Lebensweise eröffnet werden.[134]

Das Unterrichtskonzept geht unter Beachtung von Grundgesetz und Bayerischer Verfassung über eine religiös neutrale Unterweisung hinaus und ist zweifach ausgerichtet:
– Durch Information bzw. Einführung in religiöse Praxis soll mit Glaubenslehre und -leben des Islam bekannt gemacht und eine freie Entscheidung für oder gegen ihn ermöglicht werden. Dabei geht es neben der Orientierung an der Lebenswelt der Kinder vor allem um den koranischen Willen Allahs und um religiöse Elemente, die der Glaubenserziehung dienen.
– Der Unterricht soll befähigen, sprachlich und »denkkulturell« mit dem nichtmuslimischen Umfeld zu kommunizieren. Große Bedeutung hat hierfür die religiöse Begriffsbildung. Sie soll die Jugendlichen in die Lage versetzen, auf Deutsch über ihre Religion zu sprechen.

Insgesamt ist das Erlanger Modell eine Insellösung (H. Behr). Es ist noch ungewiss, ob sie dauerhaft ist und in absehbarer Zeit auf das ganze Land übertragen werden kann[135].

c. Die Situation in Berlin

Einen speziellen, zugleich instruktiven Einblick in Rahmenbedingungen und Gestaltung des islamischen Religionsunterrichts an öffentlichen Schulen ermöglicht die Situation in Berlin[136].

Dort beantragte 1980 die Islamische Föderation Berlin auf Grund einer Elterninitiative bei der Senatsschulverwaltung, gleichberechtigt mit den anderen Religionsgemeinschaften islamischen Religionsunter-

richt erteilen zu können. Nach längerem Rechtsstreit hat das Bundes-
verwaltungsgericht im Jahr 2000 zugunsten des Antrags entschieden.
Damit war der Weg frei. Den Angaben der Föderation zufolge gibt es
inzwischen mehr als 34.000 muslimische Schüler und Schülerinnen,
»die auf die Erteilung des Islamischen Religionsunterrichts warten«.
Ihnen wird ab dem Schuljahr 2004/2005 an über 40 Schulen islamischer
Unterricht angeboten[137].
Der Unterricht ist jedoch weiterhin umstritten. Zum einen wurde
laut einer Studie des Zentrums für demokratische Kultur über Berlin-
Friedrichshain-Kreuzberg der soziale Druck auf Jugendliche und
Kinder in den letzten Jahren größer, Koranschule und Moschee zu besuchen.[138] Zum anderen entstanden Schwierigkeiten durch die Zusammensetzung des verantwortlichen Föderationsvorstandes[139]. Gravieren-
der aber war, dass der Unterricht nicht wenige Jugendliche in ihrem
Glauben bedrängt[140]. Die Beschwerden von Lehrern und Eltern über
einen negativen Einfluss der Islamischen Föderation auf die Schüler
wurden so stark, dass sich die Bildungsverwaltung zum Handeln ge-
zwungen sah. Der damalige Bildungssenator Klaus Böger schlug 2004
dem Senat das von diesem lange Zeit abgelehnte Wahlpflichtmodell der
Wertevermittlung in staatlicher Verantwortung vor. Darin sollte neben
dem christlich-konfessionellen und dem humanistisch-atheistischen
Angebot ein Fach Islamkunde integriert werden.[141] Berliner SPD und
Linkspartei/PDS lehnten ab. Ihre Koalition beschloss im Januar 2006
gegen den Widerstand der Kirchen und der Jüdischen Gemeinde einen
staatlichen Werteunterricht einzuführen. Er wird nach Abweisung
einer Verfassungsbeschwerde[142] seit dem Schuljahr 2006/7 zweistündig
in allen Schularten gegeben, zunächst ab siebter, später ab erster Jahrgangsstufe. Er kann auch von den Schülern nicht abgewählt werden,
die am Religionsunterricht der Kirchen teilnehmen[143]. Der kann zwar
weiterhin außerhalb des allgemeinen Schulpensums an den Schulen erteilt werden. Beide Parteien scheinen jedoch mit dem obligatorischen
Werteunterricht alle Religionsgemeinschaften und damit auch den
Islam »aus den Schulen ...verdrängen« zu wollen[144].
Um sich über die Auseinandersetzungen um den Islamunterricht ein
Urteil bilden zu können, bietet sich an, einen Blick auf den Rahmenplan zu werfen, der im Auftrag der Islamischen Föderation von Berlin
von einer Kommission aus in Deutschland sozialisierten und hier

lebenden Lehrkräften und Islamwissenschaftlern bzw. -wissenschaft-
lerinnen erstellt wurde[145].

Dem Plan zufolge muss das Ziel des islamischen Religionsunterrichts
in erster Linie sein, die Beziehung zwischen dem Kind und Allah aufzu-
bauen und die Kinder dazu zu motivieren, vertrauend zu glauben. Hierbei geht es darum, die Religion nicht von weltlichen Erfahrungen losge-
löst zu begreifen, sondern eine Beziehung zwischen der Alltagswelt des
Kindes und seinem Bewusstsein als Geschöpf Allahs zu knüpfen. Das
Wissen von der Gesamtheit der Existenz Allahs macht es möglich, für
sich selbst Lebenswelten zu erkennen und zu eigenverantwortlichen
Definitionen über Glaubenswahrheiten zu gelangen. Die Lehrplanthe-
men müssen daher in ihrer Gesamtheit behandelt und, den muslimischen Prinzipien (sowie dem Erlanger Plan) entsprechend, eng aufeinander bezogen werden[146]. Ebenso verhält es sich mit der ethischen
Dimension des Koran, die nicht gesondert zu behandeln ist. Die Ethik
ist eine Haltung, die sich in allen Themen widerspiegelt.

Ausgehend von Grunderfahrungen der Kinder sind sieben Themenkreise zu behandeln[147]:

– Allah: Gegen das oft einseitig geprägte Allah-Bild eines *reglementie-
 renden, bestrafenden Gottes* sollen die Kinder lernen, ihre Handlungen mit *Basmallah* zu beginnen, also im Namen eines gnädigen und
 barmherzigen Gottes.

– Schöpfung: Die Kinder sollen erkennen, dass der Schöpfer willent-
 lich schafft, und sie selbst wie alle Menschen gewollt sind. Sie sollen
 erfahren, dass er ein exzellent funktionierendes System geschaffen
 hat, in dem die Menschen trotz seiner allumfassenden Schöpfung
 und Leitung einen freien Willen besitzen. Dieser ist Ausdruck des
 Vertrauens Allahs in die Erkenntnisfähigkeit der Menschen und ermöglicht ihnen das Bejahen oder die Negation dieser Erkenntnis.
 Die Kinder sollen Erfahrungen mit Allahs Wort machen und ihn als
 barmherzigen Versorger kennen lernen. Sie sollen vertrauende Geborgenheit bei ihm und Verbundenheit mit anderen Menschen und
 Geschöpfen aufbauen, schließlich Grunderfahrungen mit der *Fitra*
 (natürliche religiöse Anlage) machen und wissen, dass gute Taten in
 der Welt sichtbar und vor Allah wohlverwahrt werden.

– Ich-Bewusstsein: Die Kinder sollen erfahren, dass sie in einer Familie aufwachsen, die zunächst für sie verantwortlich ist, bis sie in ihr

selbst Verantwortung übernehmen. Es soll ihnen bewusst werden, dass die Mutter barmherzig, gütig, hilfsbereit ist, sie versorgt und für sie Verantwortung trägt. Die so vermittelten elementaren Lebensgrundlagen befähigen die Kinder später, diese Werte in die Gesellschaft hineinzutragen. Sie sollen schließlich ihre von Allah verliehenen Rechte und Pflichten kennenlernen.

– Gemeinschaft: Die Kinder sollen lernen, dass auf der ganzen Welt Muslime leben und eine große Gemeinschaft (Umma) bilden, und dass trotz ethnischer Unterschiede in ihr sehr viele Gemeinsamkeiten existieren, an denen festgehalten werden soll.

– Gesellschaft: Die Kinder sollen erfahren, dass sie in einer multireligiösen Gesellschaft leben, in der nicht nur unterschiedliche islamische Vorstellungen vorhanden sind, sondern auch verschiedene Religionen, die hier mehrheitlich vertreten sind. Sie müssen Klarheit über ihr eigenes Bekenntnis bekommen. Dadurch wird ihnen ermöglicht, jenen Respekt und die Toleranz gegenüber anderen aufzubringen, die Allah in Seinen koranischen Äußerungen fordert. Die muslimischen Kinder haben Kontakt zu andersgläubigen Kindern und sind mit ihnen befreundet.[148] Die Gemeinsamkeiten mit ihren Religionen sollen ausgelotet werden, ohne dass man damit vom eigenen Glauben und Denken abgeht.

– Geschichte (hierzu wird in den Erläuterungen des Rahmenplans nicht näher eingegangen).

– *Ibada* (Gottesdienst): Die Kinder sollen lernen: Das Gebet ist ein unmittelbarer Kontakt zum Schöpfer und gleichzeitig ein vertrauliches Gespräch, das er erhört. Sie erfahren, dass sie in lebendiger Beziehung zu ihrem Schöpfer stehen, und dass er zur Pflege dieser Beziehung einlädt[149]. Sie sollen ferner lernen, dass Muslime bestimmte Grund-Gebetsstellungen und ein Gemeinschaftsgebet haben, schließlich, dass das Gebet über den Tag hinweg geschieht. Es ist Unterbrechung des Alltags und Konzentration auf Allah. Es hat zwei Formen: das rituelle Gebet in arabischer und das freie Gebet in eigener Sprache[150].

Zur Unterrichtskonzeption wird ausgeführt, dass der islamische Religionsunterricht in den Bildungs- und Erziehungsauftrag der deutschen Schule integriert ist. Er soll die im Koran verankerten Werte, wie z. B. Toleranz, Erhaltung der Umwelt, Menschenrechte, Beziehung der Geschlechter, bei den Kindern initiieren, festigen und Wege für deren eigenständige Weiterentwicklung schaffen. Daneben geht es darum, pädagogisch behutsam eine lebendige Beziehung zum Glauben herzustellen, und zwar auch bei Kindern, die keine religiösen Grunderfahrungen mitbringen. Wegen der unterschiedlichen Vorkenntnisse ist im Kontext der Lebenswelt der Kinder eine grundlegende Wissensvermittlung unverzichtbar.

Mit alledem sollen möglichst persönliche Entscheidungsprozesse angeregt und damit gleichzeitig Respekt vor ebensolchen bei anderen Menschen geweckt werden. Dazu bedarf es einer Ingangsetzung von Bewusstseinsprozessen, die nicht nur auf die Vermittlung praktischer Glaubensformen abzielt, sondern auch auf die Reflexion über Gott, Offenbarung, Werte und Normen. Eine weitere Dimension besteht darin, persönliche Fragen der Schülerinnen und Schüler aufzugreifen und Denkanstösse zu geben, mit deren Hilfe Problemlösungsstrategien entwickelt werden.

Schließlich sollen Kinder und Jugendliche die Möglichkeit erhalten, sich mit ihrer religiösen Identität in die hiesige Gesellschaft einzubringen und somit diese Gesellschaft als die ihre zu begreifen. Religion bzw. Religiosität sind in ihr nicht selbstverständlich Grundlage des Handelns und Zusammenwirkens. Die jungen Muslime stehen aber der nichtmuslimischen Gesellschaft »nicht ganz fremd« gegenüber. Es gibt viele gemeinsame Werte wie z. B. Toleranz, Menschenrechte, Erhaltung der Umwelt, Beziehung der Geschlechter usw. Das grundlegend Gute ist ein Wert, der nach islamischer Glaubensüberzeugung von allen Menschen gleich welcher Konfession und Lebensphilosophie ausgehen kann. Diese »qu'ranische Philosophie« befähigt das muslimische Kind, mit anderen zu kommunizieren.

Auf diese Weise dient der Unterricht dem interreligiösen Dialog. Bereits der Koran bezeugt den dialogischen Charakter des Islams in vielfältiger Weise: Mohammed (der Gepriesene) ist keine singuläre Gestalt, sondern einer im Glied der Propheten. Dadurch ist eine enge Verbindung zu den anderen offenbarten Religionen gegeben. Auch sie haben Teil an der im Koran wiedergegebenen Erfahrung des Menschen mit Allah. Im Rahmen des interreligiösen Dialogs zielt der Unterricht darauf ab, das Kind zu befähigen, bestehende Gemeinsamkeiten und Werte in der Gesellschaft zu nutzen und Unterschiede belassen zu können. Glauben und religiöse Praxis anderer Religionsgemeinschaften sollen willkommener Anlass sein, Vielfalt nicht als Bedrohung zu empfinden, sondern eigene Horizonte zu erweitern.

Mit diesen Ausführungen bietet der Berliner Rahmenplan für den islamischen Religionsunterricht zumindest auf den ersten Blick keinen Anhaltspunkt für Vorwürfe, er würde seine Schülerinnen und Schüler im Glauben bedrängen. Er scheint auf einen Religionsunterricht zu zielen, der strukturell dem christlichen entspricht. Er ist irenisch gehalten und lässt deutlich das Bemühen um Konfliktvermeidung erkennen. Wie ist es möglich, dass der islamische Unterricht bei Lehrern und Eltern dennoch Widerstände auslöst?

Einen ersten Hinweis könnten die Konkretionen zu den sieben Themenkreisen des Planes geben. An ihnen fällt auf, dass die zu behandelnden Surenverse ohne Kontext angeführt werden. Dadurch werden die Aussagen der Verse erheblich beeinflusst. Um ein Beispiel zu nennen: Die Unterrichtseinheit III der 2. Jahrgangsstufe lautet: Wir reden miteinander – Kinder suchen ihren Weg zum Dialog. Dazu ist Sure 2:148 angegeben: *Jeder hat ein Ziel, nach dem er strebt; wetteifert daher miteinander in guten Werken.* Der Vers scheint zum friedlichen Wettstreit zwischen Muslimen und Nichtmuslimen aufzurufen. Er ist aber gerahmt von Aussagen, die seine Intention verschärfen und verändern: »Brächtest du denen, welchen die Schrift gegeben ward, jegliches Zeichen, so würden sie doch deiner *Qibla* (Gebetsrichtung = Glaubensrichtung) nicht folgen; und auch du sollst ihrer Qibla nicht folgen ... Und wahrlich, folgtest du ihren Gelüsten nach dem, was dir von der Kenntnis [durch Allah, erg. vom Autor] zuteil ward, dann wärest du einer der Ungerechten. ...« [2:145] Und: »Siehe, sie, die etwas verbergen von dem, was Wir herabsandten an deutlichen Zeichen und Leitung ... verfluchen wird sie Allah, und verfluchen werden sie die Fluchenden.« [2:159] »Siehe, wer ungläubig ist und als Ungläubiger stirbt, über sie der Fluch Allahs und der Engel und der Menschen insgesamt ... nicht wird ihnen erleichtert die Strafe ...« [2:161 f.]¹⁵¹.

Wichtiger ist jedoch, dass islamischer Religionsunterricht an öffentlichen Schulen nicht allein aufgrund seiner Lehrplanvorgaben beurteilt werden kann. Er ist in Theorie und Praxis eingebettet in das muslimische Selbstverständnis und in die umfassende Lebenswelt des Islam.

Vor diesem Hintergrund sind eine Reihe struktureller Aspekte dieses Unterrichtes zu klären.

d. Strukturelle Aspekte des islamischen Religionsunterrichts

(1) Gesetzliche und schulrechtliche Fragen
Islamischer Religionsunterricht an öffentlichen Schulen ist wie der christlich-konfessionelle Unterricht res mixta zwischen den deutschen Ländern und den rechtlichen Vertretern der Religionsgemeinschaft(en). Entsprechend gelten für ihn folgende Vorgaben:
– Er muss Glaubensgemeinschaften bzw. Vereinigungen (Vereine) als Träger haben, die zentral oder regional auf Dauer angelegt und zu dieser Funktion autorisiert sind. Die EKD-Handreichung *Klarheit und gute Nachbarschaft* weist auf die mit dieser Vorgabe verbundenen Schwierigkeiten hin. Sie bestehen in erster Linie darin, dass sich die überwiegende Mehrheit der Muslime rechtlich gesehen in keiner Weise organisiert hat.[152] Eine Lösung der Autorisierungsfrage scheint nur auf der Basis der Erlanger Regelung möglich. Danach ist für den Unterricht eine Vereinigung verantwortlich, die im Fall jedes teilnehmenden Jugendlichen von dessen Erziehungsberechtigten bzw. ab dem 14. Lebensjahr von den Jugendlichen selbst dazu legitimiert wurde[153]. Dennoch sind auch dann mindestens zwei Fragenkreise offen:
– Können die Erziehungsberechtigten/die Jugendlichen die Legitimation zurückziehen? Müssen sie dafür Gründe angeben? Müssen diese bestimmte Kriterien erfüllen? Wie wird mit den bis dahin erzielten schulischen Leistungen verfahren?
– Was geschieht mit jenen Jugendlichen, deren Erziehungsberechtigte die Legitimation nicht erteilt haben? Dürfen sie am Unterricht teilnehmen? Müssen sie das Ersatzfach Ethik besuchen?
– Werden die schulrechtlichen Bestimmungen zur Abmeldung vom Religionsunterricht anerkannt und eingehalten?
– An der Einrichtung, Gestaltung, Mitverantwortung und Durchführung des Unterrichts dürfen nur solche muslimische Gemeinschaften bzw. Vereinigungen beteiligt werden, die sich zum Grundgesetz bekennen und dies rechtsverbindlich zum Ausdruck bringen[154]. Das bedeutet, dass der islamische Religionsunterricht den Grundrechten

des Grundgesetzes, den Vorgaben der Landesgesetze und den in ihnen festgelegten allgemeinen Bildungs- und Erziehungszielen der öffentlichen Schule Rechnung zu tragen hat[155]. I.-Chr. Mohr nennt freilich Belgien und Österreich als Beispiele, dass der immer wieder beschworene muslimische Ansprechpartner kein Garant für einen Religionsunterricht ist, der mit den allgemeinen Bildungszielen der deutschen Schulen harmoniert.[156] Deshalb ist u. a. zu klären:

– Werden im konkreten Unterricht religiöse Empfindungen Andersgläubiger geachtet?[157]
– Ist garantiert, dass im Unterricht alle Glaubensvorstellungen und auch Kritik am eigenen Glauben frei geäußert werden dürfen?[158] Ist sichergestellt, dass die Teilnahme an muslimischen Schulveranstaltungen sowie die Einhaltung muslimischer Glaubensvorschriften in der Schule für alle muslimischen Schüler und Schülerinnen freiwillig ist?[159]
– Können muslimische Schüler an Schulen, in denen islamischer Religionsunterricht eingerichtet ist, auf Antrag am christlichen Unterricht teilnehmen? Umgekehrt: Können nichtmuslimische Schüler auf Antrag den muslimischen Unterricht besuchen? Wer entscheidet darüber?
– Der Unterricht ist nach Klärung der Legitimationsfrage gemäß Art. 7/3 GG in Übereinstimmung mit den zuständigen Vereinigungen zu erteilen. Sie bestimmen im Rahmen der verfassungsrechtlichen und schulartspezifischen Regelungen allein die inhaltliche Gestaltung des Unterrichts, wobei sie frei darüber entscheiden können, ob und in welcher Weise nichtmuslimische Fachwissenschaftler beigezogen werden[160].
– Die Lehr- bzw. Rahmenpläne müssen das Fachprofil des Unterrichts exakt ausweisen. Sie sind analog denen des christlich-konfessionellen Religionsunterrichts zu erstellen und in Kraft zu setzen. Dies ist in Bayern geschehen[161], in den meisten anderen Ländern ist darüber noch nicht entschieden.
– Der islamische Religionsunterricht unterliegt sowohl der staatlichen Schulaufsicht, wie der Aufsicht der verantwortlichen muslimischen Vereinigungen.
– Die *schulische* und *schulartspezifische* Fachaufsicht durch den Staat kann sich – zumindest in den ersten Jahren – nicht auf gelegent-

liche Stichproben beschränken. Sie muss fortlaufend erfolgen. Dabei haben die Visitatoren den Unterricht zwar nur nach den staatlichen Rahmenbedingungen zu beurteilen. Dennoch werden sie meist einer muslimischen Beratung bedürfen. Das gilt nicht zuletzt für das Verständnis von im Unterricht verwendeter arabischer Begrifflichkeit, z. B. von *Dschijhad* oder von *Fitna* im Unterschied zu *Fitra*[162]. Durch wen und in welcher Weise soll die Beratung geschehen?

– Im Blick auf die *inhaltliche* Fachaufsicht ist zu klären, welche Qualifikationen die zuständigen Vertreter der muslimischen Vereinigungen besitzen müssen, ferner, welche konfessionelle Richtungen und ethnische Gemeinschaften sie vertreten. Daneben müssen sie für einen Unterricht eintreten, der den Jugendlichen hilft, mit den Anforderungen von Identität und Integration zurechtzukommen.

– Islamischer Religionsunterricht innerhalb des allgemeinen deutschen Schulwesens muss in deutscher Sprache gehalten werden[163]. Nur so

– haben Jugendliche aller islamischer Bekenntnisse die Möglichkeit der Teilnahme, und wird niemand aus ethnischen Gründen bevorzugt oder benachteiligt;

– kann die Integration der Jugendlichen in die hiesige Gesellschaft gefördert werden;

– lässt sich der Unterricht in fächerverbindendes Arbeiten und Lernen einbeziehen;

– können Ziele und Inhalte in die schulartspezifischen Lehrplanwerke integriert werden;

– sind Lernziele und -inhalte für die Schulaufsicht überprüfbar und für die nichtmuslimische Lehrerschaft und interessierte Öffentlichkeit verstehbar[164].

– Der islamische Religionsunterricht muss integraler Bestandteil des allgemeinen Schulwesens sein. Er hat den Bildungszielen der jeweiligen Schulart zu dienen, sich den Schulordnungen, Schulprofilen und -programmen zu unterstellen, mit den anderen Fächern zu kooperieren und sich für fächerverbindende Aktivitäten und Themenbereiche zu öffnen.

– Der islamische Religionsunterricht ist als eigenständiges Schulfach zu gestalten[165]. Er muss die erforderlichen Schulräume zur Verfügung gestellt bekommen (Art. 136/5 BayV) und in der Ausstattung dem christlich-konfessionellen Religionsunterricht gleichgestellt sein.

(2) Schulpädagogische Fragen

Die muslimischen Verantwortlichen in Berlin betonen, dass *ihr* Unterricht in den Bildungs- und Erziehungsauftrag der deutschen Schule integriert ist. Entspricht das bundesweit den Tatsachen?

Generell gilt: Der islamische Religionsunterricht in Deutschland hat aufgrund seines religiösen und kulturellen Hintergrundes, wie auch wegen seiner bislang kurzen Geschichte noch Defizite im schulpädagogischen Bereich. So gibt es offensichtlich über die Religiosität bzw. religiöse Entwicklung muslimischer Kinder und Jugendlicher bis jetzt keine psychologischen Studien, von denen aus man den islamischen Religionsunterricht pädagogisch-didaktisch begründen kann[166]. Anders als in den Niederlanden fehlen in Deutschland anerkannte Expertenkommissionen, die sich aus muslimischer Sicht mit den Bereichen Integration und Identität sowie mit Bildung, Erziehung und Ausbildung befassen[167]. Die Lehrerausbildung und -fortbildung ist erst im Aufbau (u. a. in Münster, Osnabrück, Frankfurt und Erlangen-Nürnberg). A. Aries und M. S. Kalisch weisen darauf hin, dass man bei einer muslimischen Fachdidaktik erst am Anfang stehe[168]. Und was im Blick auf Unterrichtslehre, Unterrichtsgestaltung und Unterrichtsmaterial von Niedersachsen berichtet wird, gilt für das ganze Land: Bis heute behilft man sich mit Provisorien. Die Arbeitsmaterialien»stückelte man in der Vergangenheit aus verschiedenen Quellen zusammen. Sehr viel Brauchbares fand sich nicht«. Überdies seien Rückgriffe auf die christliche Religionspädagogik heikel, nicht zuletzt wegen des islamischen Bilderverbots[169]. So bleibt u. a. zu fragen:
- Unter welchen Vorgaben der Glaubenslehre und der *praxis pietatis* sollen islamische Religionspädagogik und -didaktik entwickelt werden? Gibt es hier, so M. S. Kalisch, keine Tabus und keinen sakrosankten Bereich, den man akademisch nicht antasten dürfte?[170]
- Durch welche muslimische Institution und in welcher Weise wird religionspsychologische sowie religionssoziologische Jugendforschung betrieben?
- Welche didaktisch-methodischen Verfahren und Modelle sind dem islamischen Religionsunterricht angemessen?

– In welchem Umfang ist islamische Religionspädagogik und -didaktik anschlussfähig an die allgemeine Schulpädagogik, und wie weit können sie zur Erarbeitung der Bildungs- und Erziehungsziele der öffentlichen Schule beitragen?[171] Gelten bei Fragen von Autorität und Traditionsübernahme andere Prämissen als für die westlichen Erziehungswissenschaften?[172] Wie behandeln sie die Fragen von Integration und Identität?[173]

Die letzten Anfragen leiten zum dritten Themenkomplex über:

(3) Ziel- und Inhalts-Fragen

Ein zentrales Feld der islamischen Religionspädagogik und -didaktik ist die Erarbeitung der Ziele und Inhalte des Religionsunterrichtes. Die Ergebnisse müssen der Schulaufsicht, den Lehrkräften der übrigen Unterrichtsfächer und der interessierten Öffentlichkeit zugänglich sein.

Dabei geht es vor allem um folgende Punkte der konkreten Ziel- und Inhaltsgestaltung:

– Die ethnische und konfessionelle Vielfalt der Muslime

Für Außenstehende ist wichtig zu wissen, welche Haltung gegenüber dem türkischen und gegenüber dem arabisch-wahabitischen Islam eingenommen wird. Aber auch die Einstellung zu anderen Ausprägungen des Islams und, in besonderer Weise, zu Reformbestrebungen wie Deutsch- bzw. Euro-Islam sollte deutlich werden[174].

– Zeitverständnis

Welches Zeitverständnis liegt dem konkreten Unterricht zu Grunde? Der traditionelle Islam geht von einer in sich geschlossenen »versiegelten Zeit« aus (D. Diner). Daneben werden die Vorstellungen einer gleichsam punktuellen Zeit und einer räumlichen »Wo-Zeit«[175] gelehrt. Diese Zeitvorstellungen sperren sich gegen den westlichen Gedanken einer allgemeinen Entwicklung ebenso wie gegen eine christlich-eschatologische Erwartung[176]. Die Ablehnung beider hat Auswirkungen nicht nur auf die im Unterricht vermittelten Aussagen und Einstellungen zu Selbstverständnis und Selbstkritikfähigkeit des Islam[177]. Sie beeinflusst die Behandlung faktisch aller Lernbereiche, nicht zuletzt auch die Darstellung und Beurteilung nichtislamischer Glaubensrichtungen und Religionen.

- Bürgerschaft muslimischer Jugendlicher in Deutschland

Erfüllt der islamische Religionsunterricht seine Funktion im Kontext von Identität und Integration? Er muss helfen, dass selbst die jungen, streng gläubigen Muslime mit geradem Rückgrat Bundesbürger werden können[178]. Das erfordert, das um das Jahr 1000 im sunnitischen Islam »geschlossene Tor des Idschtihad« (damit die Festschreibung der Auslegung der heiligen Texte)[179] zu öffnen. Dann kann den Jugendlichen ein Islam vermittelt werden, der auf die Anforderungen der modernen Zeit antwortet. Das macht es ihnen möglich, Halt gebende islamische Identität zu gewinnen und sich zugleich in unsere Gesellschaft zu integrieren. Ein derart angelegter Unterricht ist auch imstande, etwa der Forderung von Bayerns Erziehungs- und Unterrichtsgesetz nachzukommen, zur Liebe zur bayerischen Heimat und zum deutschen Volk zu erziehen. Das schließt hier und dort kritische Distanz nicht aus. Dennoch gilt: Der islamische Religionsunterricht, seine Lehrkräfte, seine Lehrpläne und seine unterrichtliche Gestaltung müssen der Geschichte, Kultur, Tradition, Sitte und dem lokalen Brauchtum dieses Landes insgesamt konstruktiv-positiv gegenüber stehen[180].

Eine Balance von Distanz und Nähe zur hiesigen Lebenswelt zu vermitteln, ist keine leichte Aufgabe. Das zeigen vorliegende Lehrplanentwürfe für islamischen Unterricht. Sie erwecken eher den Eindruck, auf Abstand bedacht zu sein[181]. Das muss wohl so sein, denn Minderheiten sind auf Binnensolidarität angewiesen, um sich gegenüber Mehrheiten zu profilieren und zu behaupten[182]. So lässt der Lehrplanentwurf der Föderation der Aleviten zwar die Intention erkennen, Kontakte zu andersgläubigen Schülern zu fördern und sich gegenüber Religionen bzw. Kulturen in Deutschland zu öffnen. Er gibt jedoch keine expliziten Hinweise zur Integration. Er sieht vielmehr die deutsche Gesellschaft primär als Folie für die »Ausbildung einer selbstbewussten alevitischen Identität«[183].

Der Rahmenplan der Islamischen Föderation Berlin weist auf viele gemeinsame Werte mit der deutschen Gesellschaft hin, z. B. Toleranz, Erhaltung der Umwelt, Beziehung der Geschlechter usw.[184] Doch werden solche Gemeinsamkeiten auch eingelöst? Konkret: Wie wird im Unterricht das Verhältnis der Geschlechter behandelt (Stellung der Mädchen, Geschlechtertrennung, Schleier, Kopftuch, Bevormun-

dung der Frau), wie das Eherecht mit seinem religiösen Mischehen-
verbot für muslimischer Frauen?[185] Folgt er der Hermeneutik des
Zentrums für Islamische Frauen-Forschung und Frauen-Förderung
(ZIF), wonach die im Koran gemachten Äußerungen Allahs in
Wahrheit *frauenbefreiend und frauenfördernd* sind[186]? Folgt er tradi-
tionell-patriarchalen Auslegungen (vgl. Sure 4:34)? Oder wird er
von Äußerungen führender Repräsentanten islamischer Vereinigungen geprägt, die zumindest unklar sind? O. Üçüncü (Milli Görüs)
bejaht die Gleichberechtigung »ohne Wenn und Aber«. Er betont jedoch zugleich, dass Allah Mann und Frau verschiedene Aufgaben
zugedacht hat, die sich aus ihren biologischen Unterschieden erklären.[187] A. Kizilkaya, Vorsitzender des Islamrates, antwortet auf die
Frage nach der Gleichberechtigung ausweichend: »Man muss von
der Praxis ausgehen. Der Alltag läuft mehr oder weniger reibungslos
und erfüllt die Erfordernisse des Grundgesetzes.«[188]
– Islamismus
   Die muslimischen Trägervereinigungen fordern, dass der Unterricht lebensnah gestaltet werden soll. Das verlangt, auch auf die Tali-
banbewegung, die radikalen Gruppen wie Ansar al Islam oder His-
bollah, den ›großen‹ Djihad und auf Selbstmordattentate einzugehen
und kritisch Stellung zu beziehen. Hierbei kommt es nicht so sehr
auf die Verlautbarungen der großen muslimischen Trägervereinigungen an, die sich einhellig gegen Islamismus aussprechen. Entscheidend ist, welche Einstellung die Lehrkräfte vor Ort haben. Sie müssen der Anschauung entgegentreten, in der westlichen Welt kehre das
gottlose Heidentum wieder, die *Dschahilija*, die schon Mohammed
bekämpfte.
   Hierzu gehört eine explizite Distanzierung von Parolen, die etwa
in der Nachfolge des Ägypters Sayyid Qutb und des pakistanischen
Scheichs Mawlana Abul-Ala Mawdudi von radikalen Moslems *im*
Westen und *gegen* ihn verbreitet werden, und die laut dem Bayerischen Innenminister Günther Beckstein einen Imam in Augsburg
das Freitagsgebet stets mit der Aufforderung »Tod allen Christen«
enden ließen.[189] Wichtig ist auch die Ansicht der Lehrkräfte über die
auch gegen Europa gerichteten Internetauftritte radikaler Muslime.
Schließlich sollten sie Auskunft geben, ob in ihrem Unterricht Fernsehsender wie Al-Mamar, Al-Alam, Iqra, oder Al-Dschasira eine

Rolle spielen. Nicht nur die israelische Journalistin Elisabeth Schemla ist überzeugt, dass sich die Propaganda gegen den Westen, gegen Christen und Juden auf diesen Kanälen zu einer omnipräsenten, von Hass geprägten Weltanschauung verdichtet.[190]

– Gewaltentrennung und weltanschaulicher Pluralismus

Beide Grundsätze der westlichen Demokratien müssen Bestandteile eines zukunftsfähigen Islams werden und damit auch Grundlage des Unterrichtes sein. Wie kommen sie zur Geltung? Es ist für die Lehrkräfte nicht einfach, sie eindeutig zu vertreten. Zu sehr hat sich der traditionelle Islam darauf festgelegt, dass Religion und Staat organisch miteinander verbunden sind[191]. Selbst die Islamische Charta des Zentralrats der Muslime in Deutschland enthält kein klares Bekenntnis zu beiden Grundsätzen. Zwar besagt Art 12: Wir zielen nicht auf Herstellung eines klerikalen Gottesstaates ab. Doch der Begriff ist in Anführungszeichen gesetzt und der Ausdruck »klerikal« unislamisch. So lässt sich der Satz auch als spezielle Absage an ein bestimmtes Staats-Kirchenverständnis der *christlichen* Geschichte lesen. Er muss keine Distanzierung etwa vom iranischen Religion-Politik-Modell bedeuten.

– Rechts- und Gesellschaftsordnung

Lernen die Schüler und Schülerinnen, dass die Scharia *über, neben* oder *unter* dem Grundgesetz steht?[192] Der Unterricht muss auf Basis der Akzeptanz aller europäischen Gesetze und vor allem der säkularen Verfassungen erfolgen, mit dem eindeutigen Bekenntnis: Ein Rechtssystem für alle und keine Scharia für die islamischen Minderheiten, nicht einmal auf dem Gebiet des Familienrechts.[193] Nach M. Rohe stützt der Islam diese Bedingung. Koran und Scharia seien mit den Grundlagen der freiheitlichen demokratischen Ordnung, mit europäischer Demokratie und europäischem Parlamentarismus kompatibel[194]. Kompatibel auch mit den Menschenrechten? M. A. Gabriel verneint die Frage. Er betont, dass sie im Islam abgelehnt werden[195]. Der Rahmenplan der Islamischen Föderation Berlin dagegen nennt sie ausdrücklich als Lerninhalte[196]. An diesen gegensätzlichen Aussagen wird deutlich: Es geht nicht um die grundsätzliche Anerkennung der Menschenrechte, sondern um ihre Interpretation, d. h. ob sie gleichsam westlich oder muslimisch interpretiert werden. Im zweiten Fall würde der Unterricht etwa der *Allgemeinen Erklä-*

rung der Menschenrechte im Islam vom 19. September 1981[197] folgen,
bzw. ihrer Weiterentwicklung in der von den 45 Mitgliedsstaaten der
OIC (Organisation der Islamischen Konferenz) am 5. August 1990
verabschiedeten *Kairoer Erklärung der Menschenrechte im Islam*[198].
Dem Unterricht läge dann eine Auslegungsart zu Grunde, die nur in
sehr eingeschränktem Maß mit den im europäischen Kulturkreis vertretenen Deutungen zusammenstimmt. Akut würde das etwa bei der
unterrichtlichen Behandlung des traditionellen islamischen Apostasieverbotes, also des Wechsels vom Islam zu einem anderen Glauben[199]. Zwar besagt Art. 10 der Kairoer Erklärung: »Der Islam ist die
Religion der reinen Wesensart. Es ist verboten, irgendeine Art von
Druck auf einen Menschen auszuüben ... um ihn zu einer anderen
Religion oder zum Atheismus zu bekehren«. Die Erklärung schweigt
aber zum Wechsel aus eigenem Willen, den Art. 18 der Menschenrechtserklärung von 1948 ausdrücklich zulässt. Zudem besagen
Art. 24 und 25 der Erklärung, »Alle Rechte und Freiheiten, die in
dieser Erklärung genannt wurden, unterstehen der islamischen Scharia«, bzw. »Die islamische Scharia ist die einzige zuständige Quelle
für die Auslegung ... jedes einzelnen Artikels dieser Erklärung.«[200]

Endlich ist im Zusammenhang der Rechts- und Gesellschaftsordnung von Bedeutung, ob, und wenn, in welcher Weise im Unterricht
der Gedanke der »Drei Häuser« eine Rolle spielt. Danach bilden
Gesellschaften, die eine muslimische Lebensweise bzw. friedliche
Partnerschaft garantieren[201], das Haus des Friedens (dar al-islam),
noch nicht festgelegte Gesellschaften das Haus des Vertrags/der Waffenruhe (dar al-ahd), unislamische aber das Haus des Krieges/der
Ungläubigen (dar al-harb/al-kufr), in dem (vor allem für Schiiten)
taktische Täuschung geboten sein kann.[202]

– Persönliche Lebensführung

Hierzu ist zunächst von Interesse, ob der Unterricht die traditionell islamische Vorstellung voraussetzt, wonach die religiöse Erziehung der Kinder mit sieben Jahren zu beginnen hat und in der Familie des Vaters erfolgen soll, der die Schuld daran trägt wenn z.B.
»der Sohn mit fünfzehn immer noch kein Muslim ist«[203], sowie, welche Rolle bei der religiösen Erziehung dem Religionsunterricht zukommt. Außerdem besteht u.a. Klärungsbedarf über die Haltung
zum Umgang muslimischer Jugendlicher mit befreundeten oder frem-

den Nichtmuslimen: Was wird im Unterricht zur doppelten Pflicht gelehrt, jeden Muslim zu unterstützen (*wala*) und keinen Kontakt zu Nichtmuslimen zu pflegen (*bara*), was zur Mischehe?[204]

Generell gilt: Es ist eine zentrale Funktion des Unterrichtes, für die persönliche Lebensführung konkrete Verhaltensregeln anzubieten, die die Balance zwischen Integration in deutsche Lebenswelt und Wahrung muslimischer Identität fördern. Hiermit dient er den Jugendlichen bei der Lösung einer Aufgabe, die sie das ganze Leben über begleiten wird. Sein Beitrag darf sich nicht auf verbale Belehrung beschränken. Er muss daneben kommunikative Unterrichtsformen des gemeinsamen Erlebens und Erfahrens anbieten, sowohl innerhalb der eigenen Lerngruppe, als auch in Aktionen mit nichtmuslimischen Jugendlichen.

Die entsprechende Unterrichtsarbeit wird dadurch erschwert, dass die jungen Muslime nicht selten in einem Umfeld beheimatet sind, das in einem eher distanzierten Verhältnis zur deutschen Gesellschaft steht. Dennoch kann der islamische Religionsunterricht seiner Aufgabe nachkommen, wenn sich die Lehrkräfte für islamische Reformbewegungen öffnen und auf behutsame Art Kontakte zu den muslimischen Elternhäusern knüpfen, sowie Verbindung zu islamischen Vereinigungen im Einzugsbereich der Schule suchen.

Die skizzierten Fragenkomplexe zu Gesetzeslage, Schulrecht, Schulpädagogik, Ziele und Inhalte eines islamischen Unterrichtes zeigen: Es genügt nicht, dass die zu seiner Einführung notwendigen gesetzlichen und verwaltungsmäßigen Bestimmungen erlassen und die äußeren Rahmenbedingungen geschaffen werden. Die damit in Gang gesetzten schulischen Veränderungen müssen über mehrere Jahre hinweg in ihrer Vielschichtigkeit begleitet und, wenn nötig, korrigiert werden[205]. Konkret: Die praktischen Auswirkungen eines islamischen Unterrichts auf das *gesamte* Schulleben, auf die Unterrichtsarbeit *aller* Fächer, auf Lehrende, Lernende und die Elternschaft erfordern, dass der Unterricht zusätzlich zur staatlichen Fachaufsicht von kontinuierlich arbeitenden Expertenkommissionen begleitet wird. Ihnen sollten neben Vertretern der jeweils verantwortlichen islamischen Religionsgemeinschaften auch Politiker, Pädagogen, Psychologen, (christliche Religions-)Lehrkräfte und Eltern, sowie ältere muslimische und nichtmuslimische Schüler angehören.

e. Konfessioneller Anspruch und schulorganisatorische Konsequenzen

Die islamische Welt ist nicht weniger differenziert als die westliche, der Islam nicht weniger in Konfessionen, Richtungen und Kulturen gegliedert als das Christentum. Zu Recht fragt Josef Kardinal Ratzinger, Papst Benedikt XVI.: was ist das: *der* Westen? Und wer ist das: der Islam? Beides sind vielschichtige Welten mit großen inneren Unterschieden[206]. Der Islam ist – lässt man die gewisse Hierarchie unter schiitischen Religionsführern außer Acht – independistisch, d. h. dezentral organisiert[207]. Er umfasst, nimmt man die Aleviten als eigene Gruppe[208], in Sunna und speziell in Schia viele Denominationen[209]. Diese lehnen sich teils gegenseitig ab, teils verfahren sie mit internen Abspaltungen härter als mit »äußeren Feinden«[210]. So steht der mystisch-asketische Sufismus[211] gegen den puristisch-machtpolitisch geprägten Wahhabismus[212], eskalieren innerhalb und außerhalb des Iraks Spannungen zwischen Sunniten und Schiiten. Zudem verläuft quer durch alle Gruppierungen eine Grenzlinie zwischen »progressiven« und »konservativen« Gläubigen. Besonders deutlich wurde dies im November 1979 beim Anschlag religiöser Eiferer auf die Kaaba in Mekka.

Die organisatorische und religiöse Vielfalt scheint einen bekenntnisorientieren islamischen Religionsunterricht an deutschen öffentlichen Schulen auszuschließen. Zumindest gingen politisch Verantwortliche längere Zeit davon aus. So waren bayerische Politiker überzeugt, vorläufig würde weder ein »überkonfessioneller« noch ein »konfessioneller« islamischer Religionsunterricht an den öffentlichen Schulen des Landes im Sinne von Art. 7/3 GG eingerichtet werden, der den (türkisch-)muttersprachlichen Ergänzungsunterricht, die Islamische Unterweisung bzw. den Islamunterricht ersetzt[213]. Diese Auffassung hat sich nicht bestätigt. Muslime in Deutschland erklären eine einheitliche Organisation nicht nur für wünschenswert[214]. Der Islamrat, der Verband der islamischen Kulturzentren, der Zentralrat der Muslime und die Türkisch-Islamische Union der Anstalt für Religion (Ditib) schlossen sich im Frühjahr 2007 zu einem Dachverband zusammen[215]. Solche Dachverbände können nach einem Urteil des Bundesverwaltungsgerichts vom 23. Februar 2005 als Träger eines islamischen Religionsunterrichts nach Art. 7/3 GG fungieren. Überdies lassen die Beispiele in

Berlin, Niedersachsen und Baden-Württemberg erkennen, dass es unabhängig davon möglich ist, auf regionaler oder lokaler Ebene Vereinigungen zu bilden, welche die Verantwortung für den Unterricht übernehmen. Sie beweisen, dass muslimische Gemeinschaften sehr wohl imstande sind, die im Grundgesetz geforderte Autorität zu benennen, die es ihnen erlaubt, als Religionsgemeinschaft den deutschen Ländern gegenüberzutreten.[216] Kommt es zu Zusammenschlüssen, dann gibt es keinen Grund, weshalb sie nicht auf Gleichbehandlung mit den christlichen Konfessionskirchen bestehen und einen ihren Vorstellungen entsprechenden bekenntnisgebundenen Unterricht einfordern können. Tatsächlich ist ein »überkonfessioneller«, doch »bekenntnisorientierter« Unterricht[217] ihr Nahziel, ein »konfessioneller« Unterricht ihr Fernziel[218]. Mit Hilfe der Zusammenschlüsse kann auch die notwendige Mindestteilnehmerzahl für eine entsprechende Lerngruppenbildung erreicht werden. Das zeigt sich in Niedersachsen und Baden-Württemberg. Hier wird in einigen Städten bereits sunnitisch- und alevitisch-»konfessioneller« Unterricht erteilt[219].

Die allgemeine Einführung eines islamisch-»konfessionellen« Religionsunterrichts hat Folgen für die schulische Unterrichtsorganisation. Bereits ein »überkonfessioneller« islamischer Unterricht dürfte die Stellung von Religionsunterricht bzw. Ethikunterricht im Stundenplan verschlechtern. Wird es doch kaum gelingen, den katholischen, den evangelischen und den islamischen Unterricht – samt der Ethikgruppe – klassenübergreifend und, je nach örtlichen Bedingungen, sogar jahrgangsstufenübergreifend parallel zu legen. Eine konfessionelle Unterteilung des islamischen Unterrichts dürfte dies gänzlich unmöglich machen. So ist damit zu rechnen, dass der gesamte Religions- bzw. Ethikunterricht in Randstunden, oder aber am Nachmittag stattfinden muss.

Ein weiteres Problem kommt hinzu: Der islamische Religionsunterricht erfordert die zusätzliche Zuweisung von Lehrerwochenstunden. Das heißt: Er verteuert den Unterrichtsbetrieb. Dies gilt umso mehr, je stärker er differenziert wird. Somit wird der bisherige Religions- bzw. Ethikunterricht nicht nur stundenplantechnisch tangiert. Zugleich könnte der christliche Religionsunterricht unter Druck geraten, seinerseits seine konfessionelle Differenzierung aufzugeben und in einen einheitlichen christlichen Unterricht oder aber – im Sinne einer alevitischen Forderung – in einem »Religionsunterricht für alle« aufzugehen[220].

Zusätzlich zu diesen organisatorischen und finanziellen Fragen sind christlicher Religionsunterricht und Ethikunterricht von der Einführung eines islamischen Unterrichts wegen der im Rahmen der weltanschaulich-religiösen Erziehung an der Schule vergleichbaren Fachstruktur auch in anderen Bereichen betroffen: in ihrer eigenen schulischen Position, ihrem Profil und ihrer Gestaltung. Deshalb legt sich nahe, dass die Vertreter der christlich-konfessionellen Religionslehre und des Faches Ethik zur Einrichtung eines islamischen Religionsunterrichtes Anregungen geben und Wünsche anmelden.

6. Anregungen und Wünsche von christlichem Religionsunterricht bzw. Ethikunterricht

Islamischer Unterricht fällt im Blick auf Inhalt, Didaktik und Methodik unter die Selbstregelungskompetenz der verantwortlichen Träger-Vereinigung(en). Da er aber Parallelfach des christlich-konfessionellen Religionsunterrichtes und des Ethikunterrichtes ist, müssen ihre Verantwortlichen im Interesse der nichtmuslimischen Jugendlichen darauf achten, dass seine Strukturen und Anforderungen mit denen jener Fächer vergleichbar sind. Das heißt u. a.:
- Es ist darauf zu achten, dass die muslimische Fachlehrerausbildung mit der Ausbildung der christlichen Religionslehrkräfte und der Ethiklehrer gleichwertig ist. Die Ausbildung muss an der Universität erfolgen, einen entsprechend breit angelegten Studiengang und ein kompatibles Prüfungsniveau aufweisen[221].
- Es bedarf einer der christlich-konfessionellen vergleichbaren muslimischen Fachdidaktik und Unterrichtsmethodik, mit entdeckendem, eigenverantwortlichem Lernen und kreativen Unterrichtsmethoden.[222] Hierzu sollte Kontakt zu den Fachdidaktikern der Parallelfächer gesucht, aber auch von diesen angeboten werden.
- Es ist unverzichtbar, dass der islamische Unterricht nähere Informationen über das Christentum in Vergangenheit und Gegenwart bzw.

über seine zentralen Glaubensaussagen, sowie über europäische Geistesgeschichte vermittelt.

– Die muslimischen Lehrkräfte sollten bereit sein, mit denen des christlich-konfessionellen Religionsunterrichts und des Ethikunterrichts bei ihre Fächer gemeinsam betreffenden Angelegenheiten sowie in fächerverbindenden Aktionen und Projekten zusammenzuarbeiten.

– Die von muslimischen Religionsgemeinschaften durchgeführten dienstlichen Beurteilungen müssen den für die christlich-konfessionelle Religionslehrerschaft geltenden Bestimmungen und Bewertungsniveaus entsprechen.

– Für die Einrichtung, Ausstattung und Lerngruppenbildung des islamischen Unterrichts haben die gleichen Bedingungen zu gelten wie für die Parallelfächer. Die Stundenzuweisung an die einzelnen Schulen im Rahmen der Budgetierung pro Jahrgangsstufe muss um jeweils zwei Jahreswochenstunden erhöht werden. Schließlich, und nicht zuletzt:

– Es muss ein mit den Parallelfächern vergleichbares Qualitätsniveau im Blick auf die kognitiv-reflexiven Anforderungen an die Schülerschaft[223] und bei den Bewertungsmaßstäben gewährleistet sein. Das gilt in besonderer Weise für die Kollegstufe und die Abiturprüfung.

7. Folgerungen für den christlich-konfessionellen Religionsunterricht

Die Begegnung und Auseinandersetzung mit dem Islam in der Schule ist *allen* Fächern aufgegeben. Dennoch nehmen die Fächer Ethik und christlich-konfessionelle Religionslehre eine Sonderstellung ein. Der Ethikunterricht hat sich (nur) deskriptiv und ohne Wertungen mit Glauben, Geschichte und Ethik des Islam zu befassen. Im Religionsunterricht geht es darüber hinaus um positionelle Standortbestimmung und um Stellungnahme, also um den Versuch empathischen Verstehens, um das Ausloten möglicher Gemeinsamkeiten, aber auch um das Aufzeigen von Gegensätzen und um kritische Auseinandersetzung.

Aufgrund ihrer Strukturverwandtschaft sind nicht nur christlichkonfessioneller Religionsunterricht und Ethikunterricht befugt, Wünsche an einen islamischen Unterricht zu richten. Umgekehrt können auch dessen Vertreter Wünsche äußern. Sie können erwarten, dass ihnen die Lehrerschaft der beiden Fächer im persönlichen Umgang entgegenkommt, ihr Fach und ihre Arbeit als gleichberechtigt anerkennt, ihnen in schulischen Fragen mit Rat und Tat zur Seite steht und kooperationsbereit ist.

Zugleich erfordert der islamische Unterricht eine kritische Selbstbesinnung der christlichen Religionspädagogik, und er macht es notwendig, dass die christliche Religionslehrerschaft ihr Selbstverständnis und die Gestaltung ihres Unterrichtes überprüft. Hierbei kann auf jene Ansätze in christlich-religionspädagogischer Theorie und Praxis zurückgegriffen werden, die im Rahmen interreligiösen Lernens zur Begegnung und Auseinandersetzung mit dem Islam und seiner Welt bereits entwickelt wurden[224].

Allerdings werden nicht geringe Schwierigkeiten auftreten. Viele Bürger in unserem Land sind dem Christentum entfremdet. Viele christliche Schüler und Schülerinnen leben nicht mehr in der herkömmlichen Mehrheitssituation, sondern in religiösen Diasporaverhältnissen. Doch der christlich-konfessionelle Religionsunterricht entspricht in Struktur und Gestaltung oftmals noch überkommenen christlichen Traditionen. Er ist durchwegs auf Jugendliche als selbstbestimmte Subjekte einer Gesellschaft ausgerichtet, die sich als westlich-europäische versteht und darin relativ homogen nachaufklärerisch-plural geprägt ist.

Aus dieser Perspektive heraus soll der Unterricht nach Vorstellungen der Evangelischen Kirche in Deutschland ohne Einschränkung für alle offen sein, die ihn besuchen wollen[225]. Und für viele Religionspädagogen ist sein Ziel eine religiöse Kompetenzerweiterung, die speziell durch Kontakte mit dem Fremden und durch die Erfahrung des Anderen gefördert werden soll. Aber kann man dem Fremden und Anderen sachgemäß begegnen, wenn man über kein Eigenes verfügt? Angesichts der gegenwärtigen Situation geht es in erster Linie darum, einer weithin religiös heimatlos gewordenen Generation eine »Einheimatung« in die christlich-konfessionelle Glaubensgemeinschaft und -tradition anzubieten. Schon im Jahr 2001 kritisierte der evangelische Bischof von Berlin-Brandenburg, W. Huber, zurecht die Flucht ins Fremde als eine scheinprogressive Selbstverachtung, die den Kindern in der Schule alles über den Ramadan und das Laubhüttenfest beibringen will, während Advent und Weihnachten keine Themen mehr sind[226]. Dabei darf »Einheimatung« keinesfalls als affirmativ-vereinnahmend missverstanden werden. Sie verlangt eine *kritisch-konstruktive* Begegnung mit den Glaubens- und Lebensäußerungen der eigenen Konfessionsgemeinschaft in Vergangenheit und Gegenwart.

Wenn die Jugendlichen von einem so gewonnenen Standort her mit dem Islam konfrontiert werden, dürfen sie nicht überfordert werden. Es ist für sie nicht einfach, zwischen den Geltungsansprüchen zweier Offenbarungsreligionen zu navigieren, die nicht kompatibel sind. Es besteht die Gefahr, dass sich die Jugendlichen auf das Paradigma des Sowohl-als-auch[227] zurückziehen und damit Anspruch (und Zuspruch!) von Bibel *und* Koran verfehlen (Act 4,12 – Sure 9:29f.).

Welche Fähigkeiten muss ein christlich-konfessioneller Religionsunterricht vermitteln, damit die Herausforderungen bestanden werden, mit denen die christliche Generation der Zukunft zu rechnen hat? Versucht man entsprechende Kompetenzen zu formulieren, dann könnten sie im Zusammenspiel von Deutungs- und Partizipationskompetenz[228] so lauten:

– *Die Schüler und Schülerinnen sollen sich der Bedeutung der eigenen Glaubensgemeinschaft und ihres Glaubens auf eine Art bewusst werden, die es ihnen ermöglicht, nicht nur in Mehrheitsverhältnissen, sondern auch als christlich-konfessionelle Minderheit zu bestehen, ohne Minderwertigkeits- oder kompensatorische Überwertigkeitsgefühle;*
– *sie sollen fähig sein, mit Wahrheits- und Offenbarungsansprüchen differenziert-kritisch umzugehen und Position zu beziehen; sowie:*
– *Sie sollen fähig und bereit sein, dem Andersglaubenden offen zu begegnen, von ihm zu lernen, mit ihm zu kooperieren, sich seiner Kritik zu stellen, sich mit seinem Glauben kritisch auseinander zu setzen und ihm den eigenen nahezubringen.*

Immer geht es dabei um Abgrenzung ohne Einengung, um Profilierung ohne Missachtung, um Bezeugung ohne Bedrängung.

Zur Einlösung der ersten Kompetenzbeschreibung darf christlicher Religionsunterricht kein religiöses Esperanto lehren. Er muss als Sprachschule des Glaubens in der »Mundart« einer Konfessionsgemeinschaft erfolgen. Er hat die Aufgabe, in sie einzuführen und mit deren konkreter *praxis pietatis* vertraut zu machen. Nur, wer in einer christlichen Konfession oder Denomination zu Hause ist, kann selbstbewusst und offen auf den Andersglaubenden zugehen.

Im Blick auf die zweite Kompetenzbeschreibung sollte christlichkonfessioneller Religionsunterricht speziell in den höheren Klassen die Jugendlichen mit unterschiedlichen Wahrheitsvorstellungen bekannt machen und mit ihnen mögliche Beurteilungskriterien erörtern. Er sollte versuchen, ein Gefühl für die Besonderheit religiöser Offenbarung zu wecken. Hierzu gehört, verschiedene Offenbarungsformen und -wege aufzuzeigen und wenigstens ansatzweise in die Problemstellung einander widerstrebender Offenbarungsansprüche einzuführen.

Im Kontext der dritten Kompetenzbeschreibung muss christlichkonfessioneller Religionsunterricht die Jugendlichen zu freundschaftlichen Kontakten mit muslimischen Mitschülern ermutigen. Er wird Kenntnisse über Lehre und Praxis des islamischen Glaubens vermitteln (etwa im Vergleich von christlicher und muslimischer Friedhofskultur), dazu Respekt und Achtung gegenüber dem Islam. Aufgabe des christlichen Unterrichtes ist aber auch, die missionarische Dimension des Christentums deutlich zu machen[229]. Sie besteht im Werben für den eigenen Glauben und in der Einladung, ihn selbst zu erfahren. Christliche Jugendliche sollten sich bewusst werden, dass sie im schulischen – und außerschulischen – Umfeld *stets christliche Glaubens-Zeugen* sind. Fraglich ist nur, ob in defensiv-negativer oder aktiv-positiver Weise. Sowie: Die Jugendlichen müssen darauf hingewiesen werden, dass Einstellungen junger Muslime gegenüber dem christlichen Glauben kaum von Lehrfragen abhängen, sondern *ganz entscheidend vom persönlich erlebten Verhalten*: am Wohnort, auf den Straßen, in den Wohnhäusern, in den Klassenzimmern. Und: Dass die jungen Christen dabei mit Muslimen konkurrieren, die nicht selten bewusst ihren Glauben leben (Moscheebesuch! Alkoholverzicht!)[230].

Alle drei Kompetenzbeschreibungen erfordern Unterrichtsverfahren, die Information vermitteln, zugleich zu Empathie, Perspektivenwechsel und Streitkultur fähig machen[231]. Hierzu gehören auf der einen Seite die Kenntnis zentraler christlicher Glaubensaussagen, strukturierendes Orientierungswissen und die Fähigkeit, über Bekenntnis, Geschichte und gegenwärtige Situation der eigenen Glaubensgemeinschaft Auskunft zu geben, über ihre Probleme und Schwächen Bescheid zu wissen, sie einzuräumen – und dennoch für die eigene Gemeinschaft einzutreten.

Dazu gehört auf der anderen Seite das Verfügen über sachgerechte Informationen zum Islam und seiner Welt, sowie über Verfahren, die eine respektvoll-kritische Auseinandersetzung mit ihm möglich machen. Flankiert und gestützt werden muss ein solcher Unterricht durch Verfahren, die den Jugendlichen christliche Lebenswirklichkeit praktisch erfahrbar machen. Wäre christlicher Religionsunterricht auf Lehren und Lernen ohne paralleles Erleben und Erfahren beschränkt, dann würde er in jene relevanzlose und immunisierende Isolation geraten, vor der schon Frithjof Gräßmann warnte[232]. Mehr denn je gilt das Wort Richard Kabischs, »Der Unterricht schaffe Erlebnisse.«[233] Sie werden ermöglicht durch authentische Begegnungen mit Zeugen und Zeugnissen der eigenen Glaubensgemeinschaft in Vergangenheit und Gegenwart, durch Projekte wie Spurensuche im Bereich der kirchlichen Lokal- und Regionalgeschichte. Besonders motivierend können Partnerschaften mit Jugendlichen der eigenen Konfessionsgemeinschaft im Ausland sein.

Authentische Begegnung mit gelebtem christlichen Glauben ist unter den Bedingungen des Fachunterrichts mit seinen üblichen 45-Minuten-Takt nur sehr begrenzt möglich. Sie muss sich auch außerhalb, d.h. im allgemeinen Schulleben, zu besonderen Anlässen, in gemeinsamen Projekten und Aktionen ereignen. So ist dringend zu wünschen, dass sich die christliche Religionslehrerschaft bei ihrer Tätigkeit nicht auf die Unterrichtsarbeit im engeren Sinn beschränkt, sondern sich in außerunterrichtlichen Aktivitäten engagiert: in Arbeitsgemeinschaften, gemeinsamen Projekten, Besinnungstagen, Exkursionen, Ausstellungsbesuchen, nicht zuletzt in gemeinsamem gottesdienstlichem Feiern, kurz: in allen gemeinschaftsorientierten Unterrrichtsformen. Besondere Chancen hierfür bieten Ganztagsschulen.

Daneben bekommt die Öffentlichkeitsarbeit immer größeres Gewicht. Zwar ist gegenwärtig in den meisten deutschen Ländern der christliche Religionsunterricht nicht in Gefahr (wenn auch evtl. in seiner konfessionellen Form). Durch die Einführung eines islamischen Religionsunterrichts wird seine Stellung in der Schule sogar noch gestärkt. Das Wissen über seinen Charakter, seine Bedeutung, seine Ziele und Inhalte nimmt jedoch ab. Aus diesem Grund sollte die christliche Religionslehrerschaft Wege suchen, im öffentlichen Umfeld ihrer Schule über ihr Fach aufzuklären und um Verständnis zu werben: im

Jahresbericht der Schule, in lokalen Zeitungen, bei den Parteien am Ort, möglicherweise auch bei örtlichen Vereinen. Eine spezielle und interessante Aufgabe ist es, Verbindung zu örtlichen muslimischen Gruppierungen zu suchen und ihnen Informationen und Gespräche über den christlichen Glauben, über christliche Sitten und Bräuche, sowie Führungen in Kirchen oder sonstigen christlichen Stätten anzubieten[234].

Die Einführung eines islamischen Religionsunterrichts setzt auch neue Akzente in der Elternarbeit. Informelle Abendveranstaltungen bieten ein Gesprächsforum für die Klärung von Fragen zum Verhältnis von Christentum und Islam, sowie zur Erörterung von Rückwirkungen auf die häusliche religiöse Erziehung. Eventuell können auch amikabel gestaltete Informationsseminare über den Islam und seine Welt angeboten werden. Nicht zuletzt sollten von der christlichen Religionslehrerschaft einer Schule konkrete Angebote an Schulleitung und Kollegenschaft gemacht und ausgearbeitet werden, die Thematik Christentum – Islam im Rahmen pädagogischer Veranstaltungen oder Pädagogischer Tage zu behandeln.

Die Einführung eines islamischen Unterrichts fordert vor allem eine kritische Überprüfung der eigenen Lehrpläne und des Lehr- und Lernmaterials. Gestatten sie bzw. geben sie zum Islam korrekte Informationen: über seine Geschichte und Verbreitung, über zentralen Lehren[235], über Gottesdienst und Gebetsruf[236], (bei älteren Schülern:) über Riten zu Sterben und Tod, über islamisches Heirats-Eheverständnis[237]? Werden hilfreiche Erschließungs- und Beurteilungsaspekte[238] angeboten: ohne Klischees und negative Verzeichnungen[239], aber auch ohne unzutreffende Harmonisierung und Beschönigungen (z. B. zur Mischehenfrage)? So ist zu untersuchen, ob die Frühphasen der christlich-muslimischen Begegnung ab dem 7. Jahrhundert und deren Achsenzeit im 11./12. Jahrhundert zureichend und sachgemäß berücksichtigt sind: Werden nur Kriegshandlungen angesprochen? Werden oberflächliche oder einseitige Schuldzuweisungen vorgenommen?[240] Werden kulturhistorische Auswirkungen einbezogen? Wird ansatzweise ein Problembewusstsein geweckt für die theologisch-systematischen Herausforderungen und ihre Lösungsversuche angesichts des Zusammenstoßes zweier Offenbarungsreligionen? Neben der kritischen Durchsicht von Lehrplänen und -büchern ist darüber nachzudenken, wie weit die christlichen Religionslehrkräfte selbst auf die Begegnung und Auseinandersetzung mit dem Islam, sowie auf die Einführung eines islamischen Religionsunterrichtes an öffentlichen Schulen vorbereitet sind. Praktische Erfahrungen lassen dies eher verneinen. So sind die Ausbildungsstätten aufgerufen, ihre Bemühungen zu verstärken, angehenden Lehrkräften die nötigen Kompetenzen zu vermitteln[241]. Für im aktiven Dienst Stehende sollten Fortbildungen angeboten werden. Beidemale wird es vorrangig um diese Aspekte gehen:

- Um Einblick in die demografische Entwicklung in Deutschland und in deren Folgen, sowie um einen kompetenten und sensiblen Umgang mit Problemen von Integration und Identität. Hierzu gehört die Einübung in den Perspektivenwechsel zwischen einem Leben als Mehrheit und als Minderheit – auch als einheimische Jugend! –, ferner Verständnis für die Herausforderungen der zugewanderten *und* der einheimischen Jugendlichen angesichts der Begegnung mit fremder Lebensart, Kultur und Glauben.

- Um authentische Kenntnisse über die religiöse, kulturelle, politische und soziale Welt des Islam: über die Lehraussagen (auch über das Endgericht), die Frömmigkeitspraxis, die Feste, öffentliche und familiale Sitten und Bräuche, über den geschichtlichen Werdegang und damit verbundene Wesenszüge des Islam vor und nach der Hidschra, ferner über die Auseinandersetzungen und Spaltungen nach Mohammeds Tod in Sunniten, Schiiten, Kharijiten[242] u.a., sodann über den Djihad in Geschichte und Gegenwart[243]. Ferner sollen aktuelle muslimische Probleme erörtert werden, global und im Blick auf die muslimischen Immigranten in Europa und Deutschland. Hierbei sind auch die Auswirkungen auf die einheimische Bevölkerung und deren Reaktionen wichtig.

- Um die Auslotung der Möglichkeiten und Grenzen der Zusammenarbeit von christlichem und islamischem Religionsunterricht – auch bereits im Vorschulbereich –, sowie der Kontakte mit muslimischen Kollegen im Schulalltag (u.a. durch Informationsaustausch, Angebote der Einführung in Geschichte, Lehren und Lebensformen der eigenen Konfessionsgemeinschaft, gemeinsame Projekte im Rahmen des konziliaren Prozesses).

- Um einen Einblick in die Situation der Christen in islamisch dominierten Ländern[244], ferner um Aspekte des Islamismus: seine Ursachen, sein Verhältnis zu Koran und Islam, sowie seine aktuellen Stoßrichtungen in Afrika, Amerika und Europa[245].

– Um die Erörterung der einschlägigen theologisch-religionstheologischen Fragen aus christlich-konfessioneller Perspektive. Dieser Bereich sollte das Zentrum der Ausbildung und Fortbildung über das Verhältnis beider Offenbarungsregionen bilden. Er umfasst eine vertiefte Beschäftigung mit den zentralen Glaubensaussagen und Lebensäußerungen der eigenen christlichen Konfessionsgemeinschaft[246]. Dabei geht es vor allem um das Bekenntnis zur biblischen Botschaft als Offenbarungszeugnis, um die Christologie und Trinitätslehre. Zu diesem Bereich gehören ferner die Auseinandersetzung mit der Wahrheitsthematik und mit den verschiedenen religionstheologischen Ansätzen, die Offenheit für kritische Anfragen an den eigenen Glauben und an Ethos und Moral der christlichen Gesellschaft, zugleich die Erörterung von für Muslime nicht tolerierbarem Verhalten von Christen und ggfs. von Möglichkeiten seiner Korrektur. Schließlich sollten die missionarische Dimension gestärkt und praktische Wege ihrer Verwirklichung diskutiert werden. Ziel ist die Bereitschaft und Fähigkeit, die eigene Glaubensgemeinschaft und ihren Glauben selbstkritisch und doch einladend zu vertreten[247].

Parallel zu Ausbildung, Fort- und Weiterbildung sollten die christlichen Religionslehrkräfte an persönlichen und privaten Kontakten mit deutschstämmigen und zugewanderten Muslimen interessiert sein, um ihr Leben und Denken kennen zu lernen, sich in ihre Situation einzufühlen und sich über Gemeinsames und Trennendes zu verständigen.

Mit alldem bekommen Religionsunterricht und Berufsbild der christlichen Religionslehrerschaft eine neue Gestalt. Die Konturen zeichnen sich vorerst nur undeutlich ab. Religionspädagogik und -lehrerschaft sollten sich deshalb aufgerufen wissen, nach Jahren weitgehenden Stillstands in neuer Weise die konzeptionelle Grundsatzdiskussion wieder aufzunehmen. Im Horizont der Begegnung und Auseinandersetzung mit dem Islam muss auf möglichst breiter Basis das Modell eines zukunftsfähigen Religionsunterrichts von der Vorschule bis zur zwölften Jahrgangsstufe erörtert werden. Die von der Bildungspolitik geforderte Ausrichtung des Unterrichtes an Kompetenzen und Standards bietet dazu einen guten Anlass.

Bei der Neugestaltung des christlich-konfessionellen Religionsunterrichts wird darauf zu achten sein, dass neben seiner binnenperspektivischen Sicht mehr und mehr die Außenperspektive einbezogen wird. Sie verlangt, dass er sich in Zukunft stärker als bisher legitimiert und profiliert: gegenüber den Fächern LER und Ethik, im Kontext der öffentlichen Diskussion über Erziehung und Unterweisung[248], vor der Gesellschaft insgesamt – und nicht zuletzt gegenüber Islam und islamischem Religionsunterricht.

E. Ausblick

Die Einwanderung des Islams nach Deutschland hat viele Facetten und ist ein langwieriger Prozess. Seine Folgen sind noch nicht abzusehen. Eine Untersuchung zu Schule und Islam im Spannungsfeld von Identität und Integration kann daher nicht mit einem abschließenden Resümmee enden, sondern mit offenen Fragen: Welche Weltanschauung, welche Religion, welche Glaubensrichtung wird künftig in Europa, in Deutschland, bestimmend sein? Wird die Antwort im Singular oder Plural erfolgen? Wird die muslimische Einwanderung dazu führen, dass sich das Christentum erneuert? Dass sich das Verhältnis von Kirchenaustritten und -eintritten umkehrt? Oder wird der Islam die Hoffnung mancher Anhänger erfüllen und seinen 718 bzw. 732 vor Konstantinopel bei Tours und Poitiers und 1529/1683 vor Wien zum Halten gebrachten Zug nach Westen wieder aufnehmen, um seiner europäischen Geschichte ein neues Kapitel anzufügen?

Die Entscheidungen werden im Überschneidungsbereich der demographisch-soziologischen, religiösen, politischen, wirtschaftlichen und kulturellen Perspektiven fallen. Dabei sind aufgeregte Prognosen nicht angebracht. Es zeichnet sich kein Untergang des Abendlandes ab. Die hier gewachsenen Kulturen und Traditionen sind zu tief gegründet, als dass sie durch die muslimische Einwanderung in absehbarer Zeit beseitigt werden könnten. Speziell der siegreiche Kampf um die Errichtung eines islamischen Gottesstaates in Europa wird die utopische Vision weniger Dschihadisten bleiben. Die übergroße Zahl der Muslime will in allen europäischen Ländern ihren Glauben in Frieden leben und als Mitbürger mit Christen und Andersgläubigen kommunizieren.

Gelassenheit bedeutet aber nicht Naivität. Die Einwanderung des Islams hat das Land bereits verändert und wird weitere Veränderungen mit sich bringen. Ihnen gegenüber sollte man wachsam sein. Man sollte sich darüber im Klaren sein, dass die tiefsten und letztlich entscheidenden Triebkräfte der Veränderungen weltanschaulich-religiöser Art sind. Und dass – soweit sie den Islam betreffen – ihre pulsierende Mitte außerhalb des »Abendlandes« liegt: im arabisch-ägyptisch-iranischen Dreieck.

Diese Konstellation wirft neues Licht auf das Verhältnis von Identität und Integration der muslimischen Zuwanderer und ihrer Kinder. Sie fordert eine gleichsam bipolare Existenz. Sie vollzieht sich in Verhältnissen, in denen die geistig-religiöse Heimat und die konkret-alltägliche Lebenswelt nicht nur geographisch weit auseinander liegen, sondern – wie die unterschiedlichen Kalender anzeigen – auch ungleichzeitig sind.

Es gibt Anzeichen, dass es als Antwort auf diese Bipolarität zu einer Re-Islamisierung der Migranten kommt. Dieser Vorgang birgt nicht nur Sprengkraft für das künftige Zusammenleben der einheimischen mit der zugewanderten Bevölkerung. Er führt auch zu innermuslimischen Konflikten, nicht zuletzt deshalb, weil er sich mit der Problematik der sozialen Schichtungen der Zuwanderer überlagert:

Immigranten mittlerer oder gehobener Schichten beherrschen die deutsche Sprache, haben gute Ausbildung und Bildung. Sie sind weitgehend in die hiesige Kultur und Zivilisation integriert. Doch spüren gerade sie auf Grund der dabei gemachten Erfahrungen einen drohenden Identitätsverlust. Manche von ihnen wenden sich daher auf einer neuen, reflektierten Ebene dem Kulturkreis ihrer Herkunftsländer zu.

Immigranten unterer Schichten haben es wegen geringer Sprachkenntnisse und niedrigem Bildungsniveau schwer, sich in die hiesige Wirklichkeit zu integrieren und zu einem befriedigenden Ausgleich zwischen traditioneller muslimischer und neuer deutscher Identität zu gelangen. Umso größere Bedeutung erhält für sie ein nicht selten vorreflexiver Islam der alten Heimat. Er wird zum Stabilitätsanker in der Fremde. So kommt es in beiden Gruppierungen zu einer sehr unterschiedlichen Rückbesinnung auf den Islam. Eine zunehmende doppelte Entfremdung könnte die Folge sein: untereinander und gegenüber der westlichen Lebenswelt.

Zwischen den Gruppierungen operieren die europäischen Dschihadisten. Sie entstammen häufig den mittleren und oberen Schichten und finden mit ihren Befürchtungen auch in den unteren Schichten Resonanz, dass die muslimische Glaubensgemeinschaft in Europa ihre Identität verliert und verwestlicht[1]. Wie realistisch sind diese Befürchtungen? Wird der Islam dem Christentum nachfolgen und seine vorderasiatische Identität durch eine europäische ersetzen? Das Christentum hatte auf seinem Weg von Vorderasien nach Europa mit der die mediterrane Welt umspannenden Kultur des Imperium Romanum ein stützendes Substrat. Vergleichbares kann die Europäische Union dem Islam selbst nach einem Beitritt der Türkei nicht bieten.

So stehen der deutschen Gesellschaft in Zukunft wohl erhebliche Turbulenzen bevor. Es wird lange und anstrengende Bemühungen erfordern, bis sich die Spannung zwischen Identität und Integration von beiden Seiten, also vom Christentum wie vom Islam her, zur Balance entspannter Konvivenz wandeln wird. Oder wird sich dies als eine Illusion erweisen?

Man mag sich dessen bewusst sein oder nicht: Letztlich geht es bei der Antwort um jene Fragen der Offenbarungswahrheit, die im Zentrum der religionstheologischen Diskussion stehen. Dabei handelt es sich nicht um theoretische Lehrstreitigkeiten. Es geht auch nicht um einen wertenden Vergleich zwischen zwei Religionen. Ein solcher Vergleich würde beispielsweise dort versucht, wo man von erhöhter Warte aus – etwa unter dem Kriterium der Lebens-Nützlichkeit – Christentum und Islam untereinander abwägen wollte, oder gar überlegte, sie in einer optimierten Fassung zusammen mit weiteren religiösen Elementen zu einer Religion des Globalisierungszeitalters zu verschmelzen. Die Frage nach der Offenbarungswahrheit verlangt Bekenntnis, pro und contra.

Der Islam bringt mit seinem Unterricht seine Antworten auf diese Frage in die Schule ein und verändert dadurch deren Situation im weitesten Sinn. Die religiöse Dimension sowie die Diskussion darüber bekommen einen Stellenwert, der in letzter Zeit und nicht allein durch die PISA-Ereignisse in Vergessenheit zu geraten drohte: Jede einzelne Schule wird direkt oder indirekt in ihrem Selbstverständnis, in ihren Zielsetzungen, ihrem Schulleben, ihrer Organisation und ihren Fächern tangiert. Der Veränderungsprozess betrifft in gleichem Maß die Bildungs- und Schulpolitik. Und sie betrifft die Allgemeine Pädagogik. Sie muss sich in einer neuen Weise auf ihre weltanschaulich-religiösen Grundlagen besinnen. In diesem Zusammenhang wäre zu wünschen, dass die weithin vorhandene Kontaktsperre zwischen Pädagogik und Theologie beendet wird.

Stärker noch berührt werden alle *Personen*, die am schulischen Geschehen beteiligt sind: die Schülerschaft, die Eltern und die gesamte Lehrerschaft. Diese vor allem ist durch die islamische Welt- und

Lebensdeutung herausgefordert, sich nicht auf Stoff-Vermittlung zu beschränken. Die Lehrerinnen und Lehrer aller Fächer haben ihre Fach-Inhalte und -Standards zu hinterfragen, besser: *durch diese hindurch* nach deren Tiefendimensionen zu fragen: Was oder wer ist es, der »die Welt im Innersten zusammenhält«?

Damit führt die Begegnung und Auseinandersetzung mit den muslimischen Glaubens-Bekenntnissen letztlich zu den großen Fragen unseres Daseins: Wem verdanke ich mich? Woher komme ich? Wohin gehe ich? Wem bin ich verantwortlich?

Der Islam gibt hierzu wichtige Impulse. Sie eröffnen nicht nur eine neue Epoche in der Geschichte der deutschen Schule. Sie führen zugleich dazu, dass eine Untersuchung über Schule und Islam im Spannungsfeld von Identität und Integration in die Notwendigkeit einmündet, den eigenen weltanschaulich-religiösen Standort immer neu zu überprüfen: in der beruflichen Arbeit und in der persönlichen Lebensführung.

F. Anmerkungen

Abkürzungen

DZ   DIE ZEIT, Hamburg
FAZ   Frankfurter Allgemeine Zeitung, Frankfurt/M
HCI   Hj. Schmid/A. Renz/J. Sperber (Hrsg.): Heil im Christentum und Islam. Er
         lösung oder Rechtleitung? Hohenheimer Protokolle Bd. 61. Akademie der
         Diözese Rottenburg-Stuttgart Stuttgart 2004
IW   Katajun Amirpur/Ludwig Amman (Hrsg.): Der Islam am Wendepunkt. Libe
         rale und konservative Reformen einer Weltreligion. Herder Spektrum. Herder
         Freiburg 2006
KN   Klarheit und gute Nachbarschaft. Christen und Muslime in Deutschland. Eine
         Handreichung des Rates der EKD. Hrsg. vom Kirchenamt der Evangelischen
         Kirche in Deutschland (EKD). EKD-Texte 86 (28. November 2006)
RM   Rheinischer Merkur, Bonn
SZ   Süddeutsche Zeitung, München
TRE   G.Krause/G. Müller u. a. (Hrsg.): Theologische Realenzyklopädie. De Gruyter
         Berlin/New York 1977 ff.
ZThK Zeitschrift für Theologie und Kirche. Mohr Siebeck Tübingen.

Anmerkungen zu Teil A

1   Jörg Lau: Brutale Prinzen. In DZ vom 15. 12. 2005, S. 14.
2   J. Lau, Brutale Prinzen, S. 14.
3   Prof. Dr. Wilfried v. Bredow (Marburg): Religion, Politik, Gewalt. In: FAZ vom
     19. 1. 2005, S. 8.
4   Mark Siemons: Wohlstand für alle. Was ist gescheitert? Die Milchmädchenrechnung
     der Monokultur. In: FAZ vom 23. 11. 2004, S. 33.
5   S. Ateş zitiert bei Heinrich Wefing: Ätsch, ich darf stolz sein. In: FAZ vom 2. 2.
     2006, S. 37; Mark Terkessidis/Yasemin Karakasoglu: Gerechtigkeit für die Muslime!
     In: DZ vom 2. 2. 2006, S. 49.
6   M. Siemons: Neuköllner Auflösung. In: FAZ vom 15. 12. 2004, S. 37, zit. Prof.
     S. Žižek (Ljubljana, mit Forschungsbereich Globalisierung und »Multikulti«).
7   Vgl. Manfred Geier: Lieber Hans! Lieber Paul! Ein Rationalist und ein Dadaist
     schreiben einander Briefe. In: FAZ vom 9. 8. 1997, S. 30: »Anything goes (Mach, was
     du willst)«.
8   Prof. Dr. Oswald Bayer (Tübingen): Das Herz ist ein trotzig Ding. In: Zeitzeichen
     5, 2005, S. 20–23, S. 22.
9   Vgl. Prof. Dr. Ulrich Heinen (Köln): Integration verstärkt die Frustration. Leser
     brief in: FAZ vom 13. 12. 2004, S. 7.
10   Zur geschichtlichen Entwicklung u. a. Hansjörg Biener: Herausforderungen zu einer
     multiperspektivischen Didaktik. Pädagogische Beiträge zur Kulturbegegnung Bd. 24.
     Ebv Hamburg 2006, S. 33 ff.
11   Christen und Muslime in Deutschland. Arbeitshilfen 172. Hrsg.: Sekretariat der Deut
     schen Bischofskonferenz, Bonn 2003, (www.dbk.de/imperia/md/content/schriften/

dbk5.arbeitshilfen/ah172.pdf), S. 13, vgl. 9ff. Die Arbeitshilfe ist für die gesamte Thematik wertvoll; ebenso Ursula Spuler-Stegemann: Muslime in Deutschland. Informationen und Klärungen. Herder Spektrum. Freiburg 3. Aufl. 2002. Internetportale zu Islam: www.islam.de; www.kirche-islam.de; www.kcid.de; www.quantara.de; www.answering-islam.de; www.chrislages.de; www.kirchliche-dienste.de; www.memri.org; www.edume.org.

12 Christen und Muslime in Deutschland, S. 12. KN, S. 93 f.: Ca. 3,7 Prozent der Bevölkerung, überwiegend Sunniten, mit großen Unterschieden in sozialem Status, religiöser Bindung, politischer Einstellung und ethnischer Zugehörigkeit. Sofern sie Migranten sind, stammen sie aus etwa 40 Nationen, rund 60 Prozent aus der Türkei. Literatur und Details bei Hj. Biener, Herausforderungen zu einer multiperspektivischen Didaktik, S. 33 ff.

13 Ahmet Külahci, in: »Kein Kulturkampf in Deutschland«. In: FAZ vom 28. 9. 2006, S. 2.

14 Mark A. Gabriel, Ph. D. (ehemals Imam und Dozent für Islamische Geschichte an der Al-Azhar-Universität Kairo): Islam und Terrorismus. (Engl.: 2004) Dt.: Resch Gräfelfing 2004, S. 61.

15 Patrick Haenni: Der Islam, die Moderne als Pfand, die geteilte Welt. In: IW, S. 199–214, S. 202 bzw. 203.

16 J. Lau: Christian heißt jetzt Abdul. In: DZ vom 22. 12. 2004, S. 51.

17 Reinhard Olt: Der österreichische Weg. In: FAZ vom 14. 12. 2004, S. 8.

18 Innensenator warnt vor »Re-Islamisierung« in Berlin. In: Berliner Morgenpost vom 18. 6. 2005.

19 M. Siemons, Neuköllner Auflösung, S. 37 (Bezug auf Heinz Buschkowsky). Necla Kelek: Die fremde Braut. Kiepenheuer Köln 2005, S. 47.

20 Studie: Türken in Deutschland wurden religiöser und konservativer. In: Nachrichten der Evangelisch-Lutherischen Kirche in Bayern, Dezember 2005, S. 413 f.

21 J. Lau: Der islamische Reformator. In: DZ Nr. 49 vom 30. 11. 2006, S. 13.

22 Henning Ritter: Camouflage. In: FAZ vom 17. 12. 2004, S. 31.

23 KN, S. 51.

24 Hj. Biener, Herausforderungen zu einer multiperspektivischen Didaktik, S. 36 ff., mit differenziertem Überblick, u.a. mit Hinweisen auf die Thesen Johan Galtungs, Bassam Tibis und S. Huntingtons.

25 Prof. Dr. Renate Köcher: Die Mehrheit erwartet immer wieder Konflikte. In: FAZ vom 15. 12. 2004, S. 5.

26 R. Köcher, Die Mehrheit erwartet immer wieder Konflikte, S. 5.

27 Susanne Worbs/Prof. Dr. Friedrich Heckmann: Islam in Deutschland: Aufarbeitung des gegenwärtigen Forschungsstandes und Auswertung eines Datensatzes zur zweiten Migrantengeneration. In: Bundesministerium des Innern: Texte zur inneren Sicherheit. Islamismus. ibro funk und Marketing. 18184 Roggentin (2003) 3. Aufl. 2004, S. 149.

28 Prof. Dr. Johannes Triebel (Neuendettelsau): Was macht der Islam in Deutschland? Referat auf der Jahrestagung für evangelische Religionslehrerinnen und Religionslehrer an den Gymnasien in Bayern: Herausforderung Islam. Heilsbronn, 12. 3. 2005.

29 Hj. Biener, Herausforderungen zu einer multiperspektivischen Didaktik, S. 40 f., referiert F. Kandil (Karlsruhe): Interkulturelles Lernen und Interreligiöser Dialog. In: Internationaler Kongress Interkulturelles Lernen (Deutsche Arbeitsgemeinschaft für Erwachsenenbildung. Informationspapier 95–96/1991), S. 36–39.

30 Martin Spiewak: Du bist Döner. In: DZ vom 8. 12. 2005, S. 46, über Untersuchungen von Prof. Dr. W. Schiffauer (Frankfurt/O.) zum Verhalten türkischstämmiger Jugendlicher in Berlin.

31 Leon de Winter: Vor den Trümmern des großen Traums. In: DZ vom 18. 11. 2004, S. 17 f./20, S. 17.

32 Prof. Dr. Hans Maier (München): Verlierer in Rage. In: RM vom 9. 2. 2006, S. 7.

33 Am 30. 9. 2005 in der dänischen Zeitung Jyllands-Posten.

34 H. Maier, Verlierer in Rage, S. 7.

35 Vgl. Wolfgang G. Lerch: Alt-Muslim. In: FAZ vom 7. 2. 2006, S. 8.

36 Vgl. S. S. Huntington: The Clash of Civilizations an the Remaking of World Order. Simon & Schuster NewYork 1996; Dt.: Kampf der Kulturen. Die Neugestaltung der Weltpolitik im 21. Jahrhundert. Goldmann München 2002.

37 Prof. Dr. Elisabeth Noelle/Dr. Thomas Petersen: Eine fremde, bedrohliche Welt. Umfrage des Instituts für Demoskopie Allensbach im Mai 2006 über die Einstellung der Deutschen zum Islam. In: FAZ vom 17. 5. 2006, S. 5.

38 Papst Benedikt XVI.: Glaube, Vernunft und Universität. In: FAZ Nr. 213 vom 13. 9. 2006, S. 8.

39 Beide Zitate: E. Noelle/Th. Petersen, Eine fremde, bedrohliche Welt, S. 5.

40 Prof. Dr. Wilhelm Heitmeyer: Die verstörte Gesellschaft. In: DZ vom 15. 12. 2005, S. 24 bzw. ders.: Wo sich Angst breit macht. In: DZ vom 14. 12. 2006, S. 21 f., S. 21.

41 R. Köcher, Die Mehrheit erwartet immer wieder Konflikte, S. 5. Nach E. Noelle/Th. Petersen, Eine fremde, bedrohliche Welt, S. 5, lauten die vergleichbaren Zahlen: 59 Prozent Ja, 22 Prozent Nein.

42 W. Heitmeyer, Die verstörte Gesellschaft, S. 24.

43 Christoph Ehrhardt: Der Dialogbeauftragte auf der Gästeliste. In: FAZ vom 14. 7. 2006, S. 1 f.

44 R. Köcher, Die Mehrheit erwartet immer wieder Konflikte, S. 5.

45 E. Noelle: Der Kampf der Kulturen. In: FAZ vom 15. 9. 2004, S. 5.

46 R. Köcher, Die Mehrheit erwartet immer wieder Konflikte, S. 5.

47 »Jedes Kind sollte Gebete kennen«. Bundestagspräsident Norbert Lammert (CDU) über Konsens, Streitkultur und die Nationalhymne. In: Frankfurter Allgemeine Sonntagszeitung vom 25. 12. 2005, S. 4.

48 Dr. Wolfgang Palaver (Professor für Systematische Theologie an der Universität Innsbruck), in: Gott wird wieder wichtiger. In: Frankfurter Allgemeine Sonntagszeitung vom 25. 12. 2005, S. 1.

49 Bernd Ulrich: Zumutung des Glaubens. In: DZ vom 23. 12. 2004, S. 1.

50 R. Köcher: Die neue Anziehungskraft der Religion. Wachsendes Interesse an Glaube und Kirche. In: FAZ vom 12. 4. 2006, S. 5.

51 Karl F. Bauer: Die Überwindung der Sprachlosigkeit in der Wertevermittlung bei jugendlichen Aussiedlern. In: »Mit Medien Brücken bauen«. Hrsg.: AV-Medienzentrale der Diözese Augsburg 1998, S. 9–15, S. 9.

52 W. Heitmeyer, Die verstörte Gesellschaft, S. 24; ders., Wo sich Angst breit macht, S. 21 f.

53 W. Schäuble: Muslime in Deutschland. In: FAZ vom 27. 9. 2006, S. 9, im Blick auf die Konstituierung der ersten »Deutschen Islamkonferenz« am 27. 9. 2006.

54 W. Heitmeyer, Die verstörte Gesellschaft, S. 24.

55 Friedrich Wilhelm Graf, auf die Frage »Warum hat Religion Konjunktur?« In: Im Supermarkt der Sinngüter. In: SZ vom 21. 12. 2005, S. 40. Interview Martin Thurau.

Anmerkungen zu Teil B

1 Dr. Ulrich Seiser (Bayerisches Staatsministerium für Unterricht und Kultus): Angebote islamischer religiöser Erziehung in Bayern. Skript vom 6. 12. 2004, S. 1.

2 Dr. Lale Akgün (islampolitische Sprecherin der SPD-Fraktion im Deutschen Bundestag): Das große Mißverständnis. In: FAZ vom 7. 4. 2006, S. 12.

3 Das Positionspapier »Gutes Zusammenleben – klare Regeln« benennt sechs Handlungsfelder: Integrationskurse weiterentwickeln; Sprache fördern; gute Bildung und Ausbildung sichern, Arbeitsmarktchancen erhöhen; Lebenssituation von Frauen und Mädchen verbessern, Gleichberechtigung verwirklichen; Integration vor Ort unterstützen; Bürgergesellschaft stärken. Die Teilnehmerauswahl wurde von islamischen Religionsverbänden und den Oppositionsparteien stark kritisiert (Robin Mishra: Dabei sein ist alles. In: RM vom 13. 7. 2006, S. 7).

4 Sie setzt sich aus je 15 Repräsentanten des deutschen Staates und der hier lebenden Muslime zusammen. Zu ihnen zählen neben Vertretern der maßgeblichen Organisationen auch – z.T. liberale – Repräsentanten aus den Bereichen Kunst und Wirtschaft (Schriftstück des Innenministeriums, zitiert in: FAZ vom 26. 5. 2006, S. 1: Gespräche über islamischen Religionsunterricht). In vier Arbeitsgruppen werden u. a. die Themen Islamismus und Sicherheit, Staat und Religion, Wertekonsens und deutsches Verfassungsverständnis sowie wirtschaftliche Fragen bearbeitet (R. Mishra, Dabei sein ist alles, S. 7).

5 Prof. Dr. Paul Nolte (Freie Universität Berlin): Generation Reform. Beck München 2004, S. 129/133.

6 Zitat: P. Nolte, Generation Reform, S. 128.

7 Berlin-Institut für Bevölkerung und Entwicklung: Die demographische Lage der Nation. Wie zukunftsfähig sind Deutschlands Regionen? Vorgelegt am 15. 3. 2006.

8 Prof. Dr. Herwig Birg (bis 2004 Geschäftsführender Direktor des Instituts für Bevölkerungsforschung und Sozialpolitik der Universität Bielefeld): Grundkurs Demografie. Erste Lektion: In: FAZ vom 22. 2. 2005, S. 35.

9 H. Birg in: Es wandern mehr ein als geboren werden. In: Idea-Spektrum 10/2006 vom 8. 3. 2006, S. 6.

10 H. Birg: Generationenstreß. In: FAZ vom 2. 4. 2004, S. 39.

11 Prof. Dr. Josef Schmid (Bamberg): Das demographische Dilemma Deutschlands. In: FAZ vom 31. 5. 2000, S. 8 f.

12 »Im Jahr 2015 Schock in Ostdeutschland«. In: FAZ vom 16. 3. 2006, S. 1.

13 J. Schmid, Das demographische Dilemma Deutschlands, S. 8 f.

14 1991 laut Statistischem Bundesamt 14 Millionen Erwerbstätige im produzierenden Gewerbe, 2004 10,3 Mill. Gleichzeitig gab es der Studie »Die demographische Lage der Nation. Wie zukunftsfähig sind Deutschlands Regionen?« zufolge weniger Zuwanderer: Im Jahr 2002 waren es noch 220.000 und 2005 nur noch 90.000.

15 Prof. Dr. Hans-Werner Sinn: Lösen Sie mit am deutschen Rätsel. In: FAZ vom 9. 4. 2005, S. 42.

16 Phillip Longman (Senior Fellow der New America Foundation, Washington): Die Wiege ist leer. In: RM vom 1. 7. 2004, S. 6.

17 Christian Tenbrock: Verkehrte Angst. In: DZ vom 19. 8. 2004, S. 19.

18 Frank Schirrmacher: Vorbereitungsgesellschaft. In: FAZ vom 13. 2. 2006, S. 37.

19 Reiner Klingholz (Direktor des Berlin-Instituts für Bevölkerung und Entwicklung): So wird das nichts! In: DZ vom 7. 12. 2006, S. 46 f, S. 47.

20 Susanne Kusicke: Das Übliche. In: FAZ vom 22. 12. 2004, S. 3 bzw. dies./Uta Rasche: Ein Partner für islamischen Religionsunterricht? In: Ebd. vom 7. 1. 2005, S. 4.
21 L. Akgün, Das große Mißverständnis, S. 12.
22 H. Birg, Generationenstreß, S. 39.
23 F. Schirrmacher, Vorbereitungsgesellschaft, S. 37.
24 Heribert Prantl: Der Gipfel der Integration. In: SZ vom 5. 4. 2006, S. 4.
25 Michael Schindhelm: Melting Pot Deutschland. In: DZ vom 10. 8. 2000, S. 35.
26 Norbert Walter: Die zehn Gebote der Einwanderung. In RM vom 18. 3. 2004, S. 11.
27 W. Schäuble: Stabile staatliche Ordnung braucht »Zugehörigkeits- und Zusammengehörigkeitsgefühl, also eine ›Identität‹« (bei: Georg Paul Hefty: Integrationsmängel. In: FAZ vom 10. 7. 2006, S. 12).
28 Karen Gloy: Art. Identität I. In: TRE Bd. 16 De Gruyter Berlin u. a. 1987, S. 25–28.
29 K. Gloy, Art. Identität I, S. 26.
30 Michael Klessmann: Art. Identität II. In: TRE Bd. 16 De Gruyter Berlin u. a. 1987, S. 28–32.
31 K. Gloy, Art. Identität I, S. 25.
32 M. Klessmann, Art. Identität II, S. 29.
33 Diese Prozesse sind ein Forschungsprojekt an der Universität Bielefeld (W. Heitmeyer u. a.).
34 Necla Kelek: Die fremde Braut, Kiepenheuer Köln 2005.
35 G. Mik: Housing segregation in the Dutch metropolitan environment. In: www.eundc.de, S. 15 f.
36 G. P. Hefty: Integration verlangt Kraft und Maß. In: FAZ vom 31. 3. 2004, S. 1.
37 Vgl. Ralf Fücks (Vorstand der Heinrich-Böll-Stiftung): Werdet Bürger! In: FAZ vom 29. 6. 2005, S. 8.
38 Abgedr. in FAZ vom 16. 3. 2006, S. 4.
39 KN, S. 47; Mely Kiyak (Berlin): Du schlagen Frau? Du Baby in Bauch? In: DZ vom 19. 1. 2006, S. 43 f.
40 Bayerischer Ministerpräsident Edmund Stoiber, in: FAZ vom 4. 4. 2006, S. 1.
41 G. P. Hefty, Integration verlangt Kraft und Maß, S. 1.
42 Richard Herzinger: Angst vor der leeren Mitte. In: DZ vom 30. 8. 2001, S. 7.
43 L. Akgün, Das große Mißverständnis, S. 12.
44 Patrick Bahners: Gefährlich. Intoleranzen: Die Leitkultur untergräbt die Sittlichkeit. In: FAZ vom 24. 11. 2004, S. 33.
45 Heinrich A. Winkler: Uns selbst mit den Augen der Nachbarn sehen. In: DZ vom 1. 4. 2004, S. 15.
46 Michaela Wiegel: Abkehr und Sehnsucht. In: FAZ vom 7. 3. 2006, S. 1.
47 Vgl. dazu Die Deutschen. Spiegel-Spezial 4/2005.
48 Kurt Reumann: Nicht länger hässlich. In: FAZ vom 15. 6. 2005, S. 8.
49 Berthold Kohler: Wider das Diktat. In: FAZ vom 28. 1. 2006, S. 1.
50 B. Kohler, Wider das Diktat, S. 1.
51 Prof. Dr. Heinz Bude (Kassel): Die Neorealisten. In: DZ vom 19. 1. 2006, S. 7.
52 Jürgen Leinemann: Eine Nation auf der Suche. In: Die Deutschen. Spiegel-Spezial 4/2005, S. 10–18, S. 10.
53 J. Leinemann, Eine Nation auf der Suche, S. 15.
54 Bundesverfassungsrichterin Dr. Christine Hohmann-Dennhardt auf dem 4. Symposium des Adolf-Arndt-Kreises der Friedrich-Ebert-Stiftung in der Frankfurter Universität am 11. 2. 2006. Zitat bei P. Bahners: Umdüstert. In: FAZ vom 12. 2. 2006, S. 37.

55 B. Kohler, Wider das Diktat, S. 1; vgl. ders.: Die Erblast von Achtundsechzig. In: FAZ vom 6. 4. 2006, S. 1.

56 Prof. Dr. Dieter Grimm: Verfassungspatriot. In: FAZ vom 18. 6. 1999, S. 53: Den Begriff »Verfassungspatriotismus« prägte Ende der siebziger Jahre Dolf Sternberger. Aber erst als Jürgen Habermas ihn sich in den achtziger Jahren zu eigen machte, konnte der Begriff seinen Anspruch völlig einlösen: der bundesrepublikanischen Gesellschaft eine politische Identifikationsmöglichkeit jenseits des Nationalstaats zu bieten.

57 Prof. Dr. E. Richter: Multikulti will gelernt sein. In: DZ vom 13. 1. 2005, S. 10.

58 L. Akgün, Das große Mißverständnis, S. 12. So auch Dr. Sabine Leuthäusser-Schnarrenberger: Die Luft der Freiheit. In: FAZ vom 10. 4. 2006, S. 8.

59 S. Leuthäusser-Schnarrenberger, Die Luft der Freiheit, S. 8

60 J. Leinemann, Eine Nation auf der Suche, S. 16.

61 J. Leinemann, Eine Nation auf der Suche, S. 18.

62 Vgl. Friedrich Niebergall: Christliche Jugend- und Volkserziehung. Vandenhoeck Göttingen 1924, S. 113.

63 Katja Nicodemus: Ankunft in der Wirklichkeit. Mit Fatih Akins »Gegen die Wand« siegt das deutsche Kino über die deutschen Träume von einer Leitkultur. In: DZ vom 19. 2. 2004, S. 41.

64 Gunter Hofmann: In der entgrenzten Welt. In: DZ vom 2. 3. 2006, S. 12. Vgl. auch Ulrich Beck/Edgar Grande: Das kosmopolitische Europa. Suhrkamp Frankfurt/M. 2004.

65 Christian Schüle: Helfen macht glücklich. In: DZ vom 13. 1. 2005, S. 16.

66 Dazu Wolfgang Krischke: Englisch als Denkbarriere. In: FAZ vom 10. 3. 2004, S. N3.

67 Richard Kämmerlings: Eisvögel der Revolution. Die Zeichen stehen auf Sturm: Über die neue Lust am Aufstand. In: FAZ vom 9. 5. 2005, S. 41.

68 Ulf Poschardt: Ist Multikulti schuld? Ja. In: DZ vom 12. 4. 2006, S. 5.

69 G. P. Hefty, Integration verlangt Kraft und Maß, S. 1.

70 RM vom 5. 8. 2004, S. 7–9: Spezial »Deutschland, uneinig Vaterland«. Hierzu: Steven Ozment (Professor für Alte und Neue Geschichte, Harvard): Deutschland, du kannst es besser. In: DZ vom 22. 7. 2004, S. 6.

71 Prof. Dr. K. Barth (Basel): Ein Wort an die Deutschen. Vortrag am 2. 11. 1945 in Stuttgart. Mittelbach Stuttgart 1946, S. 10; ebd. S. 16, 31.

72 Claus Wolfschlag: Mandy, Peggy und Cindy. In: FAZ vom 18. 2. 2004, S. N3, zitiert Prof. Dr. J. Gerhards: Globalisierung der Alltagskultur zwischen Verwestlichung und Kreolisierung: Das Beispiel Vornamen. In: Soziale Welt, Jg. 54. H. 2. Bonn 2003.

73 St. Ozment, Deutschland, du kannst es besser, S. 6. M. Kiyak, Du schlagen Frau? Du Baby in Bauch? S. 43: »Es ist merkwürdig, zu sehen, wie sehr sich die Deutschen mit ihrer Nationalität quälen«.

74 P. Nolte, Generation Reform S. 69, vgl. S. 68 ff.

75 Chr. Schüle, Helfen macht glücklich, S. 16 (zur deutschen Spendenbereitschaft nach dem Seebeben am 26. 12. 2004).

76 Josef Kraus (Präsident des Deutschen Lehrerverbandes): Das jugendliche Gesicht des Patriotismus. In: MUT, August 2006, S. 34–41, S. 36.

77 J. Leinemann, Eine Nation auf der Suche, S. 18.

78 J. Kraus, Das jugendliche Gesicht des Patriotismus, S. 35, spricht von einer »nationalen Neurose«.

79 J. Leinemann, Eine Nation auf der Suche, S. 18, zit. den damaligen Kanzleramtsminister Frank-Walter Steinmeier.

80 Positiv u.a.: Volker Kronenberg: Patriotismus in Deutschland. Verlag für Sozialwissenschaften Wiesbaden 2005. Zur Kritik u.a.: FAZ vom 1.12.2004, S.1.

81 Antrag der Abgeordneten Wolfgang Bosbach u.a. zur Integrationsdebatte im Bundestag am 2.12.2004: Politischen Islamismus bekämpfen – verfassungstreue Muslime unterstützen. Drucksache 15/4260 vom 22.11.2004, S.5.

82 J. Lau: Dürfen Türken schwul sein? In: DZ vom 12.1.2006, S.8.

83 Vgl. u.a. Reinhard Mohr: Das Deutschlandgefühl. Eine Heimatkunde. Rowohlt Reinbek 2005; M. Matussek: »Wir Deutschen«. Warum uns die anderen gern haben können. Fischer Frankfurt/M. 2006.

84 Vgl. Elmar Theveßen: »Terroralarm«. Deutschland und die islamistische Bedrohung. Rowohl Berlin 2005.

85 M. Wiegel: Leitkultur à la française. In: FAZ vom 5.2.2004, S.1.

86 Christian Geyer: Ab ins Säurebad. Die Rede von der »Deutschen Leitkultur« ist obszön. In: FAZ vom 24.10.2000, S.49.

87 C. Roth (Vorsitzende von Bündnis 90/Die Grünen): Begriffsunglück »Leitkultur«. In: FAZ vom 25.10.2005, S.12.

88 B. Kohler, Wider das Diktat, S.1.

89 Majid Sattar: Halbe Heimat. In: FAZ von 24.6.2006, S.1. Vgl. Nicole Dewandre/ Jacques Lenoble (Hrsg.): Projekt Europa: Postnationale Identität: Grundlage für eine europäische Demokratie. Schelzky & Jeep Berlin 1994; J. Habermas: Die postnationale Konstellation. Edition Suhrkamp 2095. Frankfurt/Main 1998.

90 R. Köcher: Ein neuer Patriotismus? In: FAZ vom 16.8.2006, S.5.

91 R. Köcher, Ein neuer Patriotismus?, S.5. Ebd. (zur Allensbacher Augustumfrage 2006): »1994 waren 44 Prozent der Bevölkerung überzeugt, daß die deutsche Geschichte weitgehend verbiete, ... Nationalgefühl und nationale Symbole zu pflegen. Heute teilen nur noch 22 Prozent ... diese Auffassung, während 58 Prozent entschieden widersprechen ... 68 Prozent der Altersgruppe bis 30 Jahre halten es für falsch, aus dem düsteren Kapiteln der Vergangenheit die Forderung nach einer dauerhaften Unterdrückung patriotischer Gefühle abzuleiten. In der Altersgruppe über 60 Jahre teilen nur 54 Prozent diese Überzeugung.« Nationalgefühl gilt keineswegs als historisches Auslaufmodell. Drei Viertel der Bevölkerung lieben Deutschland, zwei Drittel sind stolz, Deutscher zu sein. Gleichzeitig aber verschwimmen die Vorstellungen von der kulturellen Identität Deutschlands.

92 J. Kraus, Das jugendliche Gesicht des Patriotismus, S.36; M. Sattar, Halbe Heimat, S.1.

93 »Es reicht langsam ..., es gibt ein ukrainisches Sprichwort ...: Wenn die Fahnen wehen, ist der Verstand in der Trompete.« (Michael Rutz: Einig Fahnenland zit. H. Geißler. In: RM vom 22.6.2006, S.1).

94 Reinhard Müller: Leitkultur. In: FAZ vom 3.11.2005, S.1.

95 J. Lau: Nichts gegen Patriotismus. In: DZ vom 14.6.2006, S.5.

96 J. Lau: »Ihr müsst euch bekennen!« In: DZ vom 1.4.2004, S.6.

97 L. Akgün, Das große Mißverständnis, S.2.

98 W.v. Bredow: Mehrwertigkeiten. In: FAZ vom 6.5.2006, S.9.

99 E. Richter, Multikulti will gelernt sein, S.10, zitiert die Politikwissenschaftlerin Seyla Benhabib.

100 N. Lammert in: »Jedes Kind sollte Gebete kennen«, S.4, zum Begriff »freiheitlich demokratische Leitkultur«.

101 Prof. Dr. Richard Schröder (Berlin): Deutsche Kultur. In: FAZ vom 18. 4. 2006, S. 8.

102 Prof. Dr. Karl O. Hondrich: Kampf der Kulturen. In: FAZ vom 13. 4. 2006, S. 6.

103 K. O. Hondrich, Kampf der Kulturen, S. 6.

104 P. Koslowski: Willkommen im Club. In: DZ vom 1. 10. 2003, S. 20.

105 K. O. Hondrich, Kampf der Kulturen, S. 6.

106 KN, S. 49.

107 R. Schröder, Deutsche Kultur, S. 8.

108 A. A. Köhler, zitiert bei Andreas Rosenfelder: Kleine Schritte. In: FAZ vom 14. 3. 2006, S. 41; vgl. J. Lau: Nichts gegen Patriotismus, S. 5.

109 M. Kiyak, Du schlagen Frau? Du Baby in Bauch?, S. 43; Konrad Schuller: Der Vorzug der Großfamilien. In: FAZ vom 11. 11. 2000, S. 12; U. Poschardt, Ist Multikulti schuld? Ja, S. 5.

110 Jürgen Kaube: Deutsch. In: FAZ vom 31. 1. 2006, S. 33. Dazu: B. Kohler, Die Erblast von Achtundsechzig, S. 1.

111 Zitiert bei H. Wefing, Ätsch, ich darf stolz sein, S. 37.

112 J. Lau: Dürfen Türken schwul sein?, S. 8.

113 R. Mishra: Die Werte hochhalten. In: RM vom 18. 12. 2004, S. 1.

114 P. Nolte, Generation Reform S. 69, vgl. S. 68 ff.

115 U. a. Thomas Schmid: Vom Bürgermachen. In: FAZ vom 22. 3. 2006, S. 1.

116 Vgl. den hessischen Entwurf eines Leitfadens über »Wissen und Werte in Deutschland und Europa«, abgedr. in: FAZ vom 16. 3. 2006, S. 4.

117 Frank Drieschner: Ist Multikulti schuld? Nein. In: DZ vom 12. 4. 2006, S. 5. H. Prantl: Der Deutschmacher-Test. In: SZ vom 21. 3. 2006, S. 4.

118 Vgl. Tausend Gespräche nach dem Leitfaden. In: FAZ vom 14. 11. 2006, S. 4.

119 P. Nolte, Generation Reform, S. 71 f. Armin Laschet (Minister für Integration in Nordrhein-Westfalen) in: Jede Einbürgerung ist ein Erfolg. In: FAZ vom 1. 2. 2006, S. 35:

120 J. Kraus, Das jugendliche Gesicht des Patriotismus, S. 37 ff.

121 R. Schröder, Deutsche Kultur, S. 8.

122 J. Kraus, Das jugendliche Gesicht des Patriotismus, S. 40.

123 Vgl. Oberrabbiner Moishe A. Friedman (Wien): Das Richtige lernen. In: FAZ vom 19. 1. 2005, S. 7.

124 J. Lau, Dürfen Türken schwul sein?, S. 8.

125 P. Nolte, Generation Reform, S. 72. Ähnlich G. P. Hefty: Integration ohne Ziel? Die Debatte über Leitkulturen(1)/Die deutsche Gesellschaft ist mehr als Sprache und Gesetz. In: FAZ vom 1. 11. 2000, S. 16. Michael Mertes ist anderer Ansicht: ders.: Das Inländerproblem. Das Grundgesetz und die deutsche Sprache reichen für unsere nationale Identität aus. In: RM vom 27. 10. 2000, S. 1.

126 E. Richter, Multikulti will gelernt sein, S. 10.

127 E. Richter, Multikulti will gelernt sein, S. 10.

128 Anette Ramelsberger: Konvertiert zur Kriegerin. In: SZ vom 1. 6. 2006, S. 3: Rund 14 000 Personen, davon 62 Prozent Frauen. Laut Islam Archiv (Soest) gab es in den letzten Jahren je ca. 350 Konvertiten, doch 2005 über 1000, mit 2006 stark steigender Tendenz (Institutsangaben in: Christoph Gunkel: Gestern Jesus, heute Mohammed. In: SZ Nr. 9 vom 12. 1. 2007, S. 39; von Experten bestritten).

129 Neben vielen »normalen« Muslimen einige Prominente: MdB L. Akgün, Filmemacher F. Akin, Rechtsanwältin Seyran Ateş, Reiseunternehmer Vural Öger, MdB Cem Özdemir, Soziologin N. Kelek (dies., Die fremde Braut, S. 259) – Vgl. Arnfried

Schenk/Jan-Martin Wiarda (Moderatoren): Wir können auch anders. Wie macht man es richtig? Drei Deutschtürken im Gespräch über Schule, Integration und Erfolg. In: DZ vom 7.10.2004, S. 81.

130 Th. Schmid, Vom Bürgermachen, S. 1. H. Buschkowsky in:»Drohungen helfen nicht«. In: DZ vom 6.7.2006, S. 6.

131 Vgl. H. Buschkowskys Bericht von»Ehepartner(n) aus Ostanatolien, die kein Wort Deutsch können,... den ganzen Tag in der Wohnung verbringen und deren einziger Bezug zur Außenwelt das türkische Fernsehen ist.« (M. Siemons, Neuköllner Auflösung, S. 37).

132 Im Sinn des schiitischen Philosophen Baqir al-Sadr, der sich »von etwaiger westlicher Einflussnahme ... hermetisch abschirmte, denn eine gedankliche Berührung oder gar Befleckung kommt für ihn einer sündigen Verfehlung gleich.« (Hussain Al-Mozany: Ein Dialog mit Effendi Kant ist unmöglich. In: FAZ vom 12.1.2005, S. 36).

133 H. Buschkowsky in: M. Siemons, Neuköllner Auflösung, S. 37. Ebd.: Das korrespondiert mit den Erfahrungen von Lehrern anderer [Berliner] Bezirke, dass auffallend viele Kinder zur gleichen Zeit begonnen hätten, sich ablehnend und gereizt gegenüber den älteren Damen zu benehmen, die ihnen vorlasen. – Anders Jan Ross: »Ernst, die Moslems sind da«. In: DZ vom 19.12.2001, S. 4:»Oft hört man, dass in der ›dritten Generation‹... die Integration scheitert, dass sie sich in ein Kulturghetto zurückzieht.« Dies sei falsch.

134 KN, S. 51 ff. Instruktiv: N. Kelek, Die fremde Braut.

135 »Die Türkei ist ein wahnsinnig dynamisches Land«. Die Turkologin und SPD-Politikerin Ingrid Lenz-Aktas (Aschheim) über den EU-Beitritt und Kopftuchverbot. Interview: Walter Gierlich. In: Neueste Nachrichten der SZ – Ausgabe Süd/Würmtal vom 18.6.2004, S. R 2. Vgl. N. Kelek, Die fremde Braut, S. 212.

136 N. Kelek, Die fremde Braut, 212 f.

137 B. Kohler, Die Erblast von Achtundsechzig, S. 1; vgl. N. Kelek, Die fremde Braut, S. 237 f.

138 Thomas Gutschker: Stets die Türkei im Blick. In: RM vom 5.8.2004, S. 8.

139 R. Fücks, Werdet Bürger!, S. 8. Wort und Sache sind umstritten: Andreas Öhler: Verheerender Kampfbegriff. In: RM vom 19.5.2005, S. 7. M. Spiewak: Gefangen im Ghetto. In: DZ vom 13.4.2000, S. 38. Stefan Luft (Universität Bremen): Eine negative Dynamik. In: FAZ vom 30.10.2001, S. 10.

140 Christian Schwägerl/Leonie Wild: Ist der Wrangelkiez die Banlieue von Berlin? In: FAZ vom 20.11.2006, S. 42.

141 M. Siemons, Neuköllner Auflösung, S. 37. Vgl. P. Nolte, Generation Reform, S. 100 f.

142 Dirk Schümer: Heimat ist nicht für alle. In: FAZ vom 5.2.2004, S. 33. A. Ross: Erschöpfung in den Niederlanden. In: FAZ vom 22.11.2006, S. 12.

143 Dazu Lorenz Jäger, Huntington und Hispanics. In: FAZ vom 11.3.2004, S. 39.

144 Andreas Ross: Getrennt marschieren, gemeinsam scheitern. In: FAZ vom 12.11.2005, S. 6). M. Rutz: Hoffnung à la marseillaise. In: RM vom 4.12.2003, S. 5.

145 Verhaftungen in Odense (Dänemark) im August 2006. Zu Großbritannien: Prof.Dr. Sabine Krönchen (Hochschule Niederrhein, Mönchengladbach): Der Antidiskriminierungsansatz in der britischen Sozialarbeit. www.hs-niederrhein.de/fb06/Kroenchen/antidis.htm.

146 Rudolph Chimelli: Verhasste Heimat. In: SZ vom 15.7.2005, S. 13.

147 Jochen Bittner u.a. In: DZ vom 17.8.2006, Dossier S. 11–13.

148 J. Krönig: Londons freie Radikale. Immer mehr britische Muslime, vor allem junge, verachten westliche Werte. In: DZ vom 15.4.2004, S.19. Ders., Keine Macht den Albträumen. In: Ebd. vom 14.7.2005, S.4. Hierzu: Souad Mekhennet/Claudia Sautter/Michael Hanfeld: Die Kinder des Dschihad – Die neue Generation des islamistischen Terrors in Europa. Piper München 2006. G.P. Hefty: Nach der Wahl ist vor der Wahl. In: FAZ vom 29.11.2004, S.2. Katrin Brettfeld/Peter Wetzels: Junge Muslime in Deutschland: Eine kriminologische Analyse zur Alltagsrelevanz von Religion und Zusammenhängen von individueller Religiosität mit Gewaltserfahrungen, -einstellungen und -handeln. In: Bundesministerium des Innern, Texte zur inneren Sicherheit. Islamismus, S.221–316, S.302ff. zu Identität und Gewaltbereitschaft.

149 Instruktiv: S. Worbs/F. Heckmann, Islam in Deutschland; K. Brettfeld/P. Wetzels, Junge Muslime in Deutschland. Vgl. R. Köcher, Die neue Anziehungskraft der Religion, über die Allensbach-Umfrage vom April 2006.

150 W. v. Bredow, Religion, Politik, Gewalt, S.8.

151 Thomas Assheuer: Die neuen Wanderprediger. In: DZ vom 5.10.2006, S.49; Bekir Alboga: Von der »Solidarität aller Monotheisten«. In: IW, S.46–54.

152 Th. Gutschker, Stets die Türkei im Blick, S.8.

153 N. Kelek, Die fremde Braut, S.131; vgl.183.

154 Islamische Charta Zentralrat der Muslime in Deutschland vom 20.2.2002, Eschweiler, verantwortlich: Vorsitzender Dr. Nadeem Elyas, Berlin, Art.15. Traditionelle Muslime wenden sich speziell im eigenen Bereich gegen eine neue dschahilija, Zeit des Unwissens (W. G. Lerch: Der Kampf gegen das neue Heidentum der Muslime. In: FAZ vom 25.7.2005, S.2).»Als Quelle dieses Heidentums ... gilt die westliche Welt.« (Ders.: Die große Katastrophe. In: Ebd. vom 23.9.2004, S.10). N. Kelek, Die fremde Braut, S.149:»Die Leitkultur auch bei vielen Türken in Deutschland ist der Islam«.

155 Das ist auch Ziel der Islamischen Charta Zentralrat der Muslime in Deutschland, vgl. Präambel, Art.18, 19.

156 Alexander Kissler: Der Islam, das Gegenteil. In: SZ vom 15.1.2004, S.11. Ähnlich auch S. Worbs/F. Heckmann, Islam in Deutschland, S.171.

157 Untertitel von N. Kelek, Die fremde Braut.

158 Birgitta Mogge: Der Süden ist einfach besser. In: RM vom 6.3.2003, S.1.

159 M. Spiewak, Gefangen im Ghetto, S.38.

160 Vgl. T. Husein in: A. Schenk/J.-M. Wiarda, Wir können auch anders, S.81.

161 Richard Kämmerlings: Die erste Prüfung. In: FAZ vom 27.4.2006, S.33.

162 J. Kaube: Gescheite gehen. In: FAZ vom 20.11.2003, S.35.

163 Marian Blasberg/Wolfgang Uchatius: Ist die Rütli noch zu retten? In: DZ vom 6.4. 2006, S.17–19. Ferdinand Sutterlüty: Dynamik der Gewalt. In: DZ vom 6.4.2006, S.49.

164 Www.edbriefs.com/usa99–00/09.20.99usa.html.

165 Www.edbriefs.com/usa99–00/09.20.99usa.html.

166 Anne Ratzki: Education, Education and Education. In: Www.GiN\2002a\Entwurf\ Ratzki.2002-02.Education.doc vom 17.02.02-ThJ, S.3f.

167 Dies bestätigen im Blick auf Auszubildende Iris Bednarz-Braun/Ursula Bischoff: Gute Nachrichten: Azubis unterschiedlicher Herkunftskultur verstehen sich gut. In: DJI Bulletin Frühjahr 70, 2005, S.4–7.

168 Vgl. K. Schuller: Zwischen Assimilierung und Konflikt. In: FAZ vom 27.7.2000, S.4.

169 K. Bauer, Die Überwindung der Sprachlosigkeit in der Wertevermittlung, S. 10.
170 Prof. Wladimir Wakounig (Klagenfurt): Interkulturelles Lernen aus der Sicht von ExpertInnen.
171 M. Spiewak, Gefangen im Ghetto, S. 38. Anders: I. Bednarz-Braun/U. Bischoff, Gute Nachrichten: Azubis unterschiedlicher Herkunftskultur verstehen sich gut, S. 6.
172 Judith Torney-Purta u. a.: Citizenship and education in twenty-eight countries: Civic knowledge and engagement at age fourteen. International Association for the Evaluation of Educational Achievement. Eburon Delft 2001.
173 Prof. Dr. Wolfgang Edelstein (Berlin): Die Entwicklung einer rechtsextremen Jugendkultur und mögliche Antworten der Schule. In: Kongress der Bund-Länder-Kommission für Bildungsplanung und Forschungsförderung vom 3.– 5. 5. 2001 in Berlin: Für Demokratie – Gegen Gewalt. Dokumentation. Berlin 2001, S. 23–31.
174 Vgl. Johannes Rau: Ohne Angst und Träumereien. Rede am 12. 5. 2000 in Berlin. In: FAZ vom 13. 5. 2000, S. 8.
175 U. Seiser, Angebote islamischer religiöser Erziehung in Bayern, S. 7. Allgemein zur Thematik: Anita Heiliger: Männliche Jugendliche mit Migrationshintergrund am Beispiel von Muslimen. In: Deutsche Jugend Jg. 54, 2006, H. 1, S. 19–26.
176 M. Blasberg/W. Uchatius, Ist die Rütli noch zu retten?, S. 18.
177 Thomas Jahn: Türk sun = Du bist Türke. HipHop, House und Pop: In den türkischen Ghettos von München, Köln, Berlin pocht ein neues Wir-Gefühl. In: DZ vom 12. 1. 1996, S. 65.
178 »Niemand kann mit mangelnder Anerkennung leben«. Konfliktforscher Prof. Dr. Wilhelm Heitmeyer (Bielefeld) im Gespräch mit Roland Kirbach. In: DZ vom 27. 2. 2003, S. 15.
179 R. Fücks, Werdet Bürger!, S. 8.
180 Th. Jahn, Türk sun = Du bist Türke, S. 65.
181 So auch St. Luft, Eine negative Dynamik, S. 10, mit Hinweisen auf entsprechende Gewaltbereitschaft.
182 N. Kelek: Eure Familien, unsere Familien. In: FAZ vom 24. 2. 2006, S. 48. Ebd.: Die Haltung hatte sich bei einer erneuten Umfrage nach zwei Jahren noch verstärkt. Vgl. dies., Die fremde Braut, S. 17 ff. u. ö.
183 N. Kelek, Eure Familien, unsere Familien, S. 48.
184 M. Spiewak, Gefangen im Ghetto, S. 38. Vgl. auch N. Kelek, Die fremde Braut, S. 220.
185 N. Kelek, Die fremde Braut, S. 19 bzw. 171 f.
186 Christiane Aschoff-Ghyczy (Köln): Bildungsferne Migrantinnen. In: FAZ vom 13. 3. 2006, S. 8; das Schicksal der »Importbräute« schildert eindringlich N. Kelek, Die fremde Braut, S. 170 ff., 218 ff.
187 St. Luft: Lernt Deutsch! In: FAZ vom 29. 6. 2005, S. 8; vgl. N. Kelek, Die fremde Braut, S. 19.
188 N. Kelek, Eure Familien, unsere Familien, S. 48; auch dies., Die fremde Braut, S. 129.
189 M. Spiewak, Gefangen im Ghetto, S. 37. H. Buschkowsky am 16. 11. 2004 im Bayer. Rundfunk. Eren Ünsal (Vorstandssprecherin des türkischen Bundes in Berlin-Brandenburg) in: »Drohungen helfen nicht«. In: DZ vom 6. 7. 2006, S. 6 f.
190 Heike Schmoll: Sozialer Sprengstoff. Die türkischen Jugendlichen und ihre PISA-Ergebnisse. In: FAZ vom 7. 11. 2005, S. 10.
191 Pendo München 2005.

192 Faruk Sen: Aufwind für Liberale. In: RM vom 27. 6. 2002, S. 25. N. Kelek, Die fremde Braut, S. 235 f.

193 A. Kissler, Der Islam, das Gegenteil, S. 11, zu K. Brettfeld/P. Wetzels, Junge Muslime in Deutschland, S. 254 und 272 ff. Vgl. OECD-Studie vom Mai 2006. Where immigrant Students Succeed – a Comparative Review of Performance and Engagement from Pisa 2003: www.oecd.org. Deutsche Kurzfassung: www.kmk.org.

194 M. Siemons, Neuköllner Auflösung, S. 37, über Neuköllner Hauptschüler.

195 M. Spiewak, Gefangen im Ghetto, S. 37.

196 U. Rasche: Mehr Frömmigkeit, weniger Ideologie. In: FAZ vom 27. 11. 2006, S. 4. O. Üçüncü ist Generalsekretär von Milli Görüs.

197 Prof. Dr. Paul Scheffer: Raus aus der Glaubensfalle! Muslime leiden an der Rückständigkeit ihrer Kultur – und flüchten sich in Groll und Aggression gegen den Westen. In: DZ vom 16. 12. 2004, S. 12. Zu Geschlechterrollen: KN, S. 52 f.

198 K. Brettfeld/P. Wetzels, Junge Muslime in Deutschland, S. 278, 304 f.; N. Kelek, Die fremde Braut, S. 210, vgl. S. 244.

199 M. Spiewak, Gefangen im Ghetto, S. 38.

200 K. Brettfeld/P. Wetzels: Junge Muslime in Deutschland, S. 306. Zum Ganzen ebd. S. 284 ff., 305 ff.

201 L. Akgün, zitiert in: J. Lau, »Ihr müsst euch bekennen!«, S. 6.

202 Feridun Zaimoglu, zitiert in: J. Lau, »Ihr müsst euch bekennen!«, S. 6. Vgl. J. Krönig, Londons freie Radikale, S. 19.

203 K. Bauer, Die Überwindung der Sprachlosigkeit in der Wertevermittlung, S. 11, Anm. 14, unter Bezug auf Peter Büchner (Hrsg.): Vom Teddybär zum ersten Kuss. Wege aus der Kindheit in Ost- und Westdeutschland. Leske + Budrich, Opladen 1966.

204 Näheres bei James W. Fowler: Stufen des Glaubens. Die Psychologie der menschlichen Entwicklung und die Suche nach Sinn. (Engl.: 1981) Gütersloher Verlagshaus Gütersloh 1991, S. 167 ff., S. 179 f.

205 Ausführliche Belege aus der zweiten Immigrantengeneration in Nürnberg finden sich bei S. Worbs/F. Heckmann, Islam in Deutschland, S. 135 ff., speziell 174.

206 Regina Mönch: Wir sprechen hier deutsch. In: FAZ vom 28. 1. 2006, S. 33.

207 R. Fücks, Werdet Bürger!, S. 8.

208 A. Kissler, Der Islam, das Gegenteil, S. 11.

209 P. Nolte, Generation Reform, S. 101.

210 N. Kelek, Die fremde Braut, S. 223, 12, 255 f.

211 KN, S. 32 ff. Kelek, Die fremde Braut, S. 224 ff., 234 f.

212 N. Kelek, Die fremde Braut, S. 265: »Von den Deutschen wünsche ich mir, dass sie sehr viel selbstbewusster ihre Errungenschaften und Werte verteidigen«.

213 J. Krönig, Londons freie Radikale, S. 19. Vgl. Josef Zellner: Unter dem Teppich. In: RM vom 1. 11. 2001, S. 20.

214 W. Heitmeyer: Wo sich Angst breit macht, S. 22.

215 R. Mönch, Wir sprechen hier deutsch, S. 33.

216 G. P. Hefty, Nach der Wahl ist vor der Wahl, S. 2.

217 Jürgen Kahl: Gespräch unterm Minarett. In: RM vom 18. 5. 2006, S. 5.

218 P. Nolte, Generation Reform, S. 71.

219 Vgl. J. Krönig, Londons freie Radikale, S. 19.

220 H. Wefing: Haft schadet nicht nur. In: FAZ vom 14. 7. 2006, S. 33, zitiert den leitenden Berliner Staatsanwalt R. Reusch.

221 Gundula Zeitz: Ohne Scheu mitreden. In: RM vom 23. 3. 2006, S. 10.

222 B. Kohler, Wider das Diktat, S. 1.

223 K. Schuller, Der Vorzug der Großfamilien, S. 12.

224 Chr. Schwägerl/L. Wild, Ist der Wrangelkiez die Banlieue von Berlin?, S. 42.

225 Prof. Dr. Reiner Lehberger (Hamburg), in: »Respekt statt Demütigung«. In: DZ vom 12. 4. 2006, S. 39: Es zeigt sich, dass die Schule bei der Integration wenig erreicht, wenn der Arbeitsmarkt oder die Städteplanung in die entgegengesetzte Richtung wirken.

226 R. Lehberger, in: »Respekt statt Demütigung«, S. 39.

227 Birgit Reißig/Nora Gaupp/Tilly Lex: Hoffnungen und Ängste – Jugendliche aus Zuwandererfamilien an der Schwelle zur Arbeitswelt. In: DJI Bulletin 69. Winter 2004, S. 4–7.

228 Hartmut Kühne: Multikultis Totengräber. In: RM vom 13. 4. 2006, S. 2.

229 J. Kaube: Das Migrationsdesaster. In: FAZ vom 16. 5. 2006, S. 39.

230 Prof. Dr. Monika Scheidler (Dresden) regte 2004 auf einer Berliner Tagung des Arbeitskreises für Religionspädagogik/der Arbeitsgemeinschaft Katholische Religionspädagogik und Katechetik (AfR/AKRK) u. a. an:
 – bei der Erarbeitung von Bildungskonzepten auch Immigranten hinzuziehen,
 – Unterrichtsräume mit Bildern aus den Herkunftsländern ausstatten,
 – das Beziehungslernen zwischen Einheimischen und Immigranten fördern (auch nonverbale) Arbeits- und Sozialformen wählen,
 – den Zugewanderten vertraute Unterrichtsmethoden einsetzen,
 – Bilder, Symbole, Texte und Zeugnisse verwenden, die Wertvorstellungen der Immigranten entsprechen,
 – bei Bildungsstandards und Kompetenzen für ausgewogenes Verhältnis von altem und neuem Kulturkreis sorgen, dazu für Anerkennung des Anderen, für konstruktiven Umgang mit kulturellen Differenzen und Konflikten.

231 Z. B. Sensibilisierung für problematische Ausdrücke wie »Mohammedaner« und für den Umgang von Muslimen mit dem Koran (er darf beispielsweise nicht auf den Boden gelegt werden); Erarbeitung von Vermittlungsmöglichkeiten für unanschaulichabstrakte deutsche Begriffe (etwa aus der deutschen Geschichte: Mittelalter, Reformation, Aufklärung).

232 J.-M. Wiarda: Schule à la Bush. In: DZ vom 25. 5. 2005, S. 83 f.

233 H. v. Hentig: Die Menschen stärken, die Sachen klären. Reclam Ditzingen 1985 u. ö.

234 Die Beauftragte der Bundesregierung für Ausländerfragen. Sieben Thesen zur vorschulischen und grundschulischen Förderung von (Migranten-)Kindern. www.gggnrw.de/Aktuell/Beck.7Thesen.htlm.

235 M. Spiewak: Mama muss jetzt lernen. In: DZ vom 6. 7. 2006, S. 25.

236 St. Luft, Lernt Deutsch!, S. 8.

237 N. Kelek, Die fremde Braut, S. 47, S. 154 ff., S. 217 u. ö. Prof. Dr. Matthias Rohe (Erlangen): Wer schweigt, stimmt nicht zu. In: FAZ vom 12. 4. 2006, S. 41.

238 Die Beauftragte der Bundesregierung für Ausländerfragen, Sieben Thesen zur vorschulischen und grundschulischen Förderung von (Migranten-)Kindern, Thesen 3 und 5.

239 M. Spiewak: Grammatik und Schnitzeljagd. In: DZ vom 12. 8. 2004, S. 33.

240 Vgl. u. a. Julia Ann Krohne/Ulrich Meier/Klaus-Jürgen Tillmann: Klassenwiederholungen: Geschlecht und Migration sind Risikofaktoren. In: SchulVerwaltung BY Nr. 7/8 2004, S. 272–275, Vgl. M. Spiewak, Grammatik und Schnitzeljagd, S. 33.

241 Christine Jähn: Gruppenarbeit. In: DZ vom 11. 5. 2006, S. 86: Das Projekt wurde Ende der 60er Jahre an der Hebrew University in Jerusalem entwickelt, als Anlei-

tung für Eltern, unkompliziert die neue Sprache zu lernen, sich im Land zurecht zu finden und ihre Kinder auf die Schule vorzubereiten.»Hippy steht für Home Instruction for Parents of Preschool Youngsters und heißt übersetzt so viel wie ›Hausbesuchsprogramm für Eltern mit Vorschulkindern‹. ... Mütter werden zwei Jahre lang regelmäßig von anderen dafür geschulten Migrantinnen besucht. Diese leiten sie an, mit ihren Kindern auf Deutsch zu spielen, Geschichten zu erzählen, zu basteln und zu experimentieren.« Das Programm wird u. a. in den USA, Kanada, Neuseeland und Südafrika eingesetzt. In Deutschland hat das deutsche Jugendinstitut die ersten Jahre von Hippy wissenschaftlich begleitet.

242 R. Lehberger, in:»Respekt statt Demütigung«, S. 39.

243 Christopher Krämer: Die Katze sagt »miyavlamak«. In: RM vom 16. 11. 2006, S. 10.

244 Vgl. auch N. Kelek, Die fremde Braut, S. 258.

245 M. Spiewak, Mama muss jetzt lernen, S. 25.

246 Sie wurden 2005 von einem Drittel aller Zugewanderten besucht. Nach dem Stand Februar 2006 werden rund 7600 Kurse abgehalten, zwanzig Prozent der Teilnehmer stammen aus der Türkei, knapp zwei Drittel sind Frauen (Integrationskurse schlecht besucht. In: FAZ vom 3. 3. 2006, S. 4).

247 Vgl. Die Beauftragte der Bundesregierung für Ausländerfragen. Sieben Thesen zur vorschulischen und grundschulischen Förderung von (Migranten-)Kindern, Einleitung: Nach einer Berliner Sprachstandserhebung »sprechen zwei Drittel der Berliner Vorschulkinder nur unzureichend deutsch und müssen entsprechend gefördert werden«. Alarmierend ist, dass das nicht nur für ca. 90 % der Kinder mit Migrationshintergrund gilt, sondern auch für ca. 50 % der deutschen Kinder, obwohl fast alle eine Kindertagesstätte oder Vorschule besucht haben.

248 M. Spiewak, Mama muss jetzt lernen, S. 25; so auch R. Mönch: Die Terroristen. In: FAZ vom 16. 12. 2006, S. 35.

249 Jan-Martin Wiarda im Gespräch mit dem Hamburger Erziehungswissenschaftler Wilfried Bos:»Die Sprache ist alles«. In: DZ vom 5. 1. 2005, S. 64.

250 D. Schümer: Ist das so kleidsam? In: FAZ vom 25. 1. 2005, S. 35.

251 Bernhard Maier (PD für Vergleichende Religionswissenschaft, Bonn): Art. Sprache/ Sprachwissenschaft/Sprachphilosophie II: Religionsgeschichtlich. In: TRE Bd. 31 2000, S. 745–748.

252 K. Bauer, Die Überwindung der Sprachlosigkeit in der Wertevermittlung, S. 12: Grundmuster ethischen Lehrens und Lernens sind sittliche Elementarbildung, das Lernen aus Vorbildern, die Gesinnungsbildung, das Schulleben und die Schule als gerechte Gemeinschaft (Schulethos). Die reflektierte Förderung der moralischen Urteilsfähigkeit und das Nachdenken über vertretbare faire und gerechte Lösungen erfolgt durch den erziehenden Unterricht. Er geschieht in fünf Formen:
1) als kritische Reflexion von Normen und Werten im Sinne der Wertklärung;
2) als Stimulierung des moralischen Urteils mittels Dilemmageschichten, die Interessenkonflikte zwischen miteinander agierenden Menschen darstellen;
3) als sittliche Urteilsfindung durch Streitgespräch und Debatte;
4) als Wahrnehmen und Sensibilisieren durch soziale Perspektivenübernahme und Empathie;
5) als Öffnen des Unterrichts für ethische Vorbilder vor Ort und soziales Engagement im Rahmen eines Praktikums.

253 Dr. Erich Heintel (Wien, Prof. für Systematische Philosophie): Art. Sprache/Sprachwissenschaft/Sprachphilosophie I. In: TRE Bd. 31 2000, S. 730–745, S. 738.

254 Gegen den bildungspolitischen Trend in Deutschland: Chr. Krämer, Die Katze sagt »miyavlamak«, S. 10.

255 Katholische Einwanderer religiös stärker gebunden als Muslime. In: FAZ vom 31. 5. 2006, S. 4.

256 S. Worbs/F. Heckmann, Islam in Deutschland, S. 179 f.

257 Für den Ethikunterricht gilt das in eingeschränkter Weise, sofern er zwar weltanschauliche und religiöse Identitätsangebote vorstellen, aber nicht für sie werben und in ihre Kommunikationsgemeinschaften einführen darf.

Anmerkungen zu Teil C

1   Hans-Peter Raddatz: Islam oder Islamismus? Interkultureller Dialog zwischen Toleranz und Gewalt. In: R.C. Meier-Walser/R. Glagow (Hrsg.): Die islamische Herausforderung – eine kritische Bestandsaufnahme von Konfliktpotenzialen. Aktuelle Analysen 26 der Hanns-Seidl-Stiftung 2001, S. 67–79.

2   Hj. Biener, Herausforderungen zu einer multiperspektivischen Didaktik, S. 36.

3   H.-P. Raddatz, Islam oder Islamismus?, S. 70; vgl. N. Kelek, Die fremde Braut, S. 19, 24.

4   Alexander Goerlach: Die neue Weltunterordnung. In: FAZ vom 15. 5. 2004, S. 45.

5   Zitiert bei F. Schirrmacher, Vorbereitungsgesellschaft, S. 37.

6   Amir Taheri: Tausendundeine Parole. In: FAZ vom 14. 2. 2002, S. 8.

7   Zitat bei R. Chimelli, Verhasste Heimat, S. 13.

8   So u. a.: Chr. Ehrhardt: Ick bin ein Muslim. In: FAZ vom 17. 3. 2007, S. 3. – Mission wird verstanden als »Daawa«, »Einladung« zum Übertritt.

9   Dazu auch Hj. Biener, Herausforderungen zu einer multiperspektivischen Didaktik, S. 435 ff.; Johannes Lähnemann: Art. Islam II/2. [III.] 20. Jahrhundert. In: TRE Bd. 16 1987, S. 349–358, S. 354.

10 Prof. Dr. Hartmut Bobzin (Erlangen): Mohammed. Beck München 2. Aufl. 2002, S. 75.

11 Dr. A. Renz (Ökumenereferent des Bistums Hildesheim): Offenbarung als »Wegweisung« – Glaube als »Weg«. Soteriologische Metapher im Judentum, Christentum und Islam. In: HCI, S. 55–81.

12 A. Renz, Offenbarung als »Wegweisung«, S. 79.

13 Prof. Dr. Klaus Berger: Die Muslime sind längst unter uns. In: DZ vom 18. 3. 2004, S. 51. M. A. Gabriel, Islam und Terrorismus, S. 56: Anfangs forderten die koranischen Offenbarungen die Muslime auf, mit den Christen in Frieden zu leben (Sure 5:82). Aussagen über die Juden waren niemals positiv. Doch nachdem Mohammed nach Medina gezogen war, nahmen die Offenbarungen in Bezug auf alle »Völker des Buches« einen »sehr feindseligen Ton an« (Sure 8:36 ff.). Gegen den Wandel der Haltung Mohammeds: T. Nagel, Die islamische Welt bis 1500, S. 11, 168 ff., 218 ff.

14 W. G. Lerch: Lesarten des Korans. In: FAZ vom 27. 6. 2005, S. 8, unter Hinweis auf G. Lüling: A Challenge to Islam for Reformation. Motilal Barnasidass New Delhi 2003; ders.: Die Wiederentdeckung des Propheten Muhammad. Eine Kritik am christlichen Abendland. Lüling Erlangen 1981. Umfangreiche Hinweise zur These G. Lülings im Internet (Suchworte Lüling – Islam; siehe auch Suchwort Luxenberg).

15 Rolf Cantzen: »Dies ist das Buch, an dem kein Zweifel ist«. Deutschlandradio-Zeitreisen vom 9. 8. 2006. www.dradio.de/dkultur/sendungen/zeitreisen/529359 über die Saarbrücker Arbeitsgruppe um Prof. Dr. K.-H. Ohlig und Chr. Luxenberg (Pseudonym).

16 Sehr viele Einzelheiten aus Mohammeds Leben stammen erst aus der Literatur des 9. und 10. Jahrhunderts.

17 Gegen die »Saarbrücker Richtung« um K.-H. Ohlig und Chr. Luxenberg steht engagiert Prof. Dr. Lutz Richter-Bernburg (Tübingen); zur muslimischen Sicht vgl. viele Einträge im Internet, u. a. www.answering-christianity.de/article19. Zum ganzen Problembereich u. a. Nicolai Sinai (Seminar für Arabistik an der FU Berlin): Die Koranforschung tritt in die kritische Phase ein. In: FAZ vom 28. 12. 2006, S. 31; Näheres in der Diskussion von Islamwissenschaftlern bei R. Cantzen, »Dies ist das Buch, an dem kein Zweifel ist«.

18 H. Bobzin: Art. Islam II/1. 7.–19. Jahrhundert. In: TRE Bd. 16 1987, S. 336–349, S. 337 f. Dies dürfte auch ein Grund für den raschen Übergang der nordafrikanischen Christenheit zum Islam gewesen sein.

19 Dr. Christiane Paulus (Dozentin an der 6. Oktober-Universität in Kairo): Rationalität und Weltverhältnis. Ähnlichkeiten von Islam und Protestantismus. In: HCI, S. 187–209, S. 207.

20 Chr. Paulus, Rationalität und Weltverhältnis, S. 208, vgl. 207.

21 H.-P. Raddatz: Verbotene Liebe. In: RM vom 9. 12. 2004, S. 17.

22 A. Renz, Offenbarung als »Wegweisung«, S. 79.

23 P. Schütt: Gott wollte Vielfalt. In: RM vom 27. 6. 2002, S. 26.

24 P. Schütt, Gott wollte Vielfalt, S. 26.

25 H.-P. Raddatz: Islam oder Islamismus?, S. 72.

26 »Offener Brief muslimischer Würdenträger« (unter dem Titel »Wir teilen Ihren Wunsch nach einem offenen und aufrichtigen Dialog« abgedr. in: FAZ vom 24. 10. 2006, S. 6), unterzeichnet u. a. von den Obermuftis von Ägypten, Bosnien, Kroatien, Istanbul, Oman, Russland und Slowenien, dazu von religiösen Autoritäten aus Saudi-Arabien, den Emiraten, Indien, Indonesien, Iran, Irak, Kuwait, Malaysia, Marokko und Pakistan.

27 Vgl. unten die Ausführungen zum Religionsverständnis, S. 79 ff.

28 Hj. Biener, Herausforderungen zu einer multiperspektivischen Didaktik, S. 92 ff.

29 Der Koran kennt keinen Opfertod Christi. Diese Ansicht zeigt sich auch im Lehrplanentwurf der Föderation der Aleviten Gemeinden in Deutschland (AABF). Köln, September 2000 (Manuskript), S. 25 (über das Opfer).

30 Hj. Biener, Herausforderungen zu einer multiperspektivischen Didaktik, S. 94 f.

31 Mindestens eine schiitische, vier sunnitische Rechtsschulen. Einerseits gibt es keine autorisierten Lehraussagen. Andererseits werden etwa in islamischen Lehrplänen bzw. -entwürfen Differenzpunkte zwischen christlichem und muslimischem Glauben weitgehend ausgeklammert.

32 Kritisch gegenüber diesen Vorschriften ist Gamâl al-Bannâ, vgl. Ivesa Lübben: Gamâl al-Bannâ: Gerechtigkeit für alle. In: IW, S. 164–172, S. 165 ff.

33 Herbert Huber: Tao oder Mehrheit. Über den Grund moralischer Geltung. In: Ders./Hans Zehetmair/Helmut Zöpfl: Ethik in der Schule. Bayerischer Schulbuch Verlag München 1993, S. 17–33.

34 So J. Habermas: Wahrheitstheorien. In: H. Fahrenbach (Hrsg.): Wirklichkeit und Reflexion. Walter Schulz zum 60. Geburtstag. Neske Pfullingen 1973, S. 211–265.

35 So Georg Wilhelm Friedrich Hegel: Phänomenologie des Geistes. Hrsg. v. J. Hoffmeister. In: Ders.: Sämtliche Werke. Neue kritische Ausgabe Bd. 5. Philosophische Bibliothek Bd. 114. Meiner Hamburg (1907) 6. Aufl. 1952, S. 21.

36 Thomas v. Aquin und ihm nachfolgende Denker. Dazu u.a. Prof. Dr.Ingeborg
Schüßler (Lausanne): Art. Wahrheit/Wahrhaftigkeit IV. Philosophisch, in: TRE Bd. 35
2003, S. 347–363.

37 I. Schüßler, Art. Wahrheit/Wahrhaftigkeit IV. Philosophisch, S. 355/359 zu Cusanus,
bzw. Immanuel Kant.

38 I. Schüßler, Art. Wahrheit/Wahrhaftigkeit IV. Philosophisch, S. 361 zu Friedrich
Nietzsche.

39 Prof. Dr. Paul Althaus: Die christliche Wahrheit. Bertelsmann Gütersloh (1947),
4. Aufl. 1958, S. 27.

40 Bischof Prof. Dr. Wolfgang Huber: Glaube und Vernunft. In: FAZ vom 31. 10. 2006,
S. 10: Nach evangelischem Glauben ist »Jesus Christus die Wahrheit des Evangeliums
in Person«. Vgl. auch KN, S. 16 f.

41 Prof. Dr. Walter Schmithals: Islam heißt Staatsreligion. In: DZ vom 9. 2. 2006, S. 47.

42 W. Schmithals, Islam heißt Staatsreligion, S. 47.

43 Prof. Dr. Eilert Herms: Art. Wahrheit/Wahrhaftigkeit V. Systematisch-theologisch.
In: TRE Bd. 35 2003, S. 363–378.

44 Prof. Dr. Eberhard Jüngel: Aufklärung im Lichte des Evangeliums. In: FAZ vom
17. 5. 2005, S. 8.

45 Roman Seidel: Abdolkarim Sorusch [Pseudonym]: Viele Wege zur Wahrheit. In: IW,
S. 82–89, S. 87.

46 W. Schmithals, Islam heißt Staatsreligion, S. 47.

47 Vgl. H. Al-Mozany, Ein Dialog mit Effendi Kant ist unmöglich, S. 36.

48 A. Goerlach, Die neue Weltunterordnung, S. 45. Ebd.: Dr.Sayyed Fatallah, Dozent der
Al-Azhar-Universität Kairo betont: »Das Einzigartige am Koran ist, daß er in arabischer Sprache herabgesandt wird in einer Zeit, als es diese Sprache als feste Größe
noch gar nicht gibt. Das beweist, daß der Koran von Allah stammt.« – Vgl. Islamische
Charta Zentralrat der Muslime in Deutschland, Art. 3: »Der Koran ist die verbale Offenbarung Gottes. Die Muslime glauben, dass sich Gott über Propheten wiederholt
geoffenbart hat, zuletzt im 7. Jahrhundert westlicher Zeitrechnung gegenüber Muhammad ... Diese Offenbarung findet sich als unverfälschtes Wort Gottes im Koran«.

49 Prof. Dr. Peter Antes (Hannover): Islam – Religion/Ethik/Politik. Referat auf der
Jahrestagung für evangelische Religionslehrkräfte an den Gymnasien in Bayern: Herausforderung Islam. Heilsbronn, 11. 3. 2005. Widerspruch (mit Riccoldo) bei Martin
Luther: Verlegung des Alcoran Bruder Richardi, Prediger Ordens. Verdeutscht und
herausgegeben von M. Luther. WA (Weimarer Ausgabe) 53, Schriften 1542/43 S. 273–
388, S. 302, 306, 340, 380.

50 H. Bobzin, Mohammed, S. 76· Die erste Offenbarung auf dem Berg Chirâ' wird bei
at-Tabarî so beschrieben: »Der Engel Gabriel erscheint Mohammed, spricht ihm etwas vor, und Mohammed spricht es dann nach, d.h. er ›trägt es vor‹ ..., und dieser
›Vortrag‹ (qu' rân) ist der ›Koran‹«.

51 A. Goerlach, Die neue Weltunterordnung, S. 45, ebd.: »Die Juden und die Christen
haben ihre heiligen Schriften gefälscht. Dafür gibt es den Begriff des tharif«, erklärt
S. Fatallah. »Die Juden haben diese Fälschung mit Absicht vorgenommen, die Christen aus Unwissenheit«, fährt er fort. »Die Wahrheit über die heiligen Schriften der
Juden und der Christen kennen nur die Muslime, weil die Wahrheit über diese Religionen nur in unserem Koran steht.« S. Fatallah hat keine seltene Sondermeinung,
sondern er gibt das wieder, was sich auch in vielen deutschsprachigen wissenschaftlichen Darstellungen des Islam findet. Vgl. auch Islamische Charta Zentralrat der

Muslime in Deutschland, Art. 4: Die Muslime glauben, dass der Koran die ursprüngliche Wahrheit wiederhergestellt und bestätigt hat. Siehe auch unten die Aussagen zum Religionsverständnis, S. 79 ff.

52 J. Lähnemann, Art. Islam II/2. 20. Jahrhundert, S. 354.

53 Prof. Dr. U. Beck: So macht Gleichheit Ungleiche aus uns allen. In: FAZ vom 8. 10. 2004, S. 36.

54 Vgl. die bayerische Regelung: Das »Kreuz-Urteil« des Bundesverfassungsgerichts (Az: 1 BvR 1087/91) vom 16. 5. 1995 erklärte die Vorschrift der Bayerischen Volksschulordnung (§ 13, I 3) als verfassungswidrig, Kreuze in allen staatlichen Klassenzimmern anzubringen,. Darauf wurde mit Gesetz vom 23. 12. 1995 in das Bayerische Gesetz über das Erziehungs- und Unterrichtswesen (BayEUG) Art. 7 Abs. 3 eingefügt: »... Wird der Anbringung des Kreuzes aus ernsthaften und einsehbaren Gründen des Glaubens oder Weltanschauung durch die Erziehungsberechtigten widersprochen, versucht der Schulleiter eine gütliche Einigung. Gelingt eine Einigung nicht, hat er ... für den Einzelfall eine Regelung zu treffen, welche die Glaubensfreiheit des Widersprechenden achtet und die religiösen und weltanschaulichen Überzeugungen aller in der Klasse Betroffenen zu einem gerechten Ausgleich bringt; dabei ist auch der Wille der Mehrheit so weit möglich zu berücksichtigen.« – Im Januar 2002 gab der Bayerische Verwaltungsgerichtshof auch einem Volksschullehrer Recht, der die Abnahme der Kreuze in seinen Klassenzimmern gefordert hatte (Az: 3 B 98.563).

55 Prof. Dr. Hans-Peter Schneider (Hannover): »Vom Rechte, das mit uns geboren ist ...«. In: FAZ vom 19. 5. 2005, S. 10.

56 W. Schmithals, Islam heißt Staatsreligion, S. 47. Dagegen Dr. Martin Bauschke (Leiter des Berliner Büros der Stiftung Weltethos): Jesus als Beispiel der Gott-Mensch-Beziehung im Koran. In: HCI, S. 101–119, S. 103 f.: Auch der Islam betone die Individualität des Menschen.

57 W. Schmithals, Islam heißt Staatsreligion, S. 47; N. Kelek, Die fremde Braut, S. 148 f., 150.

58 B. Lewis: Der arabische Weg. In: RM vom 2. 6. 2005, S. 6.

59 H.-P. Schneider, »Vom Rechte, das mit uns geboren ist ...«, S. 10.

60 M. Bauschke, Jesus als Beispiel der Gott-Mensch-Beziehung im Koran, S. 106.

61 Stefan Schreiner: Erlösung und Heil – menschliches Verlangen und göttliches Angebot. In: HCI, S. 15–38, S. 22.

62 M. Bauschke, Jesus als Beispiel der Gott-Mensch-Beziehung im Koran, S. 101.

63 Dr. Claude Gilliot (Prof. für islamische Exegese und Theologie an der Universität Aix-en-Provence): Rechtleitung und Heilszusage im Islam. In: HCI, S. 39–54, S. 52, mit Literaturverweisen.

64 Dr. Heikki Räisänen (Prof. für neutestamentliche Exegese an der Universität Helsinki): Doppelte Prädestination im Koran und im Neuen Testament? In: HCI, S. 139–159, S. 158.

65 M. Bauschke, Jesus als Beispiel der Gott-Mensch-Beziehung im Koran, S. 102.

66 C. Gilliot, Rechtleitung und Heilszusage im Islam, S. 51.

67 M. Bauschke, Jesus als Beispiel der Gott-Mensch-Beziehung im Koran, S. 102 f. Ebenso C. Gilliot, Rechtleitung und Heilszusage im Islam, S. 56. bzw. A. Renz, Offenbarung als »Wegweisung«, S. 77 ff.

68 M. Bauschke, Jesus als Beispiel der Gott-Mensch-Beziehung im Koran, S. 104 f.; ebenso St. Schreiner, Erlösung und Heil – menschliches Verlangen und göttliches Angebot, S. 25 ff.

69 A. Renz, Offenbarung als »Wegweisung«, S. 78.

70 Khalid Duran: Überall Pflicht. Der Kleine und der Große Dschihad. In: FAZ vom 10. 10. 2001, S. 11. – Der Begriff bezeichnet allgemein das Bemühen zur Umsetzung und Ausbreitung der Wahrheiten der Botschaft des Koran. Die meisten islamischen »Konfessionen« kennen zwei Formen:

1. Der »größte Dschihad« (al-dschihad al-akbar) ist der Kampf gegen das niedere Selbst, die Schwächen und Fehler, von denen niemand gerne spricht (an-nafs alammara). Er wird u. a. vollzogen durch das fünfmalige tägliche Gebet (Salat), das Streben nach Wissen und moralischer Vervollkommnung und das Tun guter Werke.

2. Der »kleine« oder »äußere Dschihad« (dschihad saghir) besteht in der Ausbreitung und Verteidigung des Islam, notfalls auch mit Waffengewalt. Er ist die einzig zulässige Form des Kriegs im islamischen Recht. Er ist eine religiöse Pflicht (fard), die nicht dem einzelnen Muslim (fard al-ain) auferlegt ist, sondern der islamischen Gemeinschaft als ganze (fard al-kifaya, Pflicht des Genügeleistens). Der »offensive Dschihad« wird mit den späten Suren 9:5 und 9:29 legitimiert. – Der Kampf des Mystikers um Gotteserkenntnis ist ebenso Dschihad wie die Missionstätigkeit eines Predigers (Daawa). Der Dschihad kann aber auch weltlich verstanden werden, so als Kampf gegen das Analphabetentum. Z.T. spricht man auch von fünf Arten des Dschihad: dem der Seele (dschihad bi-n-nafs), dem der Zunge (dschihad bil lisan), dem der Feder bzw. des Wissens (dschihad bil qalam/ilm) und dem Dschihad des Schwerts (dschihad bis-sayf). (www.de.wikipedia.org/wiki/Dschihad). Weitere Suren zum Kampf gegen Ungläubige: 2:190ff.; 4:76.89; 8:37.39; 9:5.14.111; 61:9; 47:4: »Und wenn ihr die Ungläubigen trefft, dann herunter mit dem Haupt, bis ihr ein Gemetzel unter ihnen angerichtet habt ...« – Für Hanafiten gilt der Vers nur für Mohammeds Schlacht bei Badr, für Schiiten generell (A. Schimmel, Anm. 2 z. St. der hier benutzten Koranausgabe). Zum Dschihad auch KN, S. 44f. Ebd. S. 43: Der Koran enthält auch Gewalt begrenzende (u. a. Suren 4:90; 5:34; 8:61; 9:6), weit mehr aber Gewalt legitimierende Texte.

71 Prof. Dr. M. Zakzouk (Philosoph und ägyptischer Religionsminister): Das trinitarische Gottesverständnis aus muslimischer Sicht. Vortrag in der Katholischen Akademie in Bayern, 16.–17. 5. 2006, abgedruckt in: VKRG inform. 16. Jg. H. 4. Oktober 2006, S. 6–10, S. 7.

72 J. Lähnemann, Art. Islam II/2. 20. Jahrhundert, S. 355.

73 Sudhir Kakar: Blutige Taten, heilende Rache. In: DZ vom 18. 8. 2005, S. 39.

74 S. Mekhennet, Warum soll ich mich für vergossenes Blut entschuldigen? In: FAZ vom 11. 8. 2006, S. 35. Aus H. al-Bannas Aufruf: »Dann wollen wir, daß die Fahne des Islam wieder über diesen Landschaften weht, die das Glück hatten, eine Zeit lang unter der Herrschaft des Islam zu sein ... Andalusien, Sizilien, der Balkan, Süditalien und die griechischen Inseln sind alle islamische Kolonien, die in den Schoß des Islam zurückkehren müssen«; zitiert bei: Prof. Dr. Egon Flaig (Greifswald): Der Islam will die Welteroberung. In: FAZ vom 16. 9. 2006, S. 35. – Dies wird von Islamwissenschaftlern heftig bestritten, so von Almut Höfert: Die glorreichen Tage des Dschihad sind Geschichte. In ebd., Nr. 243 vom 16. 10. 2006, S. 37. – Zum Dchihadismus: KN, S. 91ff. (Ziele, Verbreitung, Antisemitismus, Anhänger in Deutschland).

75 M. Bauschke, Jesus als Beispiel der Gott-Mensch-Beziehung im Koran, S. 103; ebenso St. Schreiner, Erlösung und Heil – menschliches Verlangen und göttliches Angebot, S. 29; N. Kelek, Die fremde Braut, S. 209.

76 M. Zakzouk, Das trinitarische Gottesverständnis aus muslimischer Sicht, S. 8.

77 Hans-Christoph Goßmann: Theologische Anthropologie als Kontroversthema im christlich-islamischen Dialog. In: M. Krug/R. Lödel/J. Rehm (Hrsg.): Beim Wort nehmen. Friedrich Mildenberger zum 75. Geburtstag. Kohlhammer Stuttgart 2004, S. 216–221, S. 221.

78 Prof. Dr. A. Schall (Heidelberg): Art. Islam I. Religionsgeschichtlich. In: TRE Bd. 16 1987, S. 315–336, S. 321.

79 Sure 2:38: Wir sprachen:»Hinfort mit euch von dort [Paradies] allesamt! Und wenn zu euch von Mir eine Leitung kommt, wer dann Meiner Leitung folgt, über die soll keine Furcht kommen ...«.

80 H.-Chr. Goßmann, Theologische Anthropologie als Kontroversthema im christlich-islamischen Dialog, S. 219 f.

81 H.-Ch. Goßmann: Theologische Anthropologie als Kontroversthema im christlich-islamischen Dialog, S. 220.

82 M. Bauschke, Jesus als Beispiel der Gott-Mensch-Beziehung im Koran, S. 105.

83 St. Schreiner, Erlösung und Heil – menschliches Verlangen und göttliches Angebot, S. 30.

84 H.-Ch. Goßmann, Theologische Anthropologie als Kontroversthema im christlich-islamischen Dialog, S. 221.

85 N. Kelek, Die fremde Braut, S. 257. So auch die Konvertitin Petra Klier in: Chr. Gunkel, Gestern Jesus, heute Mohammed, S. 39.

86 U. Spuler-Stegemann, Muslime in Deutschland, S. 32. J. Triebel: Einführung in die Islamische Charta Zentralrat der Muslime. In: Minarette in Deutschland, Tagung der Evangelischen Akademie Tutzing in Heilsbronn am 22. 5. 2004. Dazu vgl. auch J. Lähnemann, Art. Islam II/2. 20. Jahrhundert, S. 354. – Ein z.T. stärker reflexiver Ansatz zeigt sich bei den modernen Reformern, vgl. die entsprechenden Beiträge in IW.

87 A. Schall, Art. Islam I. Religionsgeschichtlich, S. 323.

88 H.-Ch. Goßmann, Theologische Anthropologie als Kontroversthema im christlich-islamischen Dialog, S. 220 f.; so auch J. Lähnemann, Art. Islam II/2. 20. Jahrhundert, S. 354.

89 W. G. Lerch: Glaube zwischen »Seele« und »Gesetz«. In: FAZ vom 26. 9. 2006, S. 10.

90 Bestätigt durch P. Klier in: Chr. Gunkel, Gestern Jesus, heute Mohammed, S. 39: »Der Islam ist vernünftig und nachvollziehbar. Das kommt meiner Persönlichkeit entgegen«.

91 H.-Ch. Goßmann, Theologische Anthropologie als Kontroversthema im christlich-islamischen Dialog, S. 218.

92 Johannes Paul II.: Generalaudienz am Mittwoch, 5. 5. 1999, www.vatican.va/holy_father/john_paul_ii/audiences/1999/documents/hf_jp-ii_aud_05051999_ge.html.

93 Christen und Muslime in Deutschland, S. 181, vgl.140, unter Berufung auf Lumen gentium 16.

94 So z.B. Menno Aden (Präsident des Oberkirchenrates a.D., Essen): Entsetzlich schmerzhaft. Leserbrief in: FAZ vom 5. 6. 2004, S. 8. Auch der von der Evang. Landeskirche in Baden befürwortete »Appell aus Baden« vom Juli 2006 fordert im Blick auf den Islam den Verzicht auf christliche Alleinvertretungsansprüche der Wahrheit und auf Missionierungsversuche (epd-Dokumentation 26/2006; www.ekiba.de/editorial_8274.htm).

95 Erhard Brunn: Er hat das Herz der Muslime gewonnen. In: RM vom 1. 12. 2006, S. 24. Helmut Wiesmann (Sekretariat der Deutschen Bischofskonferenz, Bonn):

Muslime in Deutschland. Informationen und Klärungen. Referat in: Minarette in Deutschland. Tagung der Evangelischen Akademie Tutzing in Heilsbronn am 21. 5. 2004.

96 H. Sezgin: Allah, der Gott aller. In: DZ vom 30. 3. 2006, S. 50.
97 H. Bobzin, Art. Islam II/1. 7.–19. Jahrhundert, S. 337 ff.
98 K. Berger, Die Muslime sind längst unter uns, S. 51. J. Lähnemann, Art. Islam II/2. 20. Jahrhundert, S. 354.
99 M. Luther, Verlegung des Alcoran Bruder Richardi, S. 278 ff.
100 H.-Ch. Goßmann, Theologische Anthropologie als Kontroversthema im christlich-islamischen Dialog, S. 219, Anm. 10. Sure 4:172 f., 5:73 ff.,76: »Der Messias, Sohn der Maria, war nur ein Gesandter; gewiß, andere Gesandte sind vor ihm dahingegangen. ...«. Dazu 1. Joh 2,22 f.: »Das ist der Antichrist, der den Vater und den Sohn leugnet. Wer den Sohn leugnet, der hat auch den Vater nicht; wer den Sohn bekennt, der hat auch den Vater«.
101 H.-Ch. Goßmann, Theologische Anthropologie als Kontroversthema im christlich-islamischen Dialog, S. 219, Anm. 10.
102 St. Schreiner, Erlösung und Heil – menschliches Verlangen und göttliches Angebot, S. 30
103 M. Bauschke, Jesus als Beispiel der Gott-Mensch-Beziehung im Koran, S. 106 bzw. 115. Beispiel für die »Eingemeindung« Jesu in den Islam: Mehdi Bazargan (gest. 1995, iranischer Korangelehrter und Politiker): »Und Jesus ist sein Prophet«. Der Koran und die Christen. Beck München 2006.
104 M. Bauschke, Jesus als Beispiel der Gott-Mensch-Beziehung im Koran, S. 106 ff., S. 117.
105 A. Renz, Offenbarung als »Wegweisung«, S. 64 ff., unter Bezug auf Lk 9,23 f.; 14,27; Joh 14,6 u. ö., sowie auf Didache und Barnabasbrief.
106 Gegen M. Bauschke, Jesus als Beispiel der Gott-Mensch-Beziehung im Koran, S. 118: »Ist das koranische Zeugnis über Jesus wirklich eine Christologie? Ich bin der Meinung: ja«.
107 A. Renz, Offenbarung als »Wegweisung«, S. 64 f.
108 Prof. Dr. Wolfhart Pannenberg (München): Systematische Theologie Bd. 1. Vandenhoeck Göttingen 1988, S. 318, zu G. W. Hegel.
109 Zum trinitarischen Gottesgedanken als Ausdruck der »dynamische(n) und lebendige(n) Wirklichkeit Gottes in ihrer Vielfalt«: Prof. Dr. Bernd Oberdorfer (Augsburg): Man müsste sie erfinden. Die Trinitätslehre ist kein überflüssiges Dogma, sondern ein Fenster zum Himmel. In: Zeitzeichen 8, August 2004, S. 56–58, S. 58.
110 U. a. Sure 4:171; 5:72 f. Zur islamischen Deutung als »Dreigötterlehre« vgl. u. a. M. A. Gabriel, Islam und Terrorismus, S. 223 f.
111 Vgl. u. a. H. Bobzin, Art. Islam II/1, S. 343. Generell: A. Schall: Art. Islam 1. Religionsgeschichtlich, S. 331 f.
112 W. Pannenberg, Systematische Theologie Bd. 1, S. 359.
113 Gerhard Schweizer: Ungläubig sind immer die anderen. Weltreligionen zwischen Toleranz und Fanatismus. Klett-Cotta Stuttgart (1990), 2., aktual. und erweiterte Aufl. 2002, S. 43.
114 So u. a. Christian W. Troll: Zum Verhältnis von Gott und Mensch im Spiegel der Hadsch-Gebete. In: HCI, S. 121–136, S. 135 f.
115 M. Salim Abdullah: Allah bleibt unsichtbar. In: RM vom 16. 2. 2006, S. 26.
116 Cees Nooteboom: Auge in Auge mit dem Islam. In: DZ vom 7. 10. 2004, S. 45.
117 C. Gilliot, Rechtleitung und Heilszusage im Islam, S. 47.

118 Sure 2:3: »(Gottesfürchtige) glauben an das Verborgene«; 6:103:2 »Nicht erreichen Ihn die Blicke«.

119 M. S. Abdullah, Allah bleibt unsichtbar, S. 26.

120 Darauf verweist u. a. Chr. Paulus, Rationalität und Weltverhältnis, S. 208. Vgl. KN, S. 18 u. ö.

121 KN, S. 115, vgl. S. 18f., S. 113ff.

122 Prof. Dr. Michael Wolffsohn: Aus dem Volk Israel. In: FAZ vom 13. 9. 2006, S.N.3.

123 St. Schreiner, Erlösung und Heil – menschliches Verlangen und göttliches Angebot, S. 34f., 37.

124 Auch vorderasiatische Christen nennen Gott Allah, fügen aber hinzu: »der Vater Jesu Christi«.

125 KN, S. 18.

126 P. Antes: Islam – Religion/Ethik/Politik.

127 Dr. Friedmann Eißler: Gott und Mensch im Offenbarungsgeschehen In: HCI, S. 85–99, S. 91.

128 A. Schall, Art. Islam I. Religionsgeschichtlich, S. 331. So auch M. Bazargan, »Und Jesus ist sein Prophet«.

129 C. Gilliot, Rechtleitung und Heilszusage im Islam, S. 52, vgl. 52f.

130 F. Eißler, Gott und Mensch im Offenbarungsgeschehen, S. 90, vgl. 91.

131 P. Antes, Islam – Religion/Ethik/Politik.

132 Das osmanische »millet«-System. In: Istanbul Post vom 9. 3. 2002: Das islamische Recht stellt die früheren Offenbarungsreligionen der »Schriftbesitzer« (*ahl al-kitab*) unter besonderen Schutz, wenn diese die islamische Herrschaft anerkannten (Sure 9:29). Insbesondere Christen und Juden erhielten als *dimmi* (Schutzbefohlene) das Recht auf freie Religionsausübung. Im Gegenzug erhob der islamische Staat die *gizya* (Kopfsteuer) und verbot den *dimmi* das Tragen von Waffen.
Der Osmanische Staat institutionalisierte diese Praxis mit der Schaffung von *millet* (Religionsgemeinschaften), indem er das Recht auf Selbstverwaltung und Rechtsprechung unter die Leitung religiöser Oberhäupter stellte. Bei der Verwaltung der *millet* handelte es sich lediglich um eine fiskalische Angelegenheit.

133 St. Schreiner, Erlösung und Heil – menschliches Verlangen und göttliches Angebot, S. 32: Jedes Kind ist ein der *fitra* [der natürlichen religiösen Anlage] gemäß geborenes Kind. Wurde es Jude oder Christ, hängt es einer Religion an, die vom rechten Glauben abgewichen ist. Wahre Religion aber und *fitra* fallen im Islam in ihrer Bedeutung gleichsam zusammen. – A. Goerlach, Das Recht ersetzt den Herren, S. 38: Abraham ist der erste Muslim. Jeder, der geboren wird, ist Nachfahre Abrahams und Muslim; erst die Eingliederung in eine andere Religion entfremdet ihn von dieser Bestimmung. Wahres Mensch-Sein bedeutet Muslim-Sein.

134 S. Fatallah, zitiert in: A. Goerlach, Die neue Weltunterordnung, S. 45.

135 M. Luther, Verlegung des Alcoran Bruder Richardi, S. 286ff.

136 Ihr Dualismus lässt nicht zu, dass Gott Mensch wurde und damit starb, vgl. K. Berger: Jesus lacht über die Kirche. In: FAZ vom 13. 4. 2006, S. 42.

137 Zu Sterben und Tod Jesu: M. Bauschke, Jesus als Beispiel der Gott-Mensch-Beziehung im Koran, S. 107ff.: Der Islam kennt vier Theorien: Jesus sei schlafend zu Allah erhöht worden. Er sei unmittelbar in wachem Zustand zu Allah erhöht worden. Er sei bei seiner Passion sofort gestorben und sogleich erhöht worden. Er sei durch Allah von der Todesgefahr befreit worden und später – wann und wo auch immer – eines natürlichen Todes gestorben.

138 Dagegen (mit Riccoldo) M. Luther, Verlegung des Alcoran Bruder Richardi, S. 334.

139 P. Antes, Islam – Religion/Ethik/Politik. Siehe oben den Abschnitt zu den Gottesbekenntnissen, S. 76.

140 A. Schall, Art. Islam I. Religionsgeschichtlich, S. 320 f.

141 Allah ist in unzugänglichem Licht, von dort aus lenkt und richtet er die Geschöpfe; die Schöpfung gliedert sich in Hölle, Erdenleben und Paradies, wobei das Paradies als neue Erde diesseitig vorgestellt ist. Dagegen (mit Riccoldo) M. Luther, Verlegung des Alcoran Bruder Richardi, S. 323 f.

142 B. Lewis, Der arabische Weg, S. 6.

143 A. Schall, Art. Islam I. Religionsgeschichtlich, S. 323.

144 B. Lewis, Der arabische Weg, S. 6.

145 A. Schall, Art. Islam I. Religionsgeschichtlich, S. 331.

146 P. Antes, Islam – Religion/Ethik/Politik.

147 Chr. Paulus, Rationalität und Weltverhältnis, S. 189, 193 ff., 197, 201 f.

148 Hussain Mu'nis, bei: Chr. Paulus, Rationalität und Weltverhältnis, S. 194.

149 Amîn al-Hûlî, bei: Chr. Paulus, Rationalität und Weltverhältnis, S. 198 f.

150 So Muhammad Halîfa Hassan, bei: Chr. Paulus, Rationalität und Weltverhältnis, S. 195.

151 Chr. Paulus, Rationalität und Weltverhältnis, S. 196.

152 Chr. Paulus, Rationalität und Weltverhältnis, S. 208.

153 F. Eißler, Gott und Mensch im Offenbarungsgeschehen, S. 88 f.

154 H. Bobzin, in: R. Cantzen, »Dies ist das Buch, an dem kein Zweifel ist«. Ders., Mohammed, S. 76:

155 Prof. Dr. P. Heine (Institut für Asien- und Afrikawissenschaften an der Humboldt-Universität zu Berlin), in: R. Cantzen, »Dies ist das Buch, an dem kein Zweifel ist«.

156 M. A. Gabriel, Islam und Terrorismus, S. 50.

157 H. Wiesmann, Muslime in Deutschland: Für Aleviten ist der Koran nicht wörtliche Gottesoffenbarung, sondern ein von Menschen geschriebenes, auslegbares Buch.

158 W. Schmithals, Islam heißt Staatsreligion, S. 47.

159 U. Spuler-Stegemann, Muslime in Deutschland, S. 48.

160 Überlieferungen von Worten bzw. Taten Mohammeds und seiner Gefährten, vgl. M. A. Gabriel, Islam und Terrorismus, S. 46.

161 U. Spuler-Stegemann, Muslime in Deutschland, S. 48. Jutta Sperber (Universität Bayreuth): »Den Islam gibt es nicht«. Referat im Institut für Lehrerfortbildung, Heilsbronn, am 27. 10. 2004.

162 Zitat: W. G. Lerch: Eine Aufgabe von Generationen. In: FAZ vom 17. 7. 2006, S. 1. Der rechte Weg zur Tränke entschied in der Wüste über Leben und Tod.

163 W. Schmithals, Islam heißt Staatsreligion, S. 47; so auch KN, S. 32 f.

164 Dan Diner: Versiegelte Zeit. Propyläen Berlin 2005. Hierüber: W. G. Lerch: Verfügung und Verschwörung. In: FAZ vom 3. 2. 2006, S. 6.

165 Chr. Paulus, Rationalität und Weltverhältnis, S. 196, unter Bezug auf Muhammad Halîfa Hassan.

166 W. G. Lerch, Glaube zwischen »Seele« und »Gesetz«, S. 10; ders., Verfügung und Verschwörung, S. 6. H.-P. Raddatz, Islam oder Islamismus?, S. 69.

167 Zitiert bei Herbert H. Nowitzky: Sind Islam & Demokratie unvereinbar? In: Idea-Spektrum vom 17. 5. 2006, S. 3.

168 Hierzu u.a. Sure 5:3: »... Heute habe Ich [Allah] euch vollendet euern Glauben und habe erfüllt an euch meine Gnade, und es ist mein Wille, daß der Islam euer Glauben ist ...«.

169 W. G. Lerch: Ins Feuer. In: FAZ vom 23. 3. 2006, S. 37.
170 Steinigung eines christlichen Entwicklungshelfers in Nordindien Dezember 2006 (Zeitzeichen 1/2007, S. 7).
171 W. G. Lerch, Ins Feuer, S. 37.
172 Z. B. K.-H. Ohlig: Wir müssen uns wehren. Appell für eine neue Islamwissenschaft. In: FAZ vom 21. 11. 2006, S. 41 und 43.
173 R. Cantzen, »Dies ist das Buch, an dem kein Zweifel ist«.
174 R. Cantzen, »Dies ist das Buch, an dem kein Zweifel ist«.
175 W. G. Lerch: Lesarten des Korans, S. 8, mit Hinweis auf G. Lüling, A Challenge to Islam for Reformation; ders., Die Wiederentdeckung des Propheten Muhammad. Umfangreiche Hinweise zur These G. Lülings im Internet (Suchworte Lüling – Islam).
176 R. Cantzen, »Dies ist das Buch, an dem kein Zweifel ist«. Vgl. Chr. Luxenberg: Die syro-aramäische Lesart des Koran, ein Beitrag zur Entschlüsselung der Koransprache. 2. Aufl. Hans Schiler, Berlin 2004.
177 Stefan Wild: Drei Tage in Medina. Als Ungläubiger unter Korangelehrten. In: FAZ vom 30. 11. 2006, S. 33.
178 Zitiert bei K. Amirpur/Ludwig Amman: Vorwort: Der Islam am Wendepunkt. In: IW, S. 9–22, S. 9.
179 Petra Steinberger: Brüder im Geiste. In: SZ vom 21. 9. 2006, Seite 11.
180 K. Amirpur/L. Amman, Vorwort: Der Islam am Wendepunkt, S. 13, S. 16.
181 Reza Aslan: Kein Gott außer Gott. Beck München 2006.
182 K. Amirpur/L. Amman, Vorwort: Der Islam am Wendepunkt, S. 12 bzw. 10.
183 K. Amirpur/L. Amman, Vorwort: Der Islam am Wendepunkt, S. 10ff. Dieses Anliegen vertritt auch Fethullah Gülen, vgl. Bekim Agai: Fethullah Gülen: Die größte türkisch-islamische Bildungsbewegung. In: IW, S. 55–63, S. 58f., 62.
184 P. Haenni, Der Islam, die Moderne als Pfand, die geteilte Welt, S. 201. Näheres ebd. S. 200ff.
185 Loay Mudhoon: Muhammad Schahrûr: Für ein zeitgenössisches Koran- und Islamverständnis. In: IW, S. 136–145, S. 139.
186 R. Seidel: Abdolkarim Sorusch: Viele Wege zur Wahrheit, S. 87f. W. G. Lerch: Die andere Seite des Textes. In: FAZ vom 9. 2. 2006, S. 8. Thomas Hildebrandt: Nasr Hamid Abu Zaid: Interpretation – die andere Seite des Textes. In: IW, S. 127–135.
187 Rainer Hermann: Avantgarde der Erneuerer. In: FAZ vom 1. 4. 2005, S. 6.
188 Hierzu Th. Hildebrandt: Nasr Hamid Abu Zaid: Interpretation – die andere Seite des Textes, S. 127ff.
189 Vgl. R. Seidel: Mohammad Modschtahed Schabestari: Die gottgefällige Freiheit. In: IW, S. 73–81, S. 76ff.
190 Felix Körner: Über eine modernistische Koranexegese in Ankara. In: FAZ vom 22. 2. 2006, S. 40. Ders.: Revisionist Koran Hermeneutics in Contemporary Turkish University Theology. Rethinking Islam. Ergon Würzburg 2005
191 R. Hermann: Im Geist von Tarabya. In: FAZ vom 1. 7. 2004, S. 10: Unter Migranten sollte ein Islam entstehen, der mit der westlichen Gesellschaftsordnung vereinbar ist und das Individuum in den Mittelpunkt stellt. Bisher ist davon nicht viel verwirklicht worden. Wohl aber arbeitet die »Ankaraner Schule« an einer zeitgemäßen Interpretation des Korans. Ihre Gallionsfigur ist der Theologe und Philosoph Mehmet Aydin, die wichtigsten der für Entwicklung offenen Theologen sind Ilhami Güler und Ömer Özsöy. Dagegen ist A.-H. Murad, vgl. M. Ch. Bodenstein, Abdal-

Hakim Murad: Vielfältige Tradition statt einfältiger Reform, S. 71. Zu A. Höfert: dies., Die glorreichen Tage des Dschihad sind Geschichte, S. 37.

192 W. G. Lerch, Eine Aufgabe von Generationen, S. 1.

193 Belege zur Dialektik von Bewahrung und Weiterentwicklung des Islam (mit Vertretern) in: IW, S. 19, 60, 66 f., 105, 110 ff., 143, 148, 164 ff. P. Haenni, Der Islam, die Moderne als Pfand, die geteilte Welt, S. 205 ff.

194 M. Küpper: »Die Hand, die uns helfen will«. In: FAZ vom 12. 3. 2005, S. 8. Ähnlich: Muhammad Schahrûr (L. Mudhoon, Muhammad Schahrûr: Für ein zeitgenössisches Koran- und Islamverständnis, S. 138 ff.)

195 Zentrum für Islamische Frauen-Forschung und Frauen-Förderung: Informationsblatt (o. J.): Hermeneutische Überlegungen zu qu'ranischen Texten.

196 W. G. Lerch: Reform-Islam? In: FAZ vom 25. 1. 2006, S. N3.

197 Julia Gerlach: Die Pop-Islamisten. In: DZ vom 21. 7. 2005, S. 39

198 R. Hermann, Avantgarde der Erneuerer, S. 6.

199 P. Haenni, Der Islam, die Moderne als Pfand, die geteilte Welt, S. 213 bzw. S. 203.

200 Birgit Krawietz: Khaled Abou El Fadl: Mit der Scharia gegen den Puritanismus. In: IW, S. 118–126, S. 121.

201 P. Haenni, Der Islam, die Moderne als Pfand, die geteilte Welt, S. 203 bzw. 204.

202 B. Krawietz, Khaled Abou El Fadl: Mit der Scharia gegen den Puritanismus, S. 119 (zu K. A. El Fadl); 119 f.

203 Vgl. Dossier in: RM vom 27. 6. 2002, S. 25 f. FAZ vom 24. 11. 2004, S. 4.

204 M. Spiewak, Du bist Döner, S. 46.

205 F. Zaimoglu, in: »Ja, es gibt einen deutschen Islam«. In: Frankfurter Allgemeine Sonntagszeitung vom 1. 10. 2006, S. 2. Zu W. Schiffauer: M. Spiewak, Du bist Döner, S. 46.

206 Z. B. T. Ramadan: Muslimsein in Europa. (Engl.: 1999) Dt.: MSV Marburg 2001.

207 W. G. Lerch: Um ein besseres Ansehen bemüht. Repräsentanten des Islams antworten der Frankfurter Allgemeinen Zeitung. In: Ebd. vom 9. 2. 2005, S. 33. Es sind dies N. Elyas (Zentralrat der Muslime), Ramazan Kuruyüz (Islamische Religionsgemeinschaft Hessen), O. Üçüncü (Milli Görüs) und A. Kizilkaya (Islamrat).

208 Mechthild Küpper: »Die Hand, die uns helfen will«. In: FAZ vom 12. 3. 2005, S. 8.

209 J. Lau, Der Islamische Reformator, S. 13.

210 W. G. Lerch, Eine Aufgabe von Generationen, S. 1.

211 W. Schmithals, Islam heißt Staatsreligion, S. 47. Kursiv nicht im Original.

212 A. Goerlach, Die neue Weltunterordnung, S. 45.

213 Vgl. H. Bobzin, Art. Islam II/1, S. 337 ff.

214 A. Goerlach, Die neue Weltunterordnung, S. 45; vgl. KN, S. 12.

215 Vgl. u. a. K. Barth: Die Lehre vom Worte Gottes. Prolegomena zur christlichen Dogmatik. Kaiser München 1927 u. ö., S. 127 ff., 251, 257 u. ö.

216 Vgl. u. a. K. Rahner: Anonymes Christentum und Missionsauftrag der Kirche. In: Ders.: Schriften zur Theologie. Benziger Zürich 1954 ff. Bd. 9, S. 498 ff.

217 Prof. Dr. Jürgen Lott, Die Beschäftigung mit *fremder* Religiosität als Bestandteil *eigener* religiöser Sozialisation. In: Ders. (Hrsg.): RELIGION – Warum und wozu in der Schule. Dt. Studien Verlag Weinheim 1992, S. 321–340, S. 328; Prof. Dr. Heinrich Ott (Basel): Ein neues Paradigma in der Religionstheologie. In: R. Bernhardt (Hrsg.): Horizontüberschreitung. Gütersloher Verlagshaus Gütersloh 1991, S. 31–46, S. 37 zu W. Pannenberg; A. Renz, Offenbarung als »Wegweisung«, S. 81.

218 Johann H. Claussen: Sprung und Wagnis. Adolf von Harnack, Kulturprotestantismus und Judentum. In: FAZ vom 15. 3. 2000, S. N5, zu E. Troeltsch.

219 Prof. Dr. Ram A. Mall (Niederkassel): Zur Theorie und Praxis interkultureller und interreligiöser Toleranz. In: J. Lähnemann (Hrsg.): Interreligiöse Erziehung 2000 – Die Zukunft der Religions- und Kulturbegegnung. Referate und Ergebnisse des Nürnberger Forums 1997. E.-B.-Verlag Hamburg 1998, S. 43–57, S. 43; R. Niebuhr: »Gott jenseits der Götter«, aus: Radical Monotheism and Western Culture, with Supplementary Essays. Harper and Brothers London 1961. Vgl. M. al Habbash, zitiert bei R. Hermann, Avantgarde der Erneuerer, S. 6.

220 R. Panikkar: The Jordan, The Tiber and the Ganges. In: J. Hick/P. F. Knitter (Hrsg.),The myth of Christian Uniqueness. Toward a pluralistic theology of religions. Orbis Books Maryknoll NY 1987, S. 110.

221 So in einer Veranstaltung am Ulmer Katholikentag am 19.6.2004.

222 Zur These H. Küngs: Die Grenze zwischen Wahr und Falsch verläuft nicht zwischen den Religionen, sondern in ihnen. Insofern Religion der Menschlichkeit dient, ist sie wahre und gute Religion; vgl. auch Reinhold Bernhardt: Einleitung. In: Ders. (Hrsg.): Horizontüberschreitung, S. 14.

223 F. Eißler, Gott und Mensch im Offenbarungsgeschehen, S. 97. Ebd. S. 96 f.

224 Chr. Paulus, Rationalität und Weltverhältnis, S. 188, vgl. 187 ff.

225 A. Renz, Offenbarung als »Wegweisung«, S. 81.

226 Kurt Hutten: Seher, Grübler, Enthusiasten. Quellverlag Stuttgart. 9. Aufl. 1964 (u.ö.), S. 263. Die wichtigste Gestalt der Bahai-Religion war Sejjid Mirza Ali Mohammed Schirazi (gest. 1892).

227 Dominus Iesus. Über die Einzigartigkeit und die Heilsuniversalität Jesu Christi und der Kirche. Verlautbarungen des Apostolischen Stuhls 148. Kongregation für die Glaubenslehre. 6.8.2000. Hrsg.: Sekretariat der Dt. Bischofskonferenz, Bonn, S. 12 ff.

228 KN, S. 17; vgl. 15 ff.

229 Prof. Dr. Martin Heckel (Tübingen): Religionsunterricht auf dem Prüfstand. In: ZThK 102. Jg. H. 2. Juni 2005, S. 246–292, S. 267. So auch KN, S. 12.

230 KN, S. 15.

231 So A. Kissler, Der Islam, das Gegenteil, S. 11.

232 Apostolisches Glaubensbekenntnis bzw. Apologie der Augsburger Konfession Art. VII: »Wir bekennen und sagen auch, daß die Heuchler und Bösen auch mögen Glieder der Kirche sein in äußerlicher Gemeinschaft des Namens und der Ämter« (*hypocritae et mali ... sint admixti ecclesiae et sint membra ecclesiae secundum externam societatem signorum ecclesiae*).

233 KN, S. 16.

234 Zum Begriff »Konvivenz«: Religionen, Religiosität und christlicher Glaube. Eine Studie. Hrsg. von der Geschäftsstelle der Arnoldshainer Konferenz und der Vereinigten Evangelisch-Lutherischen Kirche Deutschlands (VELKD). Gütersloher Verlagshaus Gütersloh 1991, S. 72 ff., 125 ff., 128 f.: Der Begriff wurde von Theo Sundermeier für das Verhalten des Christentums zu den außerchristlichen Religionen eingeführt (Ökum. Existenz heute. Bd. 1) und entstammt der lateinamerikanischen Befreiungspädagogik und -theologie. Th. Sundermeier hat Konvivenz dreifach charakterisiert: als gegenseitige Hilfeleistung, als wechselseitiges Lernen und als gemeinsames Feiern. – *Hier* wird der Begriff ohne diesen religionstheologischen Hintergrund gebraucht, als Fähigkeit und Bereitschaft, miteinander zu leben, einander zu helfen und sich gegenseitig kritisch (heraus) zu fordern.

235 B. Krawietz, Khaled Abou El Fadl: Mit der Scharia gegen den Puritanismus, S. 119.

Anmerkungen zu Teil D

1 S. Kusicke, Das Übliche, S. 3. M. Spiewak (Ins Schwimmen geraten. In: DZ vom 7. 12. 2006, S. 43) berichtet jedoch, dass die Verweigerungshaltung geringer ist, als oft angegeben.

2 Sigrid Kneist: Islam oder Islamismus – Berlin zieht alle an. In: Der Tagesspiegel vom 17. 9. 2004, S. 10; Susanne Vieth-Entus: Ethik ist Pflicht. In: Ebd., S. 8; dies.: Schulsenator will Ethik als Pflichtfach. In: Ebd., S. 10.

3 M. Siemons, Neuköllner Auflösung, S. 37.

4 Judith Lembke: Das soll ich sein? Ein Selbstversuch. In: FAZ vom 2. 5. 2006, S. 52.

5 N. Kelek, Die fremde Braut, S. 245, zum Ganzen ebd. S. 241 ff.

6 KN, S. 64, S. 62 ff.

7 KN, S. 64.

8 Pressemitteilung Nr. 22/2002 vom 4. 7. 2002 über BVerwG 2 C 21.01.

9 BVerfG Pressemitteilung Nr. 71/2003 vom 24. 9. 2003. Aus der umfangreichen Literatur zum Kopftuchstreit: Untergang des Abendlandes? Die verfassungspolitischen und gesellschaftlichen Auswirkungen des Kopftuchstreits. Epd-Dokumentation Frankfurt/Main, 20. 4. 2004; aus muslimischer Sicht u. a.: www.muslim-markt.de

10 Gesetz zur Schaffung eines Gesetzes zu Artikel 29 der Verfassung von Berlin und zur Änderung des Kindertagesbetreuungsgesetzes vom 27. 1. 2005 (Gesetz- und Verordnungsblatt für Berlin S. 92, Nr. 4), Präambel: Keine Beschäftigten dürfen wegen ihres Glaubens oder ... weltanschaulichen Bekenntnisses diskriminiert werden. Gleichzeitig ist das Land Berlin zu weltanschaulich-religiöser Neutralität verpflichtet. Deshalb müssen sich Beschäftigte ... in ihrem religiösen oder weltanschaulichen Bekenntnis zurückhalten.

§ 1. Beamtinnen und Beamte, die im Bereich der Rechtspflege, des Justizvollzugs oder der Polizei beschäftigt sind, dürfen innerhalb des Dienstes keine sichtbaren religiösen oder weltanschaulichen Symbole ... tragen.

§ 2. Lehrkräfte und andere Beschäftigte ... nach dem Schulgesetz dürfen innerhalb des Dienstes keine sichtbaren religiösen oder weltanschaulichen Symbole, die für die Betrachterin oder den Betrachter eine Zugehörigkeit zu einer bestimmten Religions- oder Weltanschauungsgemeinschaft demonstrieren, und keine auffallenden religiös oder weltanschaulich geprägten Kleidungsstücke tragen. Dies gilt nicht für die Erteilung von Religions- und Weltanschauungsunterricht.

11 Gesetz zur Änderung des Schulgesetzes vom 1. 4. 2004 (GBl. S. 178, Nr. 6), § 38/2: Lehrkräfte an öffentlichen Schulen dürfen in der Schule keine politischen, religiösen, weltanschaulichen oder ähnliche äußeren Bekundungen abgeben, die geeignet sind, die Neutralität des Landes gegenüber Schülern und Eltern oder den politischen, religiösen oder weltanschaulichen Schulfrieden zu gefährden oder zu stören. Insbesondere ist ein äußeres Verhalten unzulässig, welches bei Schülern oder Eltern den Eindruck hervorrufen kann, dass eine Lehrkraft gegen die Menschenwürde, die Gleichberechtigung der Menschen nach Artikel 3 des Grundgesetzes, die Freiheitsgrundrechte oder die freiheitlich-demokratische Grundordnung auftritt. Die Wahrnehmung des Erziehungsauftrags ... und die entsprechende Darstellung christlicher und abendländischer Bildungs- und Kulturwerte oder Traditionen widerspricht nicht dem Verhaltensgebot nach Satz 1. Das religiöse Neutralitätsgebot des Satzes 1 gilt nicht im Religionsunterricht. Zum Ganzen: www.uni-trier.de/~ievr/kopftuch/kopftuch.htm.

12 Pressemitteilung Nr. 38/2004: BVerwG 2 C 45.03 24. 06. 2004; vgl. Verwaltungsgericht Stuttgart (Az.: 18 K 3562/05) zum Fall Doris Graber.

13 M. Küpper: Ethik für alle. In: FAZ vom 4.4.2006, S. 10.
14 Vgl. Exkurs in: M. Heckel, Religionsunterricht auf dem Prüfstand, S. 268 f. Ferner: Prof. Dr. Axel v. Campenhausen: Art. Staatskirchenrecht. In: TRE Bd. 32 2001, S. 73–83.
15 Art. 136 ff. Weimarer Reichsverfassung, unverändert übernommen in Art. 7, 140, 141 GG.
16 Prof. Dr. Christoph Link (Erlangen): Art. Staatskirche/Staatsreligion II. Christentum. In: TRE Bd. 32 2001, S. 66–73, S. 72.
17 Art. 140 GG unter Verweis auf Art. 137 der Weimarer Reichsverfassung: »Es besteht keine Staatskirche«.
18 Bischof Prof. Dr. Wolfgang Huber, Ratsvorsitzender der Evangelische Kirche in Deutschland (im Gespräch mit Patrick Bahners, Jürgen Kaube und Eberhard Rathgeb): Die Leute trauen sich ja in die Kirche. In: FAZ vom 27.2.2006, S. 40.
19 So Roman Herzog: Warum der Westen lernen muß, skeptisch zu werden. In: FAZ vom 30.4.1999, S. 44. Anders u.a. M. Heckel: Der Rechtsstatus des Religionsunterrichts im pluralistischen Verfassungssystem des Grundgesetzes. Teil I in: ZThK 96. Jg. 1999, S. 525–554. Teil II in: Ebd. 97. Jg. 2000, S. 128–146; I, S. 526 f., 551; 549 f.
20 A. v. Campenhausen, Art. Staatskirchenrecht, S. 74, 78.
21 Zum Begriff A. v. Campenhausen, Art. Staatskirchenrecht, S. 78. Er wurde bereits 1926 von Ullrich Stutz verwendet, später u.a. von Prof. Dr. Horst F. Rupp: Art. Schule/Schulwesen. In: TRE Bd. 30 1999, S. 591–627, S. 622.
22 A. v. Campenhausen, Art. Staatskirchenrecht, S. 78.
23 M. Heckel, Religionsunterricht auf dem Prüfstand, S. 262 ff.; ders., Der Rechtsstatus des Religionsunterrichts, I, S. 552; auch Prof. Hans-Peter Füssel (Bremen): Der Religionsunterricht im Korsett der Verfassung. In: Pädagogik. 52. Jg. April 2000, S. 32–34.
24 M. Heckel, Religionsunterricht auf dem Prüfstand, S. 250 f. Ders., Der Rechtsstatus des Religionsunterrichts, I, S. 553, Anm. 57: Rahmenbedingungen sind u.a. Fragen der Schulorganisation, Schulordnung, Schulaufsicht, amtsrechtlichen Statusverhältnisse und Qualifikation des Lehrkörpers sowie der Mindestschülerzahlen; spezifisch religiöse Momente die religiösen Erziehungsziele und Inhalte und die religionsadäquate Didaktik in den Lehrplänen und in der Religionslehrerausbildung, die religiöse Eignung und daraus folgende Zumutbarkeit des Lehrpersonals für die Religionsgemeinschaft, die Entscheidung über die Zugehörigkeit der Schüler.
25 M. Heckel, Religionsunterricht auf dem Prüfstand, S. 254 f.
26 M. Heckel, Der Rechtsstatus des Religionsunterrichts, I, S. 533; ebd. zur geschichtlichen Entwicklung; vgl. II, S. 128 f.; A. v. Campenhausen, Art. Staatskirchenrecht, S. 74.
27 M. Heckel, Der Rechtsstatus des Religionsunterrichts, I, S. 531, vgl. S. 529; A. v. Campenhausen, Art. Staatskirchenrecht, S. 79: Es gibt kein Kirchenprivileg mehr.
28 M. Heckel, Der Rechtsstatus des Religionsunterrichts, I, S. 534, vgl. S. 537. S. 540, 544: Das zu Art. 4 GG Gesagte gilt auch für 7/3.
29 VfGBbg 287/03 Urteil vom 15.12.2005, S-Nr.: 1771, Entscheidungsvorblatt, Leitsatz 2. Das betont nicht zuletzt auch Ernst-Wolfgang Böckenförde (ders.: Das Kopftuch ist ein Stück Integration. In: SZ vom 17.7.2006, S. 6) gegen die Tendenz zur Laizität in Deutschland.
30 Chr. Hohmann-Dennhardt auf dem 4. Symposium des Adolf-Arndt-Kreises der Friedrich-Ebert-Stiftung am 11.2.2006.

31 W. Huber, Die Leute trauen sich ja in die Kirche, S. 40. P. Nolte: Kirchensteuer für alle! In: RM vom 9.2.2006, S. 4.

32 Prof. Dr. L. Turowsky (Bonn) auf einer Informationsveranstaltung des Bundespresseamtes am 9.10.1996 in Bonn: Die Kirchen haben eine »Mitwirkung an paktierter Gesetzgebung«. Dazu ist die Entwicklung des Staatskirchenrechtes zu beachten, dessen Grundbestand vor 1914 großteils in die Weimarer Verfassung (Ausnahme: »Staatskirche«) und in das Grundgesetz übernommen wurde. Wegen der konfessionellen Divergenzen bestand das Bedürfnis, die religiöse Komponente aus der Politik herauszuhalten. Man wollte aber keine »*Religion*sneutralität«, sondern »*Konfessions*neutralität«.

33 Prof. Dr. P. Kirchhofs Beitrag zu den vom Bistum Essen veranstalteten Essener Gesprächen mit dem Thema Staat und Kirche ist als »Die postsäkulare Gesellschaft« abgedruckt in: FAZ vom 3.6.2004, S. 8.

34 D. Deckers: Religionen unter dem Grundgesetz. In: FAZ vom 22.3.2004, S. 10, referiert P. Kirchhofs Vortrag. Eindrückliche Texte von radikalen Muslimen wie Muhammad Selim (Klaus D., Köln) bei: Udo Ulfkotte: Der Krieg in unseren Städten. Eichborn Frankfurt/Main 2003, S. 173 ff.

35 N. Kelek, Die fremde Braut, S. 250. KN, S. 26.

36 KN, S. 34.

37 Nach Sure 33:59: »O Prophet! Sprich zu deinen Gattinnen und deinen Töchtern und den Weibern der Gläubigen, daß sie sich in ihren Überwurf verhüllen. So werden sie eher erkannt und werden nicht verletzt ...«. Hierzu N. Kelek, Die fremde Braut, S. 160 ff. – *Niqab* ist ein Gesichtsschleier mit Sehschlitz, *Dschilbab* ein umhüllender Überwurf, oft mit der Burka gleichgesetzt, einer Ganzköperverhüllung mit Sehgitter.

38 Dr. U. Volkmann (Professor für öffentliches Recht, Mainz): Risse in der Rechtsordnung. In: FAZ vom 11.3.2004, S. 8 f.

39 Zu Wilfried Hofmann: http://de.wikipedia.org/wiki/Wilfried_Hofmann.

40 Schriftstück des Innenministeriums, zitiert in: FAZ vom 26.5.2006, S. 1

41 L. Turowsky, auf einer Informationsveranstaltung des Bundespresseamtes, 9.10.1996: Die Weimarer Verfassung ließ den »Definitionskern« der Körperschaft des öffentlichen Rechts offen, auch wegen möglicher später Zulassung. Vorausgesetzt wurden längerfristiger Bestand, repräsentative Mitgliederzahl (ohne Vorgabe) und Anerkennung der Verfassung. Letzteres war lange strittig.

42 J. Triebel auf der Tagung Minarette in Deutschland. Tagung der Evangelischen Akademie Tutzing in Heilsbronn am 22.5.2004. Zu Elternvereinen in Baden-Württemberg vgl. Rüdiger Soldt: Länder bereiten Islam-Unterricht vor. In: FAZ vom 27.5.2006, S. 4.

43 Näheres in KN, S. 81 ff., mit dem Schluss S. 84: Demnach ist die Suche nach *dem* Ansprechpartner *der* Muslime aufgrund muslimischen Selbstverständnisses quantitativ und qualitativ zum Scheiterns urteile.

44 In KN, S. 110 ff. konkrete Verhandlungs- bzw. Dialogkriterien:
   – Kenntnisse über den Dialogpartner (u. a. ethnischer und sprachlicher Hintergrund, religiöse Grundrichtung, Mitgliedschaft in einer muslimischen Vereinigung, Ort des Treffens);
   – Respekt und Einfühlungsvermögen, aufrichtig argumentieren;
   – genaue Themenabsprache;
   – den eigenen Standpunkt abklären und deutlich machen, Wahrheitsfrage nicht ausklammern;

- Suche nach Gemeinsamkeiten (im Blick auf den konziliaren Prozess für Frieden, Gerechtigkeit und Erhaltung der Schöpfung) und Festhalten von Unterschieden;
- den Zusammenhang von Konvivenz (miteinander auskommen), Dialog und Mission beachten;
- Kritik und Selbstkritik üben.
45 Pressemitteilung Nr. 38/2004 zu BVerwG 2 C 45.03 vom 24.6.2004 zu: Das Gesetz zur Änderung des Schulgesetzes vom 1.4.2004 (GBl. S. 178, Nr. 6).
46 Prof. Dr. Martin Kriele: Wer glaubt's? Den Kirchen ist die Religionsfreiheit peinlich. In: FAZ vom 17.2.2005, S. 37.
47 Pressemitteilung vom 7.7.2006, vgstuttgart.de/servlet/PB/menu/1200794.
48 Alexandra Kemmerer: Innere Sicherheit. In: FAZ vom 30.5.2005, S. N3. D. Grimms Sicht folgte der Hessische Verwaltungsgerichtshof am 13.6.2005 (Az 8 UZ 54/04).
49 F. Fißler, Gott und Mensch im Offenbarungsgeschehen, S. 97; zur israelitischen Sicht: Dieter Fauth: Religion als Bildungsgut Bd. 2: Sichtweisen weltanschaulicher und religiöser Minderheiten. Religion-&-Kultur-Verlag Würzburg 1999, S. 438–454.
50 A. Kemmerer, Innere Sicherheit, S. N3: A. Sorusch, Philosoph, Regimekritiker, Gründer und Leiter des Institute for Epistemological Research (Teheran) lehnt nach seiner Theorie der Einengung und Erweiterung der religiösen Erkenntnis eine maximalistische Religion ab, die alle Bereiche des politischen und sozialen Lebens durchdringt. Die Staatsform sei Teil jenes Freiraums der Lebensgestaltung, der dem Menschen von Gott belassen ist. Auch Muhammad Schahrûr fordert die Trennung zwischen Staat und Religion (L. Mudhoon: Muhammad Schahrûr: Für ein zeitgenössisches Koran- und Islamverständnis, S. 142).
51 Farish A. Noor: Nurcholish Madjid: Ja zum Islam, Nein zum islamischen Staat. In: IW, S. 91–99, S. 95 f.
52 Akram Musallam: Eine Religion wie jede andere. In: DZ Nr: 7 vom 9.2.2006, S. 6.
53 Prof. Dr. Harun Behr (Erlangen), Islamischer Religionsunterricht an öffentlichen Schulen? Tagung der Evangelischen Akademie Tutzing in Heilsbronn am 22.5.2004. Achmed Aries (Gütersloh, Vorstandsmitglied des Islamrates): Das Interesse des Islam an Art. 7/3 GG. Referat auf der Jahrestagung des Arbeitskreises für Religionspädagogik, 18.9.1997 im Haus Ohrbeck bei Osnabrück.
54 Gegenseitige Wertschätzung im Dialog. Informationsblatt des Zentrums für Islamische Frauenforschung und Frauenförderung, Köln 2004, S. 2.
55 Offener Brief muslimischer Würdenträger, S. 6.
56 M. Sattar: Ein überschaubares Angebot. In: FAZ vom 7.8.2006, S. 3.
57 M. Iqbal (Dichter, Philosoph und geistiger Vater der Islamischen Republik Pakistan; 1873–1938): Persischer Psalter. Ausgewählt und übersetzt von A. Schimmel. Hegner Köln 1968, S. 153. Zum Vertragscharakter äußert sich auch Avishai Margalit in: C. Nooteboom, Auge in Auge mit dem Islam, S. 44 f., S. 44; B. Lewis, Der arabische Weg, S. 6.
58 W. G. Lerch: Die »Mutter« der Gläubigen. In: FAZ vom 6.7.2006, S. 10.
59 N. Kelek, Die fremde Braut, S. 155, 248; vgl. 176 u. ö.
60 KN, S. 89, vgl. 88 ff.
61 Hierzu u. a. KN, S. 87 f.; M. A. Gabriel, Islam und Terrorismus, S. 122; Christen und Muslime in Deutschland, S. 123 ff.; Zu F. Gülen: B. Agai: Fethullah Gülen: Die größte türkisch-islamische Bildungsbewegung, S. 57 f.
62 N. Kelek, Die fremde Braut, S. 172, 173 ff.

63 U. Spuler-Stegemann, Muslime in Deutschland, S. 32.

64 In den öffentlichen Volksschulen werden die Schüler nach den Grundsätzen der christlichen Bekenntnisse unterrichtet und erzogen. So auch die Verfassungen von Baden-Württemberg Art. 15, Rheinland-Pfalz Art. 29.

65 Bayerisches Staatsministerium für Unterricht und Kultus: Bekanntmachung vom 6. 12. 1988 Nr.III/2–4/109 264.

66 Art. 136/1 bzw. 131 BayV.

67 In Frankreich wird diskutiert, am Fest Aid al Kebir schulfrei zu geben: M. Wiegel: Entspannte Rentrée. In: FAZ vom 3. 9. 2004, S. 1 f., S. 2. Islamische Feste als Feiertage werden auch in Berlin erwogen.

68 KN, S. 64; Bayerischer Verwaltungsgerichtshof, aus der Begründung des Urteils vom 15. 1. 2007 (Az 11-VII-05) zum Kopftuchverbot im BayEUG: Das Neutralitätsgebot bedeute keine völlige Eliminierung des Religiösen und keine laizistische Trennung von Staat und Kirche. Vgl. Gesetz zur Änderung des Baden-Württembergischen Schulgesetzes vom 1. 4. 2004 (GBl. S. 178, Nr. 6), § 38/2.

69 M. Heckel, Religionsunterricht auf dem Prüfstand, S. 254.

70 Irka-Christin Mohr (Mitarbeiterin am Lehrstuhl für Islamwissenschaften der Universität Erfurt): Islamischer Religionsunterricht im europäischen Vergleich. Referat der Vortragsreihe »Muslime in Deutschland« der Heinrich-Böll-Stiftung, gehalten Februar 2000 u. a. in Berlin (http://www.hbs-hessen.de/archivseite/pol/mohr.htm).

71 Vgl. Erhard Bergmann: Christlich orientierte Privatschulen gesucht wie nie zuvor. In: Das Gymnasium in Bayern, H. 7, Juli 2004, S. 9 f.

72 Die König-Fahd-Akademie in Bonn-Bad Godesberg hat 185 Schüler (Stand Januar 2006). Sie wird von Saudi-Arabien finanziert (Www.de.wikipedia.org/wiki/K% C3%B6nig-Fahd-Akademie). Einem der Lehrer wurde 2003 vorgeworfen, er habe eine islamistische Hetzrede gehalten. Das NRW-Schulministerium stellte fest, dass die an der Schule benutzten Bücher »teilweise Besorgnis erregende Dinge« über Toleranz und Frauenbild enthielten.

73 Dies entspricht dem Rechtsgrundsatz der »Verschiedenbehandlung des Verschiedenen« (M. Heckel, Religionsunterricht auf dem Prüfstand, S. 272, vgl. 271 f.).

74 M. Heckel, Religionsunterricht auf dem Prüfstand, S. 248.

75 Ulrich Greiner: Es ist die Kultur, ihr Trottel! In: DZ vom 22. 4. 2004, S. 46.

76 Z. B. die Beiträge von Protagoras (Homo-mensura-Satz), Sokrates, Platon, Aristoteles, Epikur und Seneca.

77 Jan Ross: Kontinent der leeren Kirchen. Von den Kreuzzügen zum Kopftuch: Das säkulare Europa misstraut dem Islam – und auch dem Christentum. Doch ohne Seele geht es nicht. In: DZ Nr. 16 vom 7. 4. 2004, S. 3.

78 So der britische Orientalist W. Montgomery Watt, nach Heidemarie Blankenstein: Unterwegs zwischen Himmel und Erde. Die Forschung und der Orient. In: RM Nr. 29 vom 15. 7. 2004, S. 31.

79 Islamische Charta Zentralrat der Muslime in Deutschland, Art. 14. Ebd.: »Dazu zählen u. a. die Bejahung des vom Koran anerkannten religiösen Pluralismus, die Ablehnung jeder Form von Rassismus und Chauvinismus sowie die gesunde Lebensweise einer Gemeinschaft, die jede Art von Süchtigkeit ablehnt«.

80 G. W. F. Hegel, Phänomenologie des Geistes, S. 21.

81 P. Nolte, Generation Reform, S. 238 bzw. 242.

82 Zum Folgenden H. Anselm: Herausforderungen. Spannungsfelder des Religionsunterrichts im 21. Jahrhundert. Pano Zürich 2002, S. 89 ff.

83 U. Beck: Wissen oder Nicht-Wissen? Zwei Perspektiven »reflexiver Modernisierung«. In: Ders./Anthony Giddens/Scott Lash: Reflexive Modernisierung. Eine
Kontroverse. Ed. Suhrkamp 1705. Suhrkamp Frankfurt/Main 1. Aufl. 1996, S. 306 f.

84 U. a. Jean-François Lyotard: Der Widerstreit. (1983) Fink München 1987. Karl Friedrich Haag: Verantwortlich leben. Bd. I. Bausteine für eine christliche Ethik. Arbeitshilfe für den evangelischen Religionsunterricht an Gymnasien. Themenfolge 99.
Hrsg. Gymnasialpädagogische Materialstelle Erlangen 1993, S. 226.

85 U. Beck, Wissen oder Nicht-Wissen?, S. 306 f.

86 J.-F. Lyotard: Das Postmoderne Wissen. Hrsg. von P. Engelmann. Edition Passagen
7, (Franz. 1979) Deutsch: Passagen Wien, 3. unveränd. Aufl. 1994, S. 188 ff.

87 A. Goerlach, Die neue Weltunterordnung, S. 45: Dialog bedeutet im Arabischen,
dass man zusammenkommen muss, wenn etwas schief gelaufen ist, wenn man ge-
stritten hat und uneins ist. Es bedeutet nicht, wie in Europa, das Interesse am anderen, als Mensch, ein Interesse an seiner Kultur und seinen Vorstellungen, sagt der
katholische Nuntius Marco Brogi in Kairo.

88 Hj. Biener, Herausforderungen zu einer multiperspektivischen Didaktik, S. 319.

89 J. Moltmann: Die Würde der Differenz. In: DZ Nr. 10 vom 26. 2. 2004, S. 44.

90 Prof. Dr. U. H. J. Körtner: Wunschdenken. Eine Vorlesung und ihre Folgen. Die Regensburger Rede des Papstes. In: Zeitzeichen 11, November 2006, S. 19–21, S. 21.

91 Zwischen Gottesstaat und Laizismus, S. 11: Die pointierte Vertretung einer eigenen
Meinung ist nicht bereits intolerant. Jede dezidierte Wahrheitserkenntnis steht intolerant gegen die gegenteilige Wahrheitserkenntnis. Es gehört zur freiheitlichen Demokratie, dass solcher Streit um die Wahrheit stattfindet. Er darf seine Grenzen nur
dort haben, wo die Menschenwürde beschädigt wird.

92 K. Berger, Die Muslime sind längst unter uns, S. 51.

93 Landesbischöfin Dr. Margot Kässmann: Unterschiede ertragen. In: RM Nr. 26 vom
27. 6. 2002, S. 26.

94 Vgl. H. Anselm: Religion oder Ethik. Claudius München 1995, S. 55 f.

95 J. Lähnemann, Art. Islam II/2. 20. Jahrhundert, S. 354.

96 Vgl. dazu auch Hj. Biener, Herausforderungen zu einer multiperspektivischen Didaktik, S. 435 ff.

97 E. S. v. Kamphoevener: An den Nachtfeuern der Karawan-Serail (1956) Rororo 12400
Reinbek 1975 u. ö.

98 Andreas Thalmayr: Diese Fülle delizioser Fremdworte! In: FAZ Nr. 51 vom
2. 3. 2005, S. 44: Dabei haben sich neue dramatische Strukturen entwickelt, die, »ne-
benbei bemerkt, auch der deutschen Dichtung interessante Perspektiven eröffnen:
Amara, du nix gut haben, du nix gut./Wenn du kommen ich wissen, nix gut,/du da
sein, links nix gut, rechts nix gut,/wenn du abhauen, ich nix gut./Du vorn und hin-
ten nix gut./Ich nix wissen warum alles nix gut,/ aber ich denken an nix wie Amara./
Amara gut«.

99 Zum Ganzen u. a. Herrmann Mostar: Weltgeschichte höchst privat. Goverts Stuttgart 1954 u. ö., 3. Kapitel.

100 N. Kelek, Die fremde Braut, S. 38 f.

101 Www.institut-mannheim.de.

102 M. Heckel, Religionsunterricht auf dem Prüfstand, S. 248, über BverfGE 41, 29
(47 ff.); 41, 65 (78 ff.); 41, 88 (107 ff.) zur christlichen Gemeinschaftsschule, BverfGE
74, 244 (252) zum Religionsunterricht.

103 M. Heckel, Religionsunterricht auf dem Prüfstand, S. 248.

104 M. Heckel, Religionsunterricht auf dem Prüfstand, S. 248.
105 Vgl. Leitlinien der Evang.-Luth. Kirche in Bayern. In: Amtsblatt der Evang.-Luth.
Kirche in Bayern vom 1. 5. 2004, S. 106 f. und die bayerischen Lehrplanwerke für den
evangelischen Religionsunterricht.
106 P. Heine: Wie integrationsfähig ist Deutschland? In: Minarette in Deutschland. Tagung der Evangelischen Akademie Tutzing in Heilsbronn am 23. 5. 2004.
107 Vgl. P. Heine, Wie integrationsfähig ist Deutschland?: Das zeigt sich im deutlicheren
öffentlichen Auftreten. Man besteht u. a. auf Moscheen als sichtbare Zeichen der
Einwurzelung und auf Sitze in Rundfunkräten. Wichtiges Dokument hierfür ist die
Islamische Charta Zentralrat der Muslime in Deutschland e. V. vom 20. 2. 2002. Sie
wird von anderen islamischen Organisationen wegen des Alleinvertretungsanspruchs
abgelehnt und ist wegen unklarer Haltung zum Verhältnis von islamischen und säkularen Ordnungsvorstellungen unbefriedigend (KN, S. 103) –. Dort Vorwort: Alle
Muslime fühlen sich nicht als Gäste in einem »Gastland«, sondern als Bürgerinnen
und Bürger Deutschlands. Als große Minderheit haben sie die Pflicht, sich in diese
Gesellschaft zu integrieren, sich zu öffnen und über ihre Glaubensbekenntnisse und
-praxis mit der Gesellschaft in Dialog zu treten. Ebd. Art. 20: Forderung einer wür-
digen Lebensweise mitten in der Gesellschaft. Dazu gehören u. a.:
– Einführung eines deutschsprachigen islamischen Religionsunterrichts,
– Genehmigung des Baus innerstädtischer Moscheen,
– Erlaubnis eines lautsprecherverstärkten Gebetsrufs,
– Respektierung islamischer Bekleidungsvorschriften in Schulen und Behörden,
– Vollzug des Urteils des Bundesverfassungsgerichts zum Schächten,
– Beschäftigung muslimischer Militärbetreuer,
– staatlicher Schutz der beiden islamischen Feiertage,
– Einrichtung muslimischer Friedhöfe und Grabfelder.
108 Islamische Charta Zentralrat der Muslime in Deutschland, Art. 20. Vgl. A. Aries,
Das Interesse des Islam an Art. 7/3 GG
109 Christen und Muslime in Deutschland, S. 55 f. Hj. Biener, Herausforderungen zu
einer multiperspektivischen Didaktik, S. 34, geht dagegen nur von 35 000 Schülerinnen und Schüler muslimischer Herkunft aus.
110 Hj. Biener, Herausforderungen zu einer multiperspektivischen Didaktik, S. 34.
111 Hj. Biener, Herausforderungen zu einer multiperspektivischen Didaktik, S. 34.
112 Die Grundrechtsartikel Art. 4/1 und 2 GG sichern die individuelle Religionsfreiheit.
Art. 7/3 sichert den Religionsunterricht als ordentliches Lehrfach der öffentlichen
Schulen (Ausnahme: bekenntnisfreie Schulen und »Bremer Klausel«, Art. 141), sowie
die weltanschauliche Neutralität des Staates, sofern unbeschadet dessen Aufsichts-
rechts der Unterricht in Übereinstimmung mit den Grundsätzen der Religionsgemeinschaften erteilt wird.
113 M. Heckel, Religionsunterricht auf dem Prüfstand, S. 255.
114 Hj. Biener, Herausforderungen zu einer multiperspektivischen Didaktik, S. 314. Vgl.
EKD: Religionsunterricht für muslimische Schülerinnen und Schüler. Eine Stellungnahme des Kirchenamtes der Evangelischen Kirche in Deutschland, Hannover, 16. 2.
1999, Ziffer 2: Die Bundesrepublik garantiert das Recht der Religionsausübung allen
Bürgerinnen und Bürgern dieses Staates – auch wenn sie Religionen fremder Kulturen angehören. Ziffer 3: Für einen islamischen Religionsunterricht spricht:
– die große Zahl muslimischer Jugendlicher in bestimmten Siedlungsschwerpunk-
ten;

- die Notwendigkeit, dass sie mit ihrer angestammten Tradition in einer Weise vertraut werden, die eine religiöse Lebensperspektive eröffnet und das Verständnis für andere religiöse Anschauungen erschließt;
- die Minderheiten- beziehungsweise Diasporasituation, in der Muslime sich ihrer islamischen Identität besonders bewußt werden und gleichzeitig nach Möglichkeiten suchen, sie ihren Kindern zu vermitteln;
- die Möglichkeit, dass Koranschulen gegen die Grundwerteordnung der Bundesrepublik agieren.
Weitere Gründe bei A. Aries, Das Interesse des Islam an Art. 7/3 GG:
- Moslems in Deutschland wollen am öffentlichen Leben aktiv teilhaben. Dazu muss islamische Identität in der säkularen Gesellschaft entwickelt werden, d.h. eine Sprachfähigkeit als sich selbst vergewissernde soziale Schlüsselqualifikation. Das ist nur im deutschsprachigen Religionsunterricht möglich, sonst entsteht in der zweiten Sprache der Moslems ein Leerraum, der die zweite Generation der Arbeitsimmigranten zwingt, bei der Erziehung der Kinder auf Sprache und Kulturkreis der Ursprungsländer zurückzugreifen.
- Islamische Unterweisung ist immer Herkunftserinnerung. Dabei spielen Traumata der christlich-islamischen Begegnung eine große Rolle. Für Christen sind das z. B. der Verlust ihrer Ursprungsländer und des Maghrebs, sowie die Belagerung Wiens, für Moslems der Verlust Spaniens, die Kreuzzüge und – neu – Bosnien. Nur der islamische Religionsunterricht kann einige dieser Traumata sachgemäß aufarbeiten.
- Deutschland hat nach der Schoah und neueren antiislamischen Übergriffen spezielle Verantwortung. Die unterschiedlichen Gedächtnisse der Deutschen und der Moslems begegnen sich im Alltag. Die daraus entstehenden Konflikte müssen in der Schule durch geistliche Persönlichkeiten des Islams aufgearbeitet werden. Deshalb wird das Brandenburger LER-Modell schroff abgelehnt.

115 KN, S. 61. Dazu einige Belege: katholischerseits: Christen und Muslime in Deutschland, S. 261 f., evangelischerseits: Die Evangelische Kirche in Deutschland (EKD): Identität und Verständigung – Standort und Perspektiven des Religionsunterrichts in der Pluralität (Gütersloher Verlagshaus Gütersloh 1994), Kundgebung der Synode der EKD zur religiösen Bildung in der Schule (1997), EKD, Religionsunterricht für muslimische Schülerinnen und Schüler, Ziffer 5: Deshalb befürwortet die evangelische Kirche einen Religionsunterricht als ordentliches Lehrfach nach Art. 7 Abs. 3 GG.
116 M. Spiewak: Mein Gott, dein Gott. In: DZ vom 16. 3. 2006, S. 35 f.
117 B. Mogge: Offene Türen für den Koran. In: RM vom 10. 4. 2003, S. 25
118 M. Spiewak: Föderale Glaubensfrage. In: DZ vom 16. 3. 2006, S. 36.
119 Susanne Vieht-Entus: Ethik ist Pflicht. In: Der Tagesspiegel vom 17. 9. 2004, S. 8
120 A. Schenk: Allah an der Tafel. In: DZ vom 9. 6. 2004, S. 73.
121 Als »Vorbilder«, »Führer«, Ausleger des Korans und der heiligen Gesetze, Vorbeter und Leiter des Kultes.
122 Christen und Muslime in Deutschland, S. 258. Vgl. A. Schenk, Allah an der Tafel, S. 73.
123 A. Schenk, Allah an der Tafel, S. 73. Rheinland-Pfalz: eine Schule in Ludwigshafen.
124 Christen und Muslime in Deutschland, S. 258.
125 Vgl. P. Heine: Halbmond über deutschen Dächern. List München 1997, S. 182 ff.
126 FAZ vom 17. 6. 2004, S. 4.
127 H. Wiesmann, Muslime in Deutschland; H. Behr, Islamischer Religionsunterricht an öffentlichen Schulen? Zu Baden-Württemberg A. Schenk, Allah an der Tafel, S. 73.
128 M. Spiewak, Föderale Glaubensfrage, S. 36.

129 Christen und Muslime in Deutschland, S. 258 bzw. M. Spiewak, Föderale Glaubensfrage, S. 36.

130 M. Spiewak, Föderale Glaubensfrage, S. 36.

131 R. Soldt, Länder bereiten Islam-Unterricht vor, S. 4; M. Spiewak, Mein Gott, dein
Gott, S. 36. A. Schenk, Allah an der Tafel, S. 73: Für den Religionsunterricht der
rund 40.000 Jugendlichen musste das Kultusministerium eine Vielzahl muslimischer
Gruppen zusammenbringen: den Zentralrat der Muslime, die Türkisch-Islamische
Union der Anstalt für Religion (Ditib), einen neugegründeten Verband, die sog.
Schura Niedersachsen. Fast 90 Prozent der Muslime waren so vertreten. Lehrplan-
grundlage war eine Vorlage des Zentralrats.»Lehrer und Wissenschaftler haben sie
weiterentwickelt, die Schulbehörden überprüft«. Heiko Ostendorf: Alternative zur
Koranschule. In: RM vom 19. 5. 2005, S. 9: Prof. Dr. Peter Graf (Osnabrück) betreut
den Versuch.

132 R. Soldt, Länder bereiten Islam-Unterricht vor, S. 4. Ebd.: Die Vereinigungen müssen vor allem eine generelle Homogenität und dauerhafte Konsistenz aufweisen, die
eine dauerhafte Zusammenarbeit mit der staatlichen Kultusverwaltung ermöglicht,
heißt es in der verfassungsrechtlichen Begründung des Modellversuchs.

133 Baden-Württemberg erprobt islamischen Religionsunterricht. In: FAZ vom 16. 3.
2005, S. 6. Ebd.: Im Land werden 70.000 muslimische Schüler unterrichtet. Schon
2001 hatten alle Landtagsfraktionen muslimischen Religionsunterricht beantragt.
»Inzwischen liegen die Lehrpläne für die ersten vier Grundschulklassen vor, außerdem bieten die Pädagogischen Hochschulen in Karlsruhe und Ludwigsburg eine
Qualifikation für Lehrer an. ... Sämtliche antragstellenden Institutionen seien in ihrem derzeitigen Erscheinungsbild in privatrechtlicher Form organisierte religiöse
Vereine, heißt es im Kultusministerium. Ihr Selbstverständnis als Religionsgemeinschaft reiche für eine Zusammenarbeit nicht aus. Aber Staatskirchenrechtler und
Fachwissenschaftler bevorzugten Übergangslösungen. ...«.

134 U. Seiser, Angebote islamischer religiöser Erziehung in Bayern, S. 6.

135 H. Behr, Islamischer Religionsunterricht an öffentlichen Schulen?

136 Nach: Internetseiten der Islamischen Föderation Berlin (IFB): www.islamische-
foederation.de/irugeschuaktn.htm und www.islamische-foederation.de/iru.htm (ohne Autoren- und Seitenangaben). Älter: I.-Chr. Mohr: Muslime zwischen Herkunft
und Zukunft. Islamischer Unterricht in Berlin. Schwarz Berlin 2000.

137 S. Vieht-Entus, Ethik ist Pflicht, S. 8: ab 2005 mehr Schulen.

138 S. Kneist, Islam oder Islamismus – Berlin zieht alle an, S. 10.

139 Hierzu FAZ vom 29. 9. 2006, S. 2 über die (inzwischen geklärte) Korruptionsaffäre
um islamischen Religionsunterricht in Berlin.

140 R. Mönch: Atatürk als Abwehrzauber. Skeptische Schulen: Islam-Unterricht in Berlin. In: FAZ vom 4. 11. 2006, S. 39.

141 S. Vieth-Entus, Ethik ist Pflicht, S. 8; Georg Kardinal Sterzinsky: »Werteunterricht«
ist verfassungswidrig. In: FAZ vom 15. 3. 2005, S. 4.

142 Www.bundesverfassungsgericht.de/entscheidungen/rk20060714_1bvr101706: am 14. 7.
2006, Az. 1 BvR 1017/06 bzw. 2780/06.

143 G. Sterzinsky, »Werteunterricht« ist verfassungswidrig, S. 4.

144 M. Küpper: »Berlin erhebt einen weltanschaulichen Herrschaftsanspruch«. In: FAZ
vom 19. 3. 2005, S. 4.

145 Der Rahmenplan ist zunächst für die Klassenstufen 1–4 erstellt, 5 und 6 sollen folgen.
Die Darstellung folgt dem Text Www.islamische-foederation.de/rahmenplan.htm

(ohne Seitenzählung): Vorläufiger Rahmenplan für den Islamischen Religionsunterricht im Lande Berlin. Grundschule. Klassenstufe 1–4. Vorgelegt von der Islamischen Föderation Berlin, zur Genehmigung eingereicht am 27. 4. 2000, 8. 8. 2000, 2. 11. 2000, Mai 2001. Einführung: Verwaltungsratvorstand Burhan Kesici.

146 Vgl. dazu www.islamische-foederation.de/rpaufbau.htm.

147 www.islamische-foederation.de/rpaufbau.htm. B. Kesici fasst in seinem Text www.islamische-foederation.de/rahmenplan.htm die Themenkreise z.T. zusammen.

148 Hierzu in B. Kesicis Text ergänzend:»Eine weitere Gruppe, die von den monotheistischen Religionen kaum Beachtung findet, ist die Gruppe der Atheisten«.

149 Dazu im Text in Klammern:»Die Thematik der einzelnen Rechtsschulen erfordert große Behutsamkeit«.

150 Das rituelle Gebet findet fünfmal täglich statt: in der Morgendämmerung, am Nachmittag, am späten Nachmittag, nach Sonnenuntergang und in der Nacht. An Freitagen gibt es besondere Gebete.

151 Rahmenplan für den Islamischen Religionsunterricht in Berlin, ohne Seitenangabe. Ebd. ein weiteres Beispiel aus der 2. Jahrgangsstufe: Unterschiedliche Auffassungen können zu unterschiedlichen Handlungen führen. Dazu:»*Sein Gefährte sagte zu ihm, indem er sich mit ihm auseinandersetzte: ›Glaubst du denn nicht an Ihn, Der dich aus Erde erschaffen hat ...‹*« [18,37]. Aus dem Kontext: Sprich:»Die Wahrheit ist von euerm Herrn, und wer will, der glaube, und wer will, der glaube nicht. Siehe, für die Sünder haben Wir ein Feuer bereitet, dessen Rauchwolke sie rings umgeben soll. Und wenn sie um Hilfe rufen, dann soll ihnen geholfen werden mit Wasser gleich flüssigem Erz, das ihre Gesichter röstet. Ein schlimmer Trank und ein übles Ruhebett!« [18,29].

152 KN, S. 83, vgl. 81 ff.

153 KN, S. 62.

154 Christen und Muslime in Deutschland, S. 261; KN, S. 62.

155 Z. B. BayV Art 131 ff., BayEUG Art 1,46.

156 I.-Chr. Mohr, Islamischer Religionsunterricht im europäischen Vergleich.

157 Art. 136/1 BayVerf:»An allen Schulen sind beim Unterricht die religiösen Empfindungen aller zu achten«.

158 Art. 4/1 GG:»Die Freiheit des Glaubens ... und weltanschaulichen Bekenntnisses sind unverletzlich«.

159 Art. 137/1 BayV:»Die Teilnahme am Religionsunterricht und an kirchlichen Handlungen und Feierlichkeiten bleibt der Willenserklärung des Erziehungsberechtigten, vom vollendeten 18. Lebensjahr ab der Willenserklärung der Schüler überlassen«.

160 Näheres bei Hj. Biener, Herausforderungen zu einer multiperspektivischen Didaktik, S. 315.

161 U. Seiser, Angebote islamischer religiöser Erziehung in Bayern, S. 4 f.

162 *Fitna*: Zwist, Verschwörung, zu bestrafender Aufruhr gegen Allah, durch sexuelles Verlangen verursachte Sittenlosigkeit; *Fitra*: natürliche religiöse Anlage des Menschen.

163 EKD, Religionsunterricht für muslimische Schülerinnen und Schüler, Ziffer 5:»Jeder Religionsunterricht muss in deutscher Sprache erteilt werden und ... der deutschen Schulaufsicht unterliegen.« Ebenso Christen und Muslime in Deutschland, S. 261.

164 A. Aries, Das Interesse des Islam an Art. 7/3 GG: Alle weiteren Probleme müssen im Bewusstsein der strukturellen Benachteiligung einer Minderheit im Sinne des Art. 7/3 GG geklärt werden.

165 EKD, Religionsunterricht für muslimische Schülerinnen und Schüler, Ziffer 4
166 I.-Chr. Mohr, Islamischer Religionsunterricht im europäischen Vergleich. Ebd.:»Es
wird ... argumentiert, a) die muslimischen Kinder müssten erst ... Basiswissen er-
werben, von einer gelebten Religion seien sie weit entfernt; versus b) die muslimischen Kinder brauchten einen verkündenden Unterricht, da sie noch nicht so wie
die ›säkularisierten‹ nicht-muslimischen Kinder von der Religion entfernt seien«.
167 I.-Chr. Mohr, Islamischer Religionsunterricht im europäischen Vergleich. Ebd.: In
den Niederlanden entstehen interethnisch arbeitende und zusammengesetzte islamische Organisationen entlang von Sachthemen, z.B. die Stiftung zur Förderung von
Integration oder die Dachorganisation der islamischen Privatschulen.
168 So A. Aries, Das Interesse des Islam an Art. 7/3 GG und M. Kalisch im Gespräch mit
Susanne Kusicke,»Hier gibt es keine Tabus«, S. 6.
169 M. Spiewak, Mein Gott, dein Gott, S. 36. Ebd.:»Es fehlt eine islamische Religions-
didaktik«, sagt eine Vertreterin des niedersächsischen Kultusministeriums.
170 Prof. Dr. M. S. Kalisch im Gespräch mit Susanne Kusicke:»Hier gibt es keine Tabus«. In: FAZ vom 27.1.2005, S. 6.
171 I.-Chr. Mohr, Islamischer Religionsunterricht im europäischen Vergleich.
172 A. Aries, Das Interesse des Islam an Art. 7/3 GG: Ziele und Methoden europäischer
Pädagogik waren der islamischen Welt fremd. Doch ist in Aufnahme und Auseinandersetzung damit eine eigene islamische zu entwickeln.
173 I.-Chr. Mohr, Islamischer Religionsunterricht im europäischen Vergleich.
174 Zum wahabitischen Islam B. Tibi: Zuviel Poesie, zuwenig Selbstkritik. In: DZ vom
25.11.2004, S. 12.
175 Zur punktuellen Zeit C. Gilliot, Rechtleitung und Heilszusage im Islam, S. 51. Zur
»Wo-Zeit« Prof. Dr. A. Falaturi: Zeit- und Geschichtserfahrung im Islam. In: Glauben an den einen Gott. Hrsg.: Ders. und W. Strolz. Herder Freiburg 1976, S. 85–101,
abgedr. in: Der Islam im Dialog. Islamische wissenschaftliche Akademie. 3. Aufl.
1985, S. 17–35: Das koranische Wort für Zeit bedeutet»Behälter«, in dem weder die
Abfolge noch der Ort von Ereignissen festgelegt ist. Ihr »Nebeneinander ... ist ge-
nauso umkehrbar wie ihr Nacheinander« (S. 25).
176 Vgl. H. Al-Mozany, Ein Dialog mit Effendi Kant ist unmöglich, S. 36.
177 Vgl. A. Kissler, Der christliche Faktor, S. 13: Der traditionelle Islam scheint gegen
seine eigene Historisierung immun zu sein. Die Verkündigung des Korans durch den
Engel Gabriel ist der alleinige Referenzpunkt, an den jede Deutung zurückkehren
muss, während für Juden und Christen Gott durch die Art seiner Selbstmitteilung
ein historischer und damit ein kritisierbarer Gott ist. Deshalb gibt es keine Tradition
islamischer Selbstkritik, keine Fragmentierung und Privatisierung des religiösen
Wissens. Die selbstkritische Auseinandersetzung mit der eigenen Geschichte wird
vom Islam in KN, S. 46, gefordert.
178 M. Spiewak, Du bist Döner, S. 46, Zitat W. Schiffauer.
179 R. Aslan, Kein Gott außer Gott.
180 Art. 1/4 BayV: Es ist im Geiste der Demokratie, in der Liebe zur bayerischen
Heimat und zum deutschen Volk und im Sinn der Völkerversöhnung zu erziehen.
2/1 BayEUG: Es sind Kenntnisse von Geschichte, Kultur, Tradition und Brauchtum
... zu vermitteln und die Liebe zur Heimat zu wecken.
181 Lehrplan für den alevitischen Religionsunterricht (Entwurf) bzw. Rahmenplan für
den Islamischen Religionsunterricht in Berlin.
182 P. Nolte, Generation Reform, S. 70, 70f.

193

183 Lehrplan für den alevitischen Religionsunterricht (Entwurf), S. 30; vgl. 25. Zur Förderung: ebd., S. 21, 29; vgl. auch www.islamische-foederation.de/rahmenplan2, Abschnitt »Dialog«.

184 B. Kesici zum Vorläufigen Rahmenplan für den Islamischen Religionsunterricht im Lande Berlin.

185 B. Krawietz: Khaled Abou El Fadl: Mit der Scharia gegen den Puritanismus, S. 134; vgl. KN, S. 53 ff.

186 Hermeneutische Konstrukte im islamischen weiblichen Theologieverständnis. Informationsblatt des Zentrums für Islamische Frauenforschung und Frauenförderung. Gegenteilige Sicht bei N. Kelek, Die fremde Braut, S. 154 ff., ebd. 218 ff. über die erzwungene Ehe.

187 W. G. Lerch und Hans-Christian Rößler: »Normalität haben wir noch nicht erreicht«. Ein Gespräch mit Oguz Üçüncü, der Generalsekretär von Milli Görüs. In: FAZ vom 11. 1. 2005, S. 6.

188 W. G. Lerch und H.-Chr. Rößler: Gespräch mit dem Vorsitzenden des Islamrats, Ali Kizilkaya. »Die Politik behindert unsere Frauen«. In: FAZ vom 25. 1. 2005, S. 6. – Wie passt dazu, dass in Berlin Ende 2004/Anfang 2005 sechs junge Frauen von ihren Familien im »Namen der Ehre« ermordet wurden? (J. Lau: Kulturbedingte »Ehrenmorde«. In: DZ vom 3. 3. 2005, S. 5).

189 Vgl. M. A. Gabriel, Islam und Terrorismus, S. 139 ff. – A. Taheri, Tausendundeine Parole, S. 8.

190 Tom Weingärtner: Hetze frei Haus. In: RM vom 24. 3. 2005, S. 30; ebd.: Aufruf im wahabitischen Sender Iqra: »Wir haben von Gott den Auftrag, seine Botschaft auf der ganzen Erde zu predigen. Wenn uns andere daran hindern wollen, beauftragt er uns, seine Botschaft auch mit dem Schwert zu verbreiten«. Vgl. Josef Joffe: Wutverstärker auf Weltmachtkurs. In: DZ vom 5. 10. 2006, S. 11 (über Al-Dschasira).

191 Muhammad Iqbal, Persischer Psalter, S. 144. Mehmet Mihri Özdogan: Das Kopftuch als Symbol. In: FAZ vom 21. 4. 2004, S. 8: Hinter der Kopftuchdebatte verbirgt sich der zentrale Konflikt zwischen dem Universalitätsanspruch des Religiösen im Islam und dem Universalitätsanspruch der bürgerlichen Kultur. Vgl. Zwischen Gottesstaat und Laizismus, S. 2: Es ist von großer Bedeutung, dass für Muslime Staat und Religion untrennbar verbunden sind.

192 Vgl. U. Spuler-Stegemann, Muslime in Deutschland, S. 225 ff. mit Anfragen.

193 B. Tibi: Kulturdialog im globalen Dorf. Der Islam und Europa, der Islam in Europa. In: FAZ vom 16. 9. 1997, S. 11. Vgl. U. Spuler-Stegemann, Muslime in Deutschland, S. 217 ff. Johannes Mehlitz: Gefahr aus dem Gotteshaus. In: RM vom 16. 9. 2004, S. 3. Chr. Schirrmacher in: Dies./U. Spuler-Stegemann: Frauen und die Scharia. Menschenrechte im Islam. Diederichs im H. Hugendubel Verlag München 2004; sowie KN, S. 25 ff.

194 M. Rohe: Was lernt ihr eigentlich in der Koranschule? Wem Gott sein Buch gibt, dem gibt er auch Verstand: Das islamische Recht verlangt die Auslegung und lässt sich auch demokratisch interpretieren. In: FAZ vom 27. 10. 2000, S. 54.

195 M. A. Gabriel, Islam und Terrorismus, S. 77 f. Vgl. M. Iqbal, Persischer Psalter, S. 141–154.

196 B. Kesici zum Vorläufigen Rahmenplan für den Islamischen Religionsunterricht im Lande Berlin.

197 Www.dadalos-d.org/deutsch/Menschenrechte/Grundkurs_MR2/Materialien/dokument_8.htm (Auszug): Artikel 3: Das Recht auf Gleichheit. a) Alle Menschen sind vor der

šarî'a gleich: »Der Araber hat keinen Vorrang vor dem Nichtaraber … außer durch die Frömmigkeit« (Ausspruch des Propheten). Artikel 4: Das Recht auf Gerechtigkeit. e) Niemand kann einen Muslim zwingen, einem Befehl, der der *šarî'a* widerspricht, zu gehorchen. Artikel 12: Das Recht auf Gedanken-, Glaubens- und Redefreiheit. a) Jeder kann denken, glauben und zum Ausdruck bringen, solange er innerhalb der allgemeinen Grenzen, die die *šarî'a* vorschreibt, bleibt. Nicht erlaubt ist die Verbreitung von Unwahrheit und die Veröffentlichung dessen, was der Verbreitung der Schamlosigkeit oder Schwächung der Umma dient. »Wo immer« man solche Menschen »zu fassen bekommt, wird man sie greifen und rücksichtslos umbringen« (Koran 33, 60–61). c) »Der Gesandte Gottes – Gott segne ihn und schenke ihm Heil! – wurde gefragt: Welcher heilige Krieg ist am besten? Er sagte: Ein Wort der Wahrheit bei einem despotischen Herrscher« d) Es gibt kein Verbot der Verbreitung wahrer Informationen und Tatsachen, es sei denn, die Verbreitung stelle eine Gefahr für die Sicherheit der Gesellschaft oder des Staates dar (Koran 4,83). e) Hochachtung vor den Empfindungen der Andersgläubigen ist ein Charakterzug des Muslime: »Und schmäht nicht diejenigen, zu denen sie beten, statt zu Gott, damit sie in (ihrem) Unverstand nicht (ihrerseits) in Übertretung (der göttlichen Gebote) Gott schmähen!« (Koran 6,108). Artikel 13: Das Recht auf religiöse Freiheit: »Ihr habt eure Religion und ich die meine« (Koran 109, 6). Artikel 19: Das Recht auf Gründung einer Familie: a) Jeder der beiden Ehegatten hat gleiche Rechte und Pflichten gegen den anderen, wie die *šarî'a* sie aufführt: »Die Frauen haben dasselbe zu beanspruchen, wozu sie verpflichtet sind, in rechtlicher Weise. Und die Männer stehen eine Stufe über ihnen« (Koran 2, 228). »Dem Vater obliegt die Erziehung seiner Kinder entsprechend seinem Glauben und seinem Gesetz.« Artikel 20: Die Rechte der Ehefrau. Sie sind: a) dass sie dort lebt, wo ihr Ehemann lebt … (Koran 65, 6). b) dass ihr Ehemann sie während der Ehe und während der Wartezeit, wenn er sie entlässt, geziemend unterhält: »Die Männer stehen über den Frauen, weil Gott die einen von ihnen (die Männer) vor den anderen bevorzugt hat und wegen der Ausgaben, die sie von ihrem Vermögen gemacht haben« (Koran 4,34); und dass der Ehemann, der sie entlassen hat, die Kosten für die gemeinsamen Kinder trägt: »Wenn sie für euch stillen, dann gebt ihnen ihren Lohn« (Koran 65, 6). d) Der Ehefrau steht es zu, von ihrem Ehemann die Beendigung des Ehevertrags in Freundlichkeit durch *hul'* (Selbstloskauf …) zu verlangen (Koran 2, 229); desgleichen steht es ihr zu, die Entlassung auf gerichtlichem Wege im Rahmen der Bestimmungen der *šarî'a* zu verlangen. e) Die Ehefrau hat Anspruch darauf, ihren Ehemann zu beerben, ihre Eltern, ihre Kinder und ihre Verwandten: »Und ihnen (den Gattinnen) steht ein Viertel zu von dem, was ihr hinterlasst, falls ihr keine Kinder habt. Falls ihr Kinder habt, so steht ihnen ein Achtel zu.« (Koran 4,12). f) Jeder der beiden Ehegatten muss das Verborgene (d. h. die Intimsphäre) des anderen bewahren und darf von dessen Geheimnissen nichts enthüllen. Dieses Recht ist auch zu wahren bei der Entlassung (Koran 2, 237).

198 Hierzu u. a. Albrecht Hauser: Wirklich kein Zwang im Glauben? Religionsfreiheit und Meinungsfreiheit aus islamischer Sicht – eine theologische Betrachtungsweise (Vortrag am 8. 3. 2005 auf der Mitgliederversammlung des Instituts für Islamfragen der Deutschen Evangelischen Allianz. Institut für Islamfragen. Sonderdruck Nr. 7. 1. Auflage 2006, S. 6 (www.islaminstitut.de/uploads/media/sonderdruck07.pdf). Dazu auch Zwischen Gottesstaat und Laizismus, S. 7 f.

199 M. Kalisch im Gespräch mit Susanne Kusicke: »Hier gibt es keine Tabus«, S. 6: »Alle traditionellen islamischen Schulen sagen, daß ein Abtrünniger hingerichtet werden

muß ... Aber unter dem Dach einer deutschen Universität besteht die Freiheit, danach zu fragen, hier gibt es keine Tabus.« Vgl. KN, S. 31 f., dort wird auf die Zusicherung der Austrittsmöglichkeit in der Islamische Charta Zentralrat der Muslime in Deutschland hingewiesen.

200 Zitiert nach Evangelischer Zentralstelle für Weltanschauungsfragen (EZW), Materialdienst 2/92, S. 44 ff.

201 Dazu M. Rohe, Was lernt ihr eigentlich in der Koranschule?, S. 54.

202 Zur möglichen taktischen Täuschung von »Ungläubigen« vgl. U. Spuler-Stegemann, Muslime in Deutschland, S. 52 ff. (mit Belegen), 223, 304; ferner M. A. Gabriel, Islam und Terrorismus, S. 90 f., 115 ff.; A. Goerlach, Die neue Weltunterordnung, S. 45: Als Zeichen des Vormarschs des Islam ist auch das Mittel der Täuschung recht: »Wenn eure Gesetze es hergeben, dann überwinden wir eure Religion und Kultur mit diesen Gesetzen«. Toleranz ist ein Zeichen von Schwäche. – A. Taheri, Tausendundeine Parole, S. 8: »Lesebücher in unzähligen Schulen von Malaysia bis Nigeria lehren muslimische Kinder, daß die Welt in zwei sich unversöhnlich gegenüberstehende ... Lager aufgeteilt ist: das *Dar al-Imam* (das Haus des Glaubens, also der islamischen Nationen) und das *Dar al-Harb* (das Haus des Krieges, also alle Länder, die nicht von Muslimen regiert werden). Den Kindern wird beigebracht, daß es keinen Frieden zwischen beiden geben kann, ehe der Islam triumphiert. Das äußerste Zugeständnis ist ein Waffenstillstand, der alle zehn Jahre erneuert werden muß.« Dagegen lehnt T. Ramadan die Drei-Häuser-Theorie vehement ab (L. Amman: Tariq Ramadan: Die konservative Reform. In: IW, S. 23–33, S. 27). KN, S. 44 nennt noch die Häuser der Mission (*ab-da'wa*) und des Bekenntnisses (*asch-shahada*).

203 N. Kelek: Der Lernprozeß. In: FAZ vom 24. 4. 2006, S. 37. Vgl. dies.: Die verlorenen Söhne. Plädoyer für die Befreiung des türkisch-muslimischen Mannes. Kiepenheuer Köln 2006.

204 L. Mudhoon, Muhammad Schahrûr: Für ein zeitgenössisches Koran- und Islamverständnis, S. 142. Vgl. auch M. Rohe, Wer schweigt, stimmt nicht zu, S. 41.

205 EKD, Religionsunterricht für muslimische Schülerinnen und Schüler, spricht diesen Aspekt nicht an.

206 J. Kardinal Ratzinger: Auf der Suche nach dem Frieden. In: FAZ vom 11. 6. 2004, S. 39. Hj. Biener, Herausforderungen zu einer multiperspektivischen Didaktik, S. 93. A. Falaturi Was sollen deutsche Schüler über Muslime und Islam lernen? In: H. Kwiran/H. Schultze: Bildungsinhalt: Weltreligionen. Grundlagen und Anregungen für den Unterricht. Comenius Münster 1988, S. 115.

207 F. Sen, Aufwind für Liberale, S. 25: Der Islam kennt keine entsprechende Hierarchie; vgl. dazu auch W. G. Lerch: Vom »wilden« Islam. In: FAZ vom 19. 7. 2005, S. 10: Daher entstand vielerorts »theologischer Wildwuchs« durch nicht ausgebildete »Laien«.

208 KN, S. 104 f.: Sie sind sich uneins, ob sie als Muslime gelten wollen, und werden z. T. von fanatisierten Sunniten verfolgt. Sie leiten sich von Ali, dem Schwiegersohn Mohammeds ab (gest. 661), verneinen die fünf bzw. sechs Säulen des Islam, den Koran als reine Offenbarung Allahs, die Geltung der Scharia, das Alkohol- und Schweineverzehrverbot. Sie treffen sich in vom »Dede« (Großvater) geleiteten »Cem-Häusern« (Kulthäusern). Sie treten für die Trennung von Religion und Staat ein. Die Frauen tragen in der Regel keine Kopftücher.

209 W. G. Lerch, Die andere Seite des Textes, S. 8: Nach Mohammeds Tod kam es zu Nachfolgekämpfen (*Fitna*). Die Partei Alis – die Schiiten – votierte für eine spirituel-

le und leibliche Erbfolge von Imamen, die sich über Ali, den Vetter Mohammeds, und dessen Frau Fatima auf direkte Verwandtschaft mit dem Propheten stützte. Bevor Ali 656 n. Chr. zur Macht kam, wählte die Gegenpartei nacheinander drei Nachfolger des Propheten: Abu Bakr, Omar und Uthman. Wichtigstes Legitimationskriterium war jeweils die Herkunft von Mohammeds Stamm der Quraisch. Das Kriterium galt für alle klassischen Kalifatstheorien. Die heute nur noch wenig bedeutende Gruppe der Charidschiten dagegen sprach sich für den Frömmsten aller Muslime als Kalifen aus, »und sei es ein abessinischer Sklave«. – Das Kalifat bedeutet wörtlich »die Nachfolger des Gesandten Gottes« bzw. »Stellvertreter Gottes [auf Erden]« und ist eine Regierungsform, bei der säkulare und geistliche Führerschaft vereint sind.

210 Vgl. P. Scheffer: Das Schweigen der Muslime. In: FAZ vom 9. 11. 2004, S. 40.

211 U. Spuler-Stegemann, Muslime in Deutschland, S. 126 ff.: Der Sufismus entstand in der islamischen Frühzeit und hat die Gottesschau oder die Vereinigung mit Gott als letztes und höchstes Ziel (S. 126). Sein Orden der *Naqschibandiya* ist in Deutschland in zwei große Lager gespalten. Der Zweig der Menzilci hat den Ruf, ganz besonders radikal und anti-christlich zu sein (S. 130), der zweite schart sich um Scheich Nâzim 'Adl al-Haqqâni al Kubrûsî und nennt sich »die neuen Osmanen«.

212 U. Spuler-Stegemann, Muslime in Deutschland, S. 246 Anm.: Gründer ist 'Abd al Wahhâb (1703–1787), die Anhänger leben vor allem in Saudi-Arabien und lehnen insbesondere Sufitum, Heiligenverehrung, Gräberkult und Nachbildungen lebender Wesen ab.

213 So ein bildungspolitischer Sprecher der CSU am 10. 12. 2003. Zu den verschiedenen Unterrichtskonzeptionen siehe Christen und Muslime in Deutschland, S. 257 ff.

214 W. G. Lerch und H.-Chr. Rößler, Gespräch mit dem Vorsitzenden des Islamrats, Ali Kizilkaya. »Die Politik behindert unsere Frauen«, S. 6. W. G. Lerch und S. Kusicke: »Wir sind bereit, alle Muslime zu vertreten«. Ein Gespräch mit Mehmet Yildirim und Bekir Alboga von der Türkisch-Islamischen Union der Anstalt für Religion, »Ditib«. In: FAZ vom 9. 2. 2005, S. 4.

215 Zu den Vorverhandlungen vgl. Zeitzeichen 4/2005, April 2005, S. 71.

216 EKD, Religionsunterricht für muslimische Schülerinnen und Schüler, Ziffer 3; ebd.: »Inzwischen bilden sich aber zentrale Organisationen der islamischen Dachverbände heraus ... Sie könnten Ansprechpartner des Staates im Blick auf den Religionsunterricht werden, wenn ihr Status als Religionsgemeinschaft geklärt ist«.

217 M. Kalisch im Gespräch mit S. Kusicke, »Hier gibt es keine Tabus«, S. 6.

218 A. Aries, Das Interesse des Islam an Art. 7/3 GG: Ein eigenes Problem ist die Konfessions-Frage im Islam. Die Aleviten [Stand in Bayern im November 2004: 14 Gemeinden, 60 % der Mitglieder haben einen deutschen Pass] verlangen auf längere Sicht einen eigenen Religionsunterricht. Das Problem ist nur, dass sie sich selbst nicht einig sind. Hinzu kommt das Verhältnis Sunna-Schia. Im Iran vollzog sich eine Revolution, die von der Sunna nicht abgedeckt werden kann. »Wir werden auf Dauer um einen islamisch-sunnitischen und einen islamisch-schiitischen Religionsunterricht nicht herumkommen«. U. Seiser, Angebote islamischer religiöser Erziehung in Bayern, S. 7: Es hat sich ein Alevitischer Dachverband für Deutschland konstituiert und im Jahr 2000 in mehreren deutschen Ländern den Antrag auf eigenen Religionsunterricht gestellt. Nach zwei Gutachten erfüllt der Dachverband alle Bedingungen einer Religionsgemeinschaft gemäß Art. 7/3 GG. In NRW wird angedacht, alevitischen Unterricht einzuführen. Dies brächte auch Bayern in Zugzwang.

219 R. Soldt, Länder bereiten Islam-Unterricht vor, S. 4.
220 Lehrplan für den alevitischen Religionsunterricht (Entwurf), S. 3 f.:»Der elementare
Wunsch alevitischer Eltern besteht ... in der Installierung eines Unterrichtsfaches ...,
in dessen Rahmen eine gemeinsame Unterweisung aller Kinder in die Inhalte von
allen in der deutschen Schule sich befindenden Religionen und Glaubensformen erfolgen kann, unabhängig der konfessionellen Zugehörigkeit der teilnehmenden
Schüler«.
221 KN, S. 62. EKD, Religionsunterricht für muslimische Schülerinnen und Schüler,
Ziffer 5: Der islamische Unterricht braucht hinreichend qualifizierte, staatlich anerkannte und beaufsichtigte muslimische Lehrkräfte mit grundständiger Ausbildung
an der Universität. Ebenso: Christen und Muslime in Deutschland, S. 261. – An den
Universitäten in Münster, Frankfurt/Main und Osnabrück wurde mit der Ausbildung begonnen: In Münster lehrt der mit 15 Jahren vom evangelischen Glauben
übergetretene Jurist und Islamwissenschaftler M. S. Kalisch. Im Fach »Religion des
Islam« werden hier seit WS 2004/5 Lehrer in einem »Erweiterungsstudiengang« ausgebildet. Dazu M. Kalisch im Gespräch mit Susanne Kusicke, »Hier gibt es keine Tabus«, S. 6: Es meldeten sich sehr viele Leute. Der Studiengang ist aber auf dreißig
Teilnehmer begrenzt, auf sechs Semester angelegt und relativ vollgepackt. »Wir erwarten, dass die arabische Sprache in einem Mindestmaß erlernt wird. Dann werden
wir islamisches Recht, Rechtsmethodik, Theologie, Philosophie, Mystik erarbeiten.
Wir hoffen, dass der Studiengang auf längere Sicht zu einem zweiten Hauptfach weiterentwickelt werden kann.« Es gibt einen Beirat, dem der Zentralrat der Muslime,
der Islamrat, der Verband der islamischen Kulturzentren, die Ditip als Vertretung
der türkischen Religionsbehörde und das islamische Zentrum Hamburg angehören.
Ergänzend Gerd Felder: Kopftuchfrage und Koranexegese. In: RM vom 16. 9. 2004,
S. 25: »Wir haben viele Studenten, und die Resonanz auf die Eröffnung unseres
Lehrbetriebs war groß«, zeigt sich Lamya Kaddor [Mitarbeiterin des Centrums für
religiöse Studien an der Universität Münster] zufrieden mit dem Verlauf des ersten
Semesters (etwa 10 bis 20 Lehramtsstudenten). – Zu Frankfurt: Stefan Toepfer: Kon-
zipiert in Frankfurt, finanziert in Ankara. In: FAZ vom 27. Januar 2005, S. 6: Hier
lehrt der türkische Theologe und Soziologe Mehmet Köktaş auf einer Stiftungs-
professur »Islamische Religion«. Das Fach ist Teil des Magister-Studienganges »Religionswissenschaft und Religionsgeschichte«, das zum Evangelischen Fachbereich
gehört. Die türkische Behörde für Regionsangelegenheiten bezahlt die Professur,
nehme aber keinen Einfluss auf die Lehrinhalte Islamische Glaubenslehre, islamisches Recht, Koranwissenschaft, Geschichte und Religionssoziologie des Islam. Do-
zieren sollen zwei türkische Professoren und Vertreter aus fünf Fachbereichen, den
beiden kirchlichen, der Orientalistik, der Religionssoziologie und der Turkologie.
Die religionstheoretische Auseinandersetzung soll den Regeln westlich-aufgeklärter
Rationalität folgen. Doch wird das Lehrangebot z. Zt. noch kaum von Muslimen genutzt. Studienbeginn war SS 2005. In Osnabrück führt P. Graf die Lehrerausbildung
durch.
222 EKD, Religionsunterricht für muslimische Schülerinnen und Schüler, Ziffer 5: Bei
der Einführung des Unterrichtes als ordentliches Lehrfach sind die erreichten hohen
wissenschaftlich-pädagogischen Standards des christlich-konfessionellen Religionsunterrichts anzustreben. Der Lehrplan für den alevitischen Religionsunterricht (Entwurf), S. 26, zeigt hierzu Ansätze. Er stellt zu Themeneinheit VIII (Das religiöse
Opfer und das Opferfest im Alevitentum) fest, die Gestaltung im Rahmen eines

Projektvorhabens mit anderen Fächern wie evangelischem, katholischem, orthodoxem und sunnitischem Religionsunterricht sei denkbar bzw.

sehr wünschenswert, und merkt an, die inhaltliche Erarbeitung könne in der Primarstufe methodisch in Form von Bastel- und Malarbeiten durchgeführt werden; in der Sekundarstufe I und II sei der Schwerpunkt verstärkt auf die Textarbeit zu legen. Als Lern-/Aktionsformen böten sich neben dem Frontalunterricht auch Partner- und Gruppenarbeit an.

223 Vgl. Des Bischofs Attacke. Interview B. Mogge mit dem Berliner Bischof Wolfgang Huber. In: RM vom 15. 7. 2004, S. 16: Er fordert für den Unterricht der Islamischen Föderation dieselben Qualitätskriterien wie für jedes andere Unterrichtsfach an Berliner Schulen. Hierzu W. Huber: »Diese Qualität ist in meinen Augen bei dem ständigen Wechsel der Lehrkräfte und bei der Nichtüberprüfbarkeit der Lehrer und ihres Unterrichts nicht gegeben.«

224 Hj. Biener, Herausforderungen zu einer multiperspektivischen Didaktik, S. 83 ff., informiert instruktiv über Positionen in der christlichen Religionspädagogik zur interreligiösen Didaktik und speziell zur Darstellung des Islam.

225 Vgl. Die Evangelische Kirche in Deutschland (EKD), Identität und Verständigung, S. 66: »Es werden alle aufgenommen, deren Eltern es wünschen oder die sich nach erreichter Religionsmündigkeit selbst so entscheiden. Sie können aus anderen christlichen Konfessionen kommen oder auch konfessionslos sein; kann sich um junge Angehörige nichtchristlicher Religionen handeln oder um von Hause aus überhaupt nicht religiös erzogene Schüler und Schülerinnen«.

226 J. Ross: »Ernst, die Moslems sind da!«, S. 4.

227 U. Beck, So macht Gleichheit Ungleiche aus uns allen, S. 36.

228 Dazu Prof. Dr. Dietrich Benner: Bildungsstandards und Qualitätssicherung im Religionsunterricht. Vorstellung eines DFG-Projekts am 18. 9. 2004 an der Humboldt-Universität, Berlin (Arbeitspapier).

229 »Missionsauftrag ernst nehmen«. In: FAZ vom 3. 11. 2006, S. 4: »Der Präsident des Kirchenamtes der Evangelischen Kirche Deutschlands (EKD), Hermann Barth, hat [auf der EKD-Synode in Würzburg am 2. 11. 2006] die Protestanten dazu aufgefordert, den Missionsauftrag des Christentums auch gegenüber den in Deutschland lebenden Muslimen ernst zu nehmen«.

230 Vgl. Claudia Keller: Allah, sei mir nah. In: DZ vom 8. 6. 2006, S. 13, über das Pfingsttreffen der Muslimjugend 2006 in Bad Orb: Sie trinken keinen Alkohol, viele beten fünfmal am Tag, die strenge Moral ist selbstverständlich. Man schätzt, dass die Jugendlichen friedlich und höflich sind, keinen Alkohol trinken und ordentlich ihren Müll wegräumen.

231 H. Biener, Herausforderungen zu einer multiperspektivischen Didaktik, S. 49 f.

232 F. Gräßmann: Religionsunterricht zwischen Kirche und Schule. Kaiser München 1961, S. 190.

233 Richard Kabisch: Wie lehren wir Religion? Vandenhoeck Göttingen 1913, S. 120. Ebd.: »Es handelt sich im Religionsunterricht nie und nirgends um ein bloßes Wissen«.

234 Anregend: Barbara Schneider: Muslima im Kirchenschiff. Eine kirchenpädagogische Führung mit muslimischen Müttern durch Düsseldorfer Innenstadtkirchen. In: Zeitzeichen 8/2006, August 2006 S. 44–48.

235 U. a. über Koran, die fünf bzw. sechs »Säulen« (Glaubensbekenntnis zu Allah, Armensteuer, Mekkafahrt, Fastenmonat, täglich fünfmaliges Gebet, z.T. Dschihad).

236 Täglich fünfmal in arabischer Sprache vom Minarett: Allah ist größer (4 x) – Es gibt keinen Gott außer Allah (2 x) – Mohammed ist der Gesandte Allahs (2 x) – Auf zum

Gebet (2 x) – Auf zum Heil (2 x) – Allah ist größer (2 x) – Es gibt keinen Gott außer Allah (2 x).

237 Zu Tod und Sterben: Der Körper ist auf Dauer unantastbar (deshalb nach traditionellem Verständnis Unaufhebbarkeit des Grabes), keine Bestattung zwischen Nichtmuslimen, sarglose Bestattung, Längsseite des Grabes nach Mekka, Gesicht nach Mekka (Näheres in KN, S. 74 ff.).
Zu Ehe und Kindern: Ehe ist ein reiner Zivilvertrag mit Schwerpunkt auf Brautgeldregelung; keine bireligiöse Trauung möglich; Kinder gelten immer als Muslime, ohne Austrittsmöglichkeit bzw. -berechtigung. (KN, S. 55 ff.)

238 Vgl. insgesamt dazu Hj. Biener, Herausforderungen zu einer multiperspektivischen Didaktik.

239 Vgl. E. Noelle, Der Kampf der Kulturen, S. 5, Umfrage im Herbst 2004: Wenn Sie das Wort »Islam« hören, woran denken Sie? Antworten: Unterdrückung der Frau: 93 %; bedeutende kulturelle Leistungen: 39 %; Terror: 83 %; faszinierend: 16 %; fanatisch, radikal: 82 %; Nächstenliebe: 12 %; gefährlich: 70 %; Offenheit, Toleranz: 6 %; rückwärtsgewandt: 66 %; sympathisch: 6 %; Gastfreundschaft: 45 %.

240 Vgl. dazu Hj. Biener, Herausforderungen zu einer multiperspektivischen Didaktik, darin u. a. S. 36 ff. eine differenzierte Darstellung der Kreuzzeugsthematik.

241 Näheres in KN, S. 59 ff.

242 Bis heute aktive Gruppierungen, die eine gewaltsame Reinigung des Islams zum Ziel haben, dazu M. A. Gabriel, Islam und Terrorismus, S. 89 ff.,105 ff., 131 ff. (mit Hinweisen zu Ausstrahlungen auf den modernen Islamismus bis zu Usama bin Ladin).

243 Zum breiten und changierenden Bedeutungsspektrum des Begriffs vgl. oben S. 175.

244 Vgl. z. B. R. Hermann: Die Christen des Iraks fliehen vor der Islamisierung. Verfolgung seit 1990 und verstärkt seit dem Sturz Saddams. In: FAZ vom 18. 10. 2004.

245 Ausführlich M. A. Gabriel, Islam und Terrorismus, S. 207 ff.

246 K. Berger, Die Muslime sind längst unter uns, S. 51: Es geht dringend um ein klares und verständliches Begreifen des eigenen Glaubens. Ein schlichter, klarer Katechismus ist überfällig. Unsere Kultur aber sollte mit traditionsbewusster Gelassenheit auftreten, die darum weiß, dass wir viel, aber eben bei Weitem nicht alles dem Islam des Mittelalters verdanken.

247 Vgl. u. a. M. A. Gabriel, Islam und Terrorismus, S. 227 ff.

248 D. Benner, Bildungsstandards und Qualitätsicherung im Religionsunterricht, Arbeitspapier: 2. These: Bildungsstandards für den Religionsunterricht können hilfreich sein, um diesen Unterricht als Fachunterricht im Kontext öffentlicher Erziehung und Unterweisung zu legitimieren. 3. These: In modernen Gesellschaften kann das öffentliche Interesse an der Tradierung von Religion dreifach, nämlich erstens religionszivilisierend, zweitens aufklärend erinnernd und drittens innovatorisch ausgelegt werden.

Anmerkungen zu Teil E

1 Olivier Roy: Wiedergeboren, um zu töten. Der terroristische Islamismus ist keine traditionelle, sondern eine höchst moderne Glaubensrichtung. Sie wurzelt in Europa. In: DZ vom 21. 7. 2005, S. 3. Ausführliches Dossier zur Thematik in DZ vom 17. August 2006, S. 11 ff. Darin ebd. S. 11–13: J. Bittner u. a.: »Sie waren doch so nette Jungs«. Eine neue Generation junger muslimischer Terroristen wächst heran: unauffällig, urban, gut ausgebildet, in Europa geboren. Den Islam kennt sie nur von windigen Predigern. Sie hassen den Westen – auch in Deutschland sammeln sie sich.

G. Personenregister

'Abd al Wahhâb 197
Abdel Rahmann, Omar 73
Abdullah, M. Salim 177f.
Abou el Fadl, Khaled 181f., 194
Abu Zaid, Nasr Hamid 180
Abul-Ala Mawdudi 136
Aden, Menno 176
'Adl al-Haqqâni al Kubrûsî, Nâzim 197
Agai, Bekim 180, 186
Akgün, Lale 31, 160–164, 168
al-Bannâ, Gramâl 172
al-Banna, Hassan 73, 175
Alboga, Bekir 116, 166, 197
al Habash, Muhammad 84, 86, 88, 182
al-Hûlî, Amîn 179
Al-Mozany, Hussain 165, 173, 193
Al-Sadr, Bakir 165
Althaus, Paul 173
Amirpur, Katajun 157, 180
Amman, Ludwig 157, 180, 196
Anselm, Helmut 187f.
Antes, Peter 173, 178f.
Aquin, Thomas v. 173
Aries, Achmed 133, 186, 189f., 192f., 197
Aristoteles 24, 187
Aschoff-Ghyczy, Christiane 167
Aslan, Reza 180, 193
Assheuer, Thomas 166
Ateş, Seyran 164
Aydin, Mehmet 180

Bahners, Patrick 161, 184
Bakri, Omar 73
Bardakoglu, Ali 85, 87
Barth, Hermann 199
Barth, Karl 29, 88, 162, 181
Bauer, Karl F. 159, 167f., 170
Bauschke, Martin 72, 76, 174–178
Bayer, Oswald 157, 167
Bazargan, Mehdi 177f.
Beck, Ulrich 162, 169, 174, 188, 199

Beckstein, Günther 136
Bednarz-Braun, Iris 166f.
Behr, Harun 124, 186, 190f.
Benedikt XVI. 17, 74f., 140, 159
Benhabib, Seyla 163
Benner, Dietrich 199f.
Berger, Klaus 171, 177f., 188, 200
Bergmann, Erhard 187
Bernhardt, Reinhold 181f.
Biener, Hansjörg 67, 157f., 171f., 188f.,
    192, 196, 199f.
bin Ladin, Usama 200
Birg, Herwig 160f.
Bischoff, Ursula 166f.
Bittner, Jochen 165, 200
Blankenstein, Heidemarie 187
Blasberg, Marian 166f.
Bobzin, Hartmut 171–173, 177, 179, 181
Böckenförde, Ernst-Wolfgang 184
Böger, Klaus 125
Bos, Wilfried 170
Bosbach, Wolfgang 163
Bouman, Johan 74
Bredow, Wilfried v. 157, 163, 166
Brettfeld, Katrin 46, 166, 168
Brogi, Marco 188
Brunn, Erhard 176
Büchner, Peter 168
Bude, Heinz 161
Buschkowsky, Heinz 54, 96, 158, 165,
    167

Campenhausen, Axel v. 184
Cantzen, Rolf 171f., 179f.
Ceric, Mustafa 14, 87
Chimelli, Rudolph 165, 171
Claussen, Johann H. 181

Deckers, Daniel 100, 185
Dewandre, Nicole 163
Diner, Dan 134, 179

Drieschner, Frank 164
Duran, Khalid 175

Edelstein, Wolfgang 167
Ehrhardt, Christoph 159, 171
Eichendorff, Josef v. 100
Eißler, Friedmann 178f., 182, 186
El Fadl, Khaled A. 181f., 194
Elyas, Nadeem 166, 181
Epikur 187
Erikson, Erik H. 47

Falaturi, Abdoljavad 10, 72, 193, 196
Farag, Abdes S. 72
Fatallah, Sayyed 173, 178
Fauth, Dieter 186
Felder, Gerd 198
Flaig, Egon 175
Fowler, James W. 168
Friedman, Moishe A. 164
Fücks, Ralf 161, 165, 167f.
Füssel, Hans-Peter 184

Gabriel, Mark A. 137, 158, 171, 177, 179, 186, 194, 196, 200
Gaddafi, Mummar 63
Gaupp, Nora 169
Geier, Manfred 157
Geißler, Heiner 31, 163
Gerhards, Jürgen 29, 162
Gerlach, Julia 181
Geyer, Christian 163
Giddens, Anthony 188
Gierlich, Walter 165
Gilliot, Claude 174, 177f., 193
Glagow, Rainer 171
Gloy, Karen 161
Goerlach, Alexander 171, 173, 178, 181, 188, 196
Gogh, Theo van 12
Goßmann, Hans-Christoph 176f.
Graber, Doris 103, 183
Graf, Friedrich Wilhelm 18, 159
Graf, Peter 191, 198
Grande, Edgar 162
Gräßmann, Frithjof 147, 199
Greiner, Ulrich 187

Grimm, Dieter 99, 103, 162
Gülen, Fethulla 180, 186
Güler, Ilhami 180
Gunkel, Christoph 164, 176
Gutschker, Thomas 165f.

Haag, Karl Friedrich 188
Habermas, Jürgen 28, 162f., 172
Haenni, Patrick 158, 180f.
Hamid, Nasr 180
Hanfeld, Michael 166
Harnack, Adolf v. 181
Hassan, Muhammad H. 179
Hauser, Albrecht 195
Heckel, Martin 99, 182, 184, 187–189
Heckmann, Friedrich 158, 166, 168, 171
Hefty, Georg Paul 161f., 164, 166, 168
Hegel, Georg Friedrich Wilhelm 172, 177, 187
Heiliger, Anita 167
Heine, Peter 83, 179, 189f.
Heinen, Ulrich 157
Heintel, Erich 170
Heitmeyer, Wilhelm 19, 31, 43, 49, 159, 161, 167f.
Henning, Max 7
Hentig, Hartmut v. 56, 169
Hermann, Rainer 180–182, 200
Herms, Eilert 173
Herzinger, Richard 161
Herzog, Roman 184
Hick, John 182
Hildebrandt, Thomas 180
Höfert, Almut 85, 175, 181
Hofmann, Gunter 162
Hofmann, Murad Wilfried 76, 101, 185
Hohmann-Dennhardt, Christine 99, 161, 184
Hondrich, Karl Otto 164
Huber, Herbert 172
Huber, Wolfgang 144, 173, 184f., 199
Humboldt, Wilhelm v. 60
Huntington, Samuel S. 16, 36, 159, 165
Husein, Timur 166
Hutten, Kurt 182

Iqbal, Muhammad 105, 186, 194

Jäger, Lorenz 165
Jahn, Thomas 167
Jähn, Christine 169
Jens, Walter 31
Joffe, Josef 194
Johannes Paul II. 75, 82, 176
Jüngel, Eberhard 173

Kabisch, Richard 147, 199
Kaddor, Lamya 198
Kahl, Jürgen 168
Kakar, Sudhir 175
Kalisch, Muhammad S. 85, 133, 193, 195, 197f.
Kämmerlings, Richard 162, 166
Kamphoevener, Elsa Sophia v. 115, 188
Kandemir, Hülya 45
Kandil, Fuad 15, 158
Kant, Immanuel 165, 173, 193
Karakasoglu, Yasemin 157
Kässmann, Margot 188
Kaube, Jürgen 164, 166, 169, 184
Kelek, Necla 36, 44, 96, 158, 161, 164-171, 174-176, 183, 185f., 188, 194, 196
Keller, Claudia 199
Kemmerer, Alexandra 186
Kesici, Burhan 192, 194
Khoury, Adel Theodor 63
Kirbach, Roland 167
Kirchhof, Paul 100, 185
Kissler, Alexander 166, 168, 182, 193
Kiyak, Mely 161f., 164
Kizilkaya, Ali 136, 181, 194, 197
Klessmann, Michael 161
Klier, Petra 176
Klingholz, Reiner 160
Kneist, Sigrid 183, 191
Knitter, Paul 182
Knobloch, Charlotte 31, 33
Köcher, Renate 158f., 163, 166
Köhler, Ayyub Axel 16, 82, 164
Kohler, Berthold 161-165, 169
Korn, Salomon 27
Körner, Felix 180
Körting, Ehrhart 14
Körtner, Ulrich H.J. 188
Koslowski, Peter 33, 164
Krämer, Christopher 170f.

Kraus, Josef 34, 162-164
Krawietz, Birgit 181f., 194
Kriele, Martin 186
Krischke, Wolfgang 162
Krohne, Julia Ann 169
Krönchen, Sabine 165
Kronenberg, Volker 163
Krönig, Jürgen 166, 168
Kühne, Hartmut 169
Külahci, Ahmet 158
Küng, Hans 89
Küpper, Mechthild 181, 184, 191
Kuruyüz, Ramazan 181
Kusicke, Susanne 161, 183, 193, 195, 197f.
Kwiran, Manfred 196

Lähnemann, Johannes 171, 174-177, 182, 188
Lammert, Norbert 159, 163
Laschet, Armin 164
Lash, Scott 188
Lau, Jörg 157f., 163f., 168, 181, 194
Lehberger, Reiner 169f.
Leinemann, Jürgen 29, 161-163
Lembke, Judith 183
Lenoble, Jacques 163
Lenz-Aktas, Ingrid 165
Lerch, Wolfgang G. 159, 166, 171, 176, 179-181, 186, 194, 196f.
Lessing, Gotthold E. 89, 115
Leuthäusser-Schnarrenberger, Sabine 162
Lewis, Bernard 67, 80, 174, 179, 186
Lex, Tilly 169
Link, Christoph 184
Longman, Phillip 160
Lott, Jürgen 181
Lübben, Ivesa 172
Ludin, Fereshda 96
Luft, Stefan 165, 167, 169
Lüling, Günter 65, 83, 171, 180
Luther, Martin 76, 79, 80, 81, 173, 177-179
Luxenberg, Christoph 65, 83, 171f., 180
Lyotard, Jean-François 188

Maier, Bernhard 170
Maier, Hans 159
Mall, Ram A. 88, 182

Mann, Thomas 29
Margalit, Avishai 186
Matussek, Matthias 163
Mehlitz, Johannes 194
Meier, Ulrich 169
Meier-Walser, Reinhard C. 171
Mekhennet, Souad 166, 175
Mertes, Michael 164
Mik, Geert 25, 161
Mishra, Robin 160, 164
Mogge, Birgitta 166, 190, 199
Mohr, Irka-Christin 131, 187, 191–193
Mohr, Reinhard 163
Moltmann, Jürgen 113, 188
Mönch, Regina 168, 170, 191
Mostar, Herrmann 188
Mudhoon, Loay 180f., 186, 196
Müller, Gerhard 157
Müller, Reinhard 163
Mu'nis, Hussain 179
Murad, Abdal-Hakim 180f.
Musallam, Akram 186

Nagel, Tilman 63, 171
Neuwirth, Angelika 83
Nicodemus, Katja 162
Niebergall, Friedrich 162
Niebuhr, Reinhold 88, 182
Nietzsche, Friedrich 173
Noelle, Elisabeth 17, 159, 200
Nolte, Paul 160, 162, 164f., 168, 185, 187, 193
Noor, Farish A. 186
Nooteboom, Cees 177, 186
Nowitzky, Herbert N. 179

Oberdorfer, Bernd 177
Öger, Vural 164
Öhler, Andreas 165
Ohlig, Karl-Heinz 65, 171f., 180
Olt, Reinhard 158
Ostendorf, Heiko 191
Ott, Heinrich 181
Özcan, Ertekin 56
Özdemir, Cem 164
Özdogan, Mehmet M. 194
Ozment, Steven 29, 162
Özsöy, Ömer 180

Palaver, Wolfgang 159
Panikkar, Raimondo 88, 182
Pannenberg, Wolfhart 88, 177, 181
Paret, Rudi 83
Paulus, Christiane 89, 172, 178f., 182
Petersen, Thomas 159
Platon 187
Poschardt, Ulf 162, 164
Prantl, Heribert 161, 164
Protagoras 187

Qutb, Sayyid 136

Raddatz, Hans-Peter 66, 171f., 179
Rahner, Karl 88, 181
Räisänen, Heikki 174
Ramadan, Tariq 181, 196
Ramelsberger, Annette 164
Rasche, Uta 161, 168
Rathgeb, Eberhard 184
Ratzinger, Josef Kardinal 140, 196
Ratzki, Anne 166
Rau, Johannes 167
Reißig, Birgit 169
Renz, Andreas 65f., 90, 157, 171f., 174f., 177, 181f.
Reumann, Kurt 161
Reusch, Roman 51, 168
Riccoldo da Monte Croce 76, 79, 173, 179
Richter, Emanuel 28, 35, 162–164
Richter-Bernburg, Lutz 83, 172
Ritter, Henning 158
Rohe, Matthias 137, 169, 194, 196
Rosenfelder, Andreas 164
Ross, Andreas 165
Ross, Jan 165, 187, 199
Rößler, Hans-Christian 194, 197
Roth, Claudia 30, 163
Rousseau, Jean Jacques 105
Roy, Olivier 200
Rupp, Horst F. 184
Rutz, Michael 163, 165

Sattar, Majid 163, 186
Sautter, Claudia 166
Schabestari, Mohammad M. 180
Schahrûr, Muhammad 180f., 186, 196
Schall, Anton 74, 80, 176–179

Schäuble, Wolfgang 18 f., 159, 161
Scheffer, Paul 168, 197
Scheidler, Monika 169
Schemla, Elisabeth 137
Schenk, Arnfried 165 f., 190 f.
Schiffauer, Werner 33, 86, 159, 181, 193
Schimmel, Annemarie 7, 66, 175, 186
Schindhelm, Michael 161
Schirazi, Sejjid Mirza 182
Schirrmacher, Christine 194
Schirrmacher, Frank 160 f., 171
Schmid, Hansjörg 157
Schmid, Josef 160
Schmid, Thomas 164 f.
Schmithals, Walter 173 f., 179, 181
Schmoll, Heike 167
Schneider, Barbara 199
Schneider, Hans-Peter 174
Schreiner, Stefan 174–178
Schröder, Richard 33, 164
Schüle, Christian 162
Schuller, Konrad 164, 166, 169
Schultze, Herbert 196
Schümer, Dirk 165, 170
Schüßler, Ingeborg 173
Schütt, Peter 66, 172
Schwägerl, Christian 165, 169
Schweizer, Gerhard 177
Seidel, Roman 173, 180
Seiser, Ulrich 160, 167, 191 f., 197
Selim, Muhammad 185
Sen, Faruk 168, 196
Seneca 187
Sezgin, Hilal 75, 177
Siemons, Mark 157 f., 165, 168, 183
Sinai, Nicolai 172
Sinn, Hans-Werner 160
Sokrates 187
Soldt, Rüdiger 185, 191, 198
Sorusch, Abdolkarim 104, 186
Sperber, Jutta 157, 179
Spiewak, Martin 159, 165–170, 181, 183, 190 f., 193
Spuler-Stegemann, Ursula 158, 176, 179, 187, 194, 196 f.
Steinberger, Petra 180
Steinmeier, Frank-Walter 163
Sternberger, Dolf 28, 162

Sterzinsky, Georg Kardinal 191
Stoiber, Edmund 161
Stutz, Ullrich 184
Sundermeier, Theo 182
Sutterlüty, Ferdinand 166

Taheri, Amir 64, 171, 194, 196
Tenbrock, Christian 160
Terkessidis, Mark 157
Thalmayr, Andreas 188
Theveßen, Elmar 163
Thurau, Martin 159
Tibi, Bassam 30, 45, 86, 158, 193 f.
Tillmann, Klaus-Jürgen 169
Toepfer, Stefan 198
Torney-Purta, Judith 167
Triebel, Johannes 158, 176, 185
Troeltsch, Ernst 88, 181
Troll, Christian 177
Turowsky, Leopold 100, 185

Uchatius, Wolfgang 166 f.
Üçüncü, Oguz 45, 136, 168, 181, 194
Ulfkotte, Udo 185
Ulrich, Bernd 159
Ünsal, Eren 167

Vieht-Entus, Susanne 190 f.
Volkmann, Uwe 101, 185

Wakounig, Wladimir 167
Walter, Norbert 161
Watt, W. Montgomery 187
Wefing, Heinrich 157, 164, 168
Weingärtner, Tom 194
Wetzels, Peter 46, 166, 168
Wiarda, Jan-Martin 165 f., 169 f.
Wiegel, Michaela 161, 163, 187
Wiesmann, Helmut 176, 179, 190
Wild, Leonie 165, 169
Wild, Stefan 180
Winkler, Heinrich A. 161
Winter, Leon de 159
Wolffsohn, Michael 178
Wolfschlag, Claus 162
Worbs, Susanne 158, 166, 168, 171
Wurzbacher, Gerhard 27

Yildirim, Mehmet 197

Zaimoglu, Feridun 46, 168, 181
Zakzouk, Mahmoud 73, 175
Zehetmair, Hans 172

Zeitz, Gundula 168
Zellner, Josef 168
Žižek, Slavoj 12
Zöpfl, Helmut 172